THINKER
OF CIVILIANS

平民思想家

徐文荣思想理论研究

李坚强 / 编著

上海远东出版社

图书在版编目(CIP)数据

平民思想家：徐文荣思想理论研究 / 李坚强编著.
—上海：上海远东出版社，2016

ISBN 978-7-5476-1202-6

Ⅰ. ①平… Ⅱ. ①李… Ⅲ. ①徐文荣—传记
Ⅳ. ①K825.38

中国版本图书馆CIP数据核字(2016)第248249号

平民思想家：徐文荣思想理论研究

李坚强 编著
责任编辑/徐忠良 杨林成
装帧设计/熙元创享文化

出版：上海世纪出版股份有限公司远东出版社
地址：中国上海市钦州南路81号
邮编：200235
公众微信：yuandongchubanshe

发行：新华书店　上海远东出版社
　　　上海世纪出版股份有限公司发行中心
印刷：昆山亭林印刷有限责任公司
装订：昆山亭林印刷有限责任公司

开本：710×1000　1/16　　印张：31.25　　字数：396 千字
2016年11月第1版 2016年11月第1次印刷

ISBN 978-7-5476-1202-6 /K.163
定价：98.00 元

先做好人 再·做事
做好事　　　　永荣

二〇〇九年九月十四日

目 录

目 录

目 录

目录

目 录

序：横店奥秘的探析

　　党的十八届五中全会明确提出了"十三五"规划的目标，也就是习近平总书记提出的"第一个百年"奋斗目标：全面建成小康社会。有专家在解读十八届五中全全精神时指出，全面实现小康关键在农村。的确，农村的社会变革、农村的改革和发展已经成了我国全面实现小康社会的"短板"。

　　早在上世纪九十年代，就有理论界人士提出中国改革看农村。实行家庭联产承包责任制以后，农村改革怎么走，横店提供了非常有意义的启示。曾有新闻界人士说过，中国改革看农村，农村改革看横店。

　　从上世纪七八十年代开始，直到今天，横店就一直为我国新闻界和理论界所关注，她是地方政府的老典型、老样板，是新闻界长期跟踪的对象，是理论界理论研究的一个样本。

　　时间是一切事物的最终尺度。实践是检验真理的唯一标准。四十年过去了，横店这个昔日的穷乡僻壤，发生了令世人惊叹的标本性变化。今天，人们所看到的横店的一切，就是横店人民几十年来实践的结果。

现在，每年到横店来的外来人员超过千万，除了蜂拥而来的游客、影视剧组和怀揣梦想的几万"横漂"，也还有不少国内外的新闻媒体和慕名取经的考察团队。不过，他们中的绝大多数人都不知道，甚至不相信横店原来只是一个农村，而且是个极穷困的农村。他们以为横店从来就是如此。

只有少数人知其然，还想要知其所以然。这让我想起一件往事：1998年我在横店参与组织接待一个有国际经济学专家参加的学术研讨会。其间，日本神户中小企业研究所的船曳淳先生，他似乎对横店集团的创始人徐文荣和集团所属企业的员工特别感兴趣。他多次向我提问：你说横店集团是农民办的乡镇企业，为什么它的创建者徐文荣先生看上去根本不像是农民？为什么我在工厂车间里看不到农民？

我向船曳淳先生介绍了徐文荣创办企业前横店的状况，介绍了横店集团发展的历程以及徐文荣的发展思路和横店集团的发展前景。同时，我们还就中国的乡镇企业崛起的历史背景、乡镇企业在中国经济体制改革中的作用以及乡镇企业对中国农业农村农民问题所产生的深远影响等进行了探讨。但是，不管我怎样解释，船曳淳先生对中国"农民"这个集职业、身份、户籍、社会地位等多重含义于一身的词语仍是一头雾水。不过，他还是由衷地对徐文荣和横店集团竖起了大拇指。

事实上，从 1980 年代的"横店之路"，到 1990 年代的"横店模式"，再到进入新世纪"横店的城市化道路"，对横店发展的理论探讨一直就没有停止过，几乎每个阶段国内外的重要报刊都有有关横店发展的论文公开发表，还出版了不少理论专著。

理论探索的意义不仅仅在于对已发生的经济现象和社会现象作出某种解释，更在于通过对客观对象进行理性的思考、逻辑的分析，把实践经验总结提升为理论，给人们提供某种启示和借鉴，给未来提供某种引导的作用。

以往有关横店的论文和专著从各个不同的角度、以不同的深度，对横店集团的发展或对横店社会的变迁，进行了有益的探讨。应当说它们对总结横店发展经验，促进乡镇企业发展，对解决"三农"问题，推进农村城镇化，发挥了积极的作用。

最近，我阅读了李坚强的《平民思想家徐文荣思想理论研究》书稿，不觉眼睛为之一亮，感觉这是一部有独特视角、独特理论框架、独到分析方法，更加逼近横店奥秘核心的理论著作。

首先是视角的独特。它没有如政治家的高瞻远瞩，没有像经济学家那样居高临下，俯视众生，而是以普通百姓的视角，平视横店发生的一切；以民间的角度去探析所以发生这一切的原因所在。能做到这一点，是因为作者有着独特的身份和自身条件。一是因为作者是本地人，对横店的语言、历史、文化、地理环境，都十分了解和熟悉。不像某些外来考察的学者、采访的记者，他们来横店浮光掠影、蜻蜓点水，写出文章难免闹出笑话，连南江水流向哪个方向都会搞错。二是作者本就是横店集团的员工。他曾是 1990 年代中期徐文荣总裁公开招聘的十大秘书之一，派到集团下属公司任职几年后，回来就一直在徐文荣身边工作。独特的身份加上作者自身具有较深的学术修养，勤于学习思考，使本书叙述平直，分析简洁，归纳明析，易为百姓所理解。

其次是独特的理论框架。追踪徐文荣的思想脉络，以徐文荣的创业创新思想和足迹为线索，以横店每个发展阶段的实践成果来检验。通过这样的分析架构，渐次将徐文荣不同时期、不同层面的思想理念、价值取向和运筹决策，串在一起并展示出来，自然而然地向读者展示出了徐文荣的思想体系。这就避免了一般理论著作从概念到概念，为论证而论证而形成的平面化、概念化倾向。读完此书，掩卷闭目，沉思回味，你的眼前就会浮现出一幅立体图景，就像在观看一部主题深刻、风格鲜明、内容丰富、精彩纷呈、立体再现的 4D 大片。

再次是独到的分析方法。本书绪论之后共分十二章。绪论部分，提纲挈领地介绍徐文荣在微观领域和宏观领域的思想理念，简明扼要地归纳其基本构成及其形成过程；同时，在分析徐文荣思想观念形成的宏观背景基础上，提出徐文荣思想和实践的理论价值和意义。以此作为导读，让读者对全书有个整体的把握。正文前十章除了介绍徐文荣企业发展理论、企业经营管理理论、企业养生法理论之外，还有更宏观一些的如涉及社团经济、文化力、三农问题、县域经济、社会企业家以及收藏文化等领域的介绍和探析。最后两章，对徐文荣的思想理论的形成和内容、特点及其社会意义，进行了深入的探讨。值得指出的是，无论微观宏观，无论是前十章的专项论述还是后两章的归纳总结，作者始终采用了理论和实践紧密结合、互为印证的分析方法，即便是最后两章的理论挖掘和总结，仍然和具体的实际事例结合在一起进行论述。这就使得本书更加生动有趣，亦更加可信。

最后，我觉得，在众多探索横店奥秘的论著中，李坚强的这部新作更加逼近横店奥秘，因为他直指横店奥秘的核心。

大凡考察一个地区的兴衰或一个企业的起落，人们看到表面现象，但其后面总有其内在的原因。在众多的原因中，既有客观原因也有主观原因，更有因果的内在联系，而更主要的是主观原因，因为事情总是人做出来的。而在主观原因中必有一个核心的灵魂人物起着决定的作用。

徐文荣就是横店的核心和灵魂人物。四十年来，横店集团不断做强做大，横店持续繁荣昌盛，固然是横店集团员工和横店人民共同努力的结果，但无可否认的是离不开徐文荣这个核心灵魂人物。横店的老太太把徐文荣称为"活菩萨"，就是最好的说明。

抓住了徐文荣，就抓住了进入横店堂奥的金钥匙；说清了徐文荣，就可以解开众多横店之谜；理解了徐文荣的思想理念，就找到了横店的奥秘所在。李坚强这部新作从头到尾说的是徐文荣，就像是做 CT，通过一个个不同剖面的扫描辨析，将徐文荣的思想立体地呈现在读者面前，并让读者借由这把金钥匙进入横店奥秘的殿堂。

在当今这个"大众创业，万众创新"的年代，创新也意味着理论的创新。应当说我们所处的时代就是一个思想解放、理论创新的时代，没有思想的突破，没有理论的创新，就不可能有实践的创新。理论不是理论家的专利，平民也可以而且应当有理论创新。

难能可贵的是，在我国改革开放后的第一代民营企业家中，真正以自己的思想理念，一以贯之，指引自己的实践，不断取得成功，并且在理论上有所建树的，徐文荣是第一人，也许是唯一的一位。因而，徐文荣被称为平民思想家。

徐文荣虽然有着许多耀眼的头衔，但他自己最认可的只有一个，这就是他常说的，"我只是一个农民"。徐文荣始终把自己放在一个平民的位置。徐文荣就是一个善于创新的平民思想家、理论家。当然，毫无疑问他是一个实践家和社会企业家。

当不少地方政府部门还在为农民脱贫和如何扶贫寻找办法，当中西部地区还在为组织农民外出打工渠道而发愁，当不少地方领导为吸引企业家回本地发展而绞尽脑汁搞"回归工程"，当"三农"问题专家还在为传统中国农村的衰败凋零，为如何推进农村城镇化而操心，当全面建成小康社会"短板"仍"短"的时候，读一读这本书，一定会找到某种答案，至少也会得到许多有益的启示。这就是这本书的价值所在。

我相信，对探索横店奥秘感兴趣，对探索解决我国"三农问题"感兴趣，以及对创新创业感兴趣的人，都会喜欢这本书。

这是我的读后感，权当为序。

孙是炎

2016 年 6 月

绪 论

2015年9月福布斯中文网刊文称，"今年81岁的徐文荣是中国企业史上富有标志性意义的人物"，指出同时"与他同时代的企业家，只有他还在企业经营一线"。因而，徐文荣被称为"中国最年长的一线企业家"。

1975年，徐文荣领头创办横店缫丝厂，开启了长达40年的创业生涯，并且他的创业生涯仍在不断的延伸之中。如今，当年作坊式的乡村小丝厂，已经发展成为国内外知名的、拥有多家上市公司的庞大企业集团；横店这个当年穷乡僻壤里的贫困小村落，不但已成为浙江中部的工业重镇，还被美国《好莱坞报道》称为"中国好莱坞"，成为举世瞩目的"影视都城"和"休闲旅游名城"。

一家企业，因为某种机遇，获得快速发展，过不多久，又因为某种原因，逐渐衰落下去，直至销声匿迹，这是公司生态的正常现象，因为公司企业本身也有自己的生命周期。

根据国外学者的研究，在日本和欧洲，企业的平均生命周期为12.5年。

在美国，有 62% 的企业平均生命周期不到 5 年，能存活超过 20 年的企业只占企业总数的 10%。而中国企业的平均寿命更短，大集团公司平均寿命在 7～8 年，一般的中小企业只有 3～4 年。世界上企业的平均生命周期都不长，企业组织的生态所呈现的是高死亡、短寿命的态势。

显然，一家企业如果几十年如一日，不断地发展壮大，并且保持旺盛的生命力，那么，这家企业就一定不是光靠运气、靠政策、靠某种偶然因素，来维持长久的兴盛和发展，它一定与世界上那些"百年老店"一样，有其过人之处，也一定有其内在的奥秘。

同样，企业家也有其生命周期，这里不是指他的自然生命周期，而是指事业或者是职业生命周期。像徐文荣这样中年创业，度过 40 多年企业家生涯以后，仍以 80 多岁高龄奔波在事业的第一线，可以说这在古今中外都极为少见。历史就是这样如胶似漆地将徐文荣和横店集团以及整个横店联系在一起。

所以，可以说横店的奥秘就写在徐文荣的脸上。这是横店集团和横店发展的独特之处，也是横店的奥秘所在。不管横店集团纵横捭阖"拓展""兼并"的脚步走多远，40 年多来，徐文荣始终没有离开横店，横店集团总部始终在横店；不管东阳市和横店镇的党政领导换了多少届，徐文荣和每任领导的关系都处得很好，徐文荣始终把自己与横店老百姓连在一起，"多办企业多赚钱，多为老百姓办好事"的初衷，以及"共创、共有、共富、共享"的四共宗旨，几十年来未曾改变。

徐文荣确实显得有些另类，然而，他又是个极平常的人。徐文荣只有高小文化，他最大的官，当到人民公社时期的大队（相当于今天的村）党支部书记。他平凡得就像我国农村里几千万老农一样；他所能做的，其实也是广大农村的基层干部都能做的事。

此外，横店本身也没有任何特别之处。横店既无什么矿产资源，又无什么侨眷侨胞，虽地处浙江中部，却没有铁路、港口，不通国道，是个沿海省份的内陆区。它平凡得与我国绝大多数农村地区一样，既没有什么区位优势，也没有什么资源优势，可以说没有任何优势可言。

正是因为横店的平凡和徐文荣的平常，才使横店的经验和徐文荣的思想理论具有某种普遍意义；才使得探索横店的奥秘变得更有价值。

回溯横店的发展历程，梳理徐文荣的思想理念，其实，有其清晰的脉络可寻，有其内在的逻辑关系。

我们把徐文荣创办横店丝厂作为徐文荣创业成功和横店发展的起点，因为这就是横店腾飞的历史依据。

早在上个世纪六十年代中期，担任横店大队党支部书记的徐文荣，就曾带领乡亲们办过粮食加工厂、五金厂，使横店大队的年终分红，远远走在全公社各大队的前面。然而，好景不长，这一能带领乡亲们致富的举措，却被当成"资本主义尾巴"被割掉，徐文荣还因此被打成"走资派"挨批斗。

尽管如此，"无工不富"四个字，就像烙铁一样烙在了徐文荣的心里。1975年，已经恢复党支部书记职务，一心想着如何让乡亲们的生活活络起来的徐文荣，抓住政策松动的间隙，硬是从别的公社争来了创办丝厂的机会。经过千辛万苦，徐文荣把横店丝厂办成了。

值得庆幸的是，不久，"四人帮"被抓起来，"文革"宣告结束，特别是党的十一届三中全会彻底扭转了国家的命运，解开了束缚在老百姓身上的"枷锁和绳索"。横店丝厂遇上了好天时，也使徐文荣格外地珍惜这只会下"金蛋"的老母鸡。

创办横店丝厂使得徐文荣和横店抢得了乡镇企业发展的先机，也使得横店相比其他农村地区的乡镇企业大大超前了一步。这让徐文荣认识到，超前决策对企业的发展，实在是太重要了。从此，勤于思考、善于总结的徐文荣对企业的发展，倾注了全部的心力。

随着企业的发展，特别是随着企业内部外部环境的发展变化，徐文荣逐步形成了独特的企业发展理念，如"母鸡下蛋孵小鸡"，靠科技养"大鸡"，"非高科技不上"，"高科技、外向型、集团化、企业办社会"，"工业产业高科技、影视旅游高水平、高科农业产业化、生态环境高质量"，"高科技、多元化、专业化、品牌化、连锁化、国际化、现代化"，"用天下人、聚天下资、谋天下利"，等等。这些理念，逐步成为横店企业发展的战略，指导横店企业在各个不同阶段的发展。这就是本书第一章想要告诉读者的内容。

正是因为徐文荣有长远的眼光，并能根据外部条件的变化，适时调整发展战略，敏锐地抓住发展机遇，超前作出决策，因而使一个小厂，迅速发展成为总厂、工业总公司、企业集团公司，最终成为跨行业、国际化的横店集团。

随着企业越办越多，特别是随着高科技发展战略的实施，进入许多新的领域，与此同时，企业规模的扩大，企业内部的组织结构和领导方式也随之发生改变。在这个过程中，企业的经营管理会不断面临新的情况和新的问题。

徐文荣是一个善于学习、善于借力的企业家。在企业经营管理的实践中，徐文荣很早就意识到企业的经营自主权，对于企业的发展具有决定性的作用。所以当中央作出经济体制改革决定，提出政企分开的时候，他就敏锐地抓住时机，据理力争，早在1984年就实现了政企分开，获得了完全的企业经营自主权。

徐文荣更是一个善于总结、善于创新的企业家。他提出"领先一步靠人才"，并制定了一系列培养和引进人才的措施；他提出了独特的"摘桃子理论"，建立了一整套行之有效的激励机制；在内部管理中，他提出"立纲治本，依法治企"，同时，又提出要"以德治企"；对管理团队和中层干部，提出了"权力、理性、智慧、善良、团结"五个方面的思想理念和具体要求；对于负债经营，徐文荣亦有自己独到的理解和阐述；他的目标就是要以科学管理，来促速度，增效益。横店集团的成功，可以说得益于有一套完全适应自身发展需要的管理制度和规范。本书第二章，将详细介绍徐文荣的企业经营管理理念和实践。

在企业经营管理方面，徐文荣的理念和他的实践证明是成功的，这固然值得赞许，但更重要的是，徐文荣在企业经营管理方面的理论贡献。

上世纪九十年代末期，徐文荣对自己在企业经营管理中的实践进行了总结回顾，并进行了深入的思考，把实践的经验上升到理论的高度，系统地提出了自己独创的企业经营管理理论：企业养生法。

徐文荣的经营管理理念和他的企业养生法，没有教科书那样深奥，也没有管理大师的专著讲究概念定义，逻辑严密，语言严谨，它说的是老百姓的大白话，看上去甚至有点土，可是，它接地气、看得懂，能管用、出实效，很受一般企业家和经营管理者的欢迎。

徐文荣的企业养生法，《人民日报》《经济日报》《光明日报》等都作了介绍，并有《徐文荣的企业养生法》专著出版。既有企业经营管理的丰富实践和经验，又有独到的理论创新，因此，徐文荣被国家有关部门和组织授予"中国经营大师"的称号。鉴于企业养生法是一个完整的体系，本书将辟专章（第五章）予以介绍。

徐文荣之所以在成功经营企业的同时，不断有新的理论创新，除了他善于学习、善于总结以外，更重要的是，他始终坚持实事求是、独立思考、不跟风潮。

上个世纪九十年代初，在企业改制中掀起了一股"股份制"的风潮，政府主管部门甚至订出股改指标和完成期限，有的领导甚至对徐文荣说，如果横店搞股份制改革，你徐文荣可以得 10% 的股份。按横店集团当时的资产，徐文荣一夜之间，就可成为亿万富翁。徐文荣没有跟风，他顶住了各个方面的压力和诱惑，冷静地思考，深入地调研。在此基础上，他从横店集团的实际和长远发展出发，石破天惊地提出，横店集团实行"共创、共有、共富、共享"的社团经济构想。

在全国企业产权制度改革一片"股海"波涌中，横店独树一帜，打出了"社团经济"的旗子，的确显得非常另类。可以说是一石激起千层浪，在全国企业界、经济理论界和新闻界引起了很大的反响。《人民日报》《经济日报》《光明日报》《经济研究》等国家一级报刊及各类媒体都作了报道。

作为第八届全国人大代表，徐文荣每年进京开"两会"，都要作为新闻人物成为采访对象，被问得最多的就是横店的社团经济。徐文荣独创的横店集团产权制度安排，更是引起了经济理论界的重视。横店模式产权制度系统考察研究，被列为1996年度国家社会科学基金资助课题项目，其成果《市场型公有制——横店模式产权制度系统考察》由上海三联书店出版。

读者在第三章里，可以了解到徐文荣创立的横店社团经济的来龙去脉，以及社团经济的概念范围、性质特征、宗旨目标、功能作用、特点及其理论意义。

迄今为止，横跨电子、电器、医药、化工等领域的工业制造业仍然是横店集团的主体产业，然而，横店的出名，却是因为以横店影视城为标志的文化产业。许多到过横店的人，心中不免都会产生一个疑问：农民出身的徐文荣凭什么能够缔造出规模如此庞大的影视帝国；横店不见得有多深厚的文化底蕴，为什么徐文荣能在横店，把文化产业做得如此风生水起，而且它的增长速度远远超过工业制造业？本书第四章将为你揭开这个谜底。

横店文化产业的源头，也就是说横店文化产业的根，就是徐文荣的文化力理论。早在上个世纪九十年代初，徐文荣就深刻地指出，文化力是推动生产力发展的内在驱动力；要开发文化力，促进生产力，提高经济效益；要发展文化产业，繁荣横店文化经济。他邀请理论界人士到横店来考察交流，他组织力量对文化力作系统的研究，并撰写文化力的理论专著，由中央党校出版社正式出版。

正是因为有了徐文荣对文化力的深刻理解和逐步形成的文化力理论指导，才有了横店早期的文化产业，才有了 1996 年横店第一个影视拍摄基地——十九世纪南粤广州街，才有了今天世界上规模最大的影视拍摄基地；才有了横店蒸蒸日上的大规模文化产业集群。

横店文化产业的发展还有一个重要来源，就是徐文荣的价值追求和目标指向。徐文荣曾经说过，光知道赚钱，或者光会赚钱，那只是老板，那不是企业家；要当企业家，就要当社会企业家，要有社会责任；特别是农村的乡镇企业家，要把改变农村落后面貌、让乡亲们都富起来的责任担起来。

徐文荣一直以来有一个心愿，就是要用文化产业来改造横店的山山水水；要让乡亲们都富起来，不是把赚来的钱分给大家，而是要创造条件，让横店的每个老百姓都有赚钱的机会。多年的探索实践，使他深深地认识到，只有大力发展文化产业，才能实现这个心愿。所以，他要拼命发展文化产业。

很显然，徐文荣不像一般企业家那样，心里想的只是自己企业的发展，每天眼睛只盯着销售和利润报表，盘算的只是一年下来能赚多少钱。徐文荣有着广阔的胸怀，他心里装的是横店的老百姓和横店的山山水水，心里想的是如何为改变我国农村的落后面貌趟出一条路子来。

正因为如此，看问题，想事情，定目标，做决策，徐文荣就有着比一般企业家更为广阔的视野。因而，也就有了比一般企业家更多、更深刻的理论思考和实践经验的总结。徐文荣的理论创见，总是令人惊异，让人觉得既新奇又平直，既平淡又深刻。

比如，徐文荣关于三农问题的理论（第六章）。从三农问题的历史回顾，到横店破解三农问题的三部曲，到徐文荣的新横店梦，到推动更广大地区三农问题的解决，其中，既有故事性的解读，又有给人以启迪的理论阐述。

又比如，徐文荣关于县域经济的理论创见（第七章），同样新奇实在，它不同于经济学家、理论界人士的论文专著，而是从一个百姓的视角，以"位卑未敢忘忧国"的情怀，以一个普通社会企业家的所见所闻，所思所想，来谈一个重大的经济学课题，其中，不乏精彩的火花和真知灼见。

再比如，徐文荣关于社会企业家的理论总结（第八章），虽然，这是徐文荣的个人理想抱负，所介绍的是徐文荣的心得体会和实践经验，但是，也有许多理论思考和归纳论述。对于有理想、有抱负、有担当、向往成为社会企业家的绝大多数企业家来说，一定会有很大的启发和帮助。

另外，徐文荣的收藏文化理论（第九章），还有徐文荣的新奇妙论"水炸油条"理论（第十章），这些也许是闻所未闻，看上去似乎有些像奇谈怪论。但是，由于徐文荣宽广的胸襟、独特的视野和老百姓的语言表达，看完以后，不能不让人佩服他的深邃的洞察力和超于常人的魄力；佩服他敢想、敢干和敢于说实话的精神，更感佩他的实践创新和理论创新的勇气。

徐文荣是我国改革开放以后涌现出来的创业创新者和优秀企业家，他的实践和独特的理论创见，带有鲜明的时代特征；同时，这也是徐文荣和别的企业家的区别所在，在第一代民营企业家中，没有人像他那样除了创造经济效益，还有独特的理论贡献；也没有一个企业家像徐文荣这样，以成功的企业发展带动了一个地区的发展，改变了一个地区的社会面貌。另一方面，徐文荣的创业基点和基地在横店，他亦未曾离开横店，他是个乡土英雄、平民思想者，因此，他的理论创见多带有乡土气息和平民色彩。

为了让读者对徐文荣的思想理论有一个总体的了解，对作为平民思想家的徐文荣有更深层次的理解和把握，在本书最后的第十一章、第十二章，我们对徐文荣平民思想的主要特征、主要内容进行了分析归纳；对徐文荣平民思想的来源和社会意义作了进一步的揭示。

　　至此，我们所看到的就是一个立体的徐文荣；从他的身上，我们可以解开许许多多横店的传奇奥秘。

第一章　企业发展理论

　　徐文荣是一个出生在旧社会的中国农民，只有高小学历，但在时代的大背景下，天降大任，他积聚和迸发出巨大的能量，推动着横店从一个默默无闻的小山村巨变为国内外瞩目的明星城镇。他是一位受人尊敬的社会企业家，同时也是一位勇于理论创新的思想家。从 1975 年开始，他带领乡亲们从无到有，无中生有，以横店缫丝厂起步，短短几十年，就建立了跨行业、综合性、国际化的横店集团，旗下的横店影视城成了全球规模最大的影视拍摄实景基地，创建的横店圆明新园，圆了中华民族的百年梦想。横店发展壮大的奥秘，掌握在他的手中。下面，我们就沿着徐文荣的创业轨迹，探寻他的企业发展理论。

一、"母鸡下蛋孵小鸡"

　　1975 年，徐文荣领头创办横店缫丝厂，当时很穷，"公社空，大队穷，生产队只有两毛钱分红"。困难很大，但也把徐文荣身上的倔强和韧劲给逼出来了。经过要批文、筹资金、造厂房、跑设备、请师傅、学技术等一系列艰苦卓绝的努力，缫丝厂终于开工生产，并且挂名"东阳县横店丝厂"，初生的丝厂显示着它的大气和与众不同。

徐文荣带领徐文浩、厉大金、何锦寿、翁留女、项昌仁、许锡荣等创业伙伴精心经营，横店丝厂第一年就盈利 7.6 万元。这在当时横店农民人均年收入只有 75 元的时代背景下，是很大的一笔钱了。如何用这笔钱？真是个问题。很多人想分掉用以改善困难的生活，但徐文荣没有同意分掉吃光。

徐文荣认为，办厂有了积余，就好比母鸡下了蛋。下的蛋全部吃光用掉，还是勒紧裤带留起蛋来孵小鸡，这是一个关系今后生存发展的大问题。他认为，必须要继续过紧日子，下出更多"金蛋"来，等鸡成群了，干部员工随着企业的发展壮大，逐步改善生活这是可取的，而不可杀鸡取卵，竭泽而渔。对此徐文荣形象地称之为"母鸡下蛋孵小鸡"理论。这样做也可以解决希望洗脚上岸的苦巴巴的农民到厂里就业，当工人，改善生活。为广大贫苦农民办厂致富，这是徐文荣的初衷。最终，徐文荣的意见获得了大家的认同。为此，除了正常发放工资，丝厂三年内没有分红，并用企业盈利还清了办厂时的集资借款，开始走上了自我积累、滚动发展的道路。

在 1975 年到 1980 年的 5 年时间里，按照徐文荣"母鸡下蛋孵小鸡"的发展思路，以丝厂为母鸡，创办新厂，陆续办起了针织厂、内衣厂、印染厂、服装厂等。厂子多了就业岗位多了，渴望离开土地的横店农民高高

徐文荣在会议上讲话

兴兴地到企业上班当起了工人，外出就业无门路的横店年轻人也大多选择到厂里上班。当时正是商品短缺、物资匮乏年代，由于徐文荣所办工厂产品对路，管理严格，质量保证，企业产销两旺，获得了很好的利润。这样为今后创办更大的企业做好了物质和人员条件准备。

二、靠科技 养"大鸡"

1978年党的十一届三中全会后全国各地乡镇企业如雨后春笋般涌现了出来，由于技术、资金和市场等因素，乡镇企业从事的一般都是轻纺、针织等和横店雷同的传统产业。这样，横店就面临着同质化竞争的危机。

徐文荣较早就意识到要发展科技含量高的产品，他认为，只有发展科技产品，才能区别、领先于一般乡镇企业的传统产品，才能争得发展的更好前途。

上世纪 80 年代初，当各地乡镇企业家还沉浸在传统产业迅猛发展喜悦之中的时候，徐文荣就明确提出了"靠科技，养'大鸡'"的发展思路。并力主选择磁性材料作为发展科技产业的突破口。

在那个时候，徐文荣的决策，又引起了大家的争议。因为搞科技项目，一是家底薄，二是风险大，搞不好前功尽弃，都亏赔进去。但，徐文荣不为所动，他认为科技产业虽然风险高，但利润也大，两者是相联系的。况且，在当时乡镇企业普遍发展轻纺等传统产业，国有企业还实行计划经济的年代，科技产品的竞争，还比较少，早走一步，完全可以赢得科技产业发展的先机。

最终，徐文荣说服了大家，横店率先举起了向科技产业进军的旗帜。

经过调查分析，徐文荣了解到科技产品磁性器材需求量很大，前景很好。经过努力，1980 年徐文荣和陕西宝鸡 4390 磁材厂签订了技术援助协议。按工种岗位和班组车间的人员配备，选送人员培训，厂房建设也同时进行。经过不到一年时间的筹备，1981 年初，横店磁性器材厂正式投产。因业绩好，很快陆续创办了二厂、三厂、汝铁硼磁性器材厂。和磁性材料相配套，又创办了电声器材厂和电子工业总厂、电讯厂。在尝到开发磁性材料好处的同时，徐文荣又创办了印染厂、化纤纺织厂、洗涤剂厂、制冷剂厂，涉足化工行业，同时对传统产业进行完善和提升，成立了东阳市新技术应用研究所。新投项目迅速取得了应有效益。到 1987 年，横店成为浙中地区首个工业产值亿元镇。

1984年，徐文荣顶住压力，成立了横店工业公司（后改为工业总公司），在全国率先实行了政企分开，由工业总公司统一规划、统一投资搞技术改造。由于企业获得了完全的生产经营自主权，生产力获得解放，效果十分明显。1985年，工业产值就增长了一倍，利润增长58%，此后几年均保持快速增长。1990年11月，以横店工业总公司为基础，联合28家紧密型骨干企业和400余家半紧密型与松散型企业，组建了浙江省第一家乡镇企业集团——浙江横店企业集团公司。

沿着"母鸡下蛋孵小鸡"的构想，根据时代发展的要求，将企业定位在"靠科技，养'大鸡'"战略思路，徐文荣显然比一般乡镇企业家看得更高、想得更远。在徐文荣的把舵下，经过15年的黄金发展，到1990年代，横店企业具备了较为雄厚的实力，拥有了更为广阔的发展空间，为今后发展高科技，创造了基础条件。

三、"非高科技不上"

在1990年代初期，我国乡镇企业已经实现"异军突起"，在国民经济中占有一席之地。乡镇企业在发展传统产业的同时，也纷纷涉足科技产业。一些党政机关和国有企业、事业单位的人才"下海"，创办了许多科技型公司。横店的科技产业面临着日趋激烈的竞争。

1990年，是横店集团发展的一个新起点。如果说自1975年创业以来的 15 年，横店还一直在进行量的积累和规模的扩张，到 1990 年，则是实现了质的飞跃。不但浙江横店企业集团公司（简称横店集团）在这一年 11 月 11 日成立，更主要的是，横店集团的产业主体已经稳固确立，发展高科技产业已经深入人心，基础条件准备就绪。世界和平与发展大局和国家宏观政治、经济形势，都给横店集团的快速发展，提供了有利条件。徐文荣带领下的横店集团迎来了又一个黄金发展期。

面对新形势新机遇，1990 年，徐文荣提出了在选择新的投资项目时"非高科技不上"的企业发展战略，确立"立足横店，面向全国，走向世界"的发展目标。

具体说来就是，今后横店要紧抓高新技术产业，对传统、低端、高耗能产业则一概不予考虑，对现有的传统产业要及时调整、转型。在 1988 年，徐文荣就冒着亏损 500 万元的风险了卖掉当时还盈利的 350 台绸机，用收回的资金投放到高科技含量的高档磁性材料中，实现了产业重大调整和转移，并陆续关停了其他一些低端微利企业，集聚力量，投资在科技含量高、发展前景好的磁性材料上。可以说，徐文荣的大胆超前决策和大力实施，直接推动了"世界磁都在中国，中国磁都在横店"目标的实现。

处在科技产业化和创业激情迸发的上世纪九十年代，徐文荣坚定又果断决策的类似例子很多。当时国家二类新药乌苯美司，是抗肿瘤新药，国家级"七五"攻关成果，在看准了该项目后，徐文荣毫不犹豫花巨资购买了研究成果，并投入大量人力和资金进行后续的开发研究，直至临床试验成功，获得国家批文。该药投产后成为横店集团旗下康裕药业长期盈利的品种。还有，被列入国家经贸委"双加工程"的高性能永磁铁氧体生产线建成以后，作为当时电子工业部全国惟一的示范线，是国内惟一能工业化生产此类产品的出口基地，生产的产品质量媲美世界先进水平。

1995 年前后，徐文荣决策投资生产的这些高科技产品，迅速超过传统产品，成为了横店集团的产业支柱，横店也被誉为"浙中高科技走廊"。

到 2001 年，横店高科技产业产值占比已达到 80% 以上，远超绝大多数乡镇企业。此后，横店集团继续坚持"非高科技不上"的发展理念，紧跟时代，淘汰落后产能，加快转型升级步伐，吸收世界先进科技成果，创办了一批又一批新兴高科技产业，大力推进信息化和"机器换人"。LED、节能灯、光伏等节能和新能源产品、高档磁材、微电机、石金玄武岩纤维等高科技产品，在全国乃至世界都占有一席之地。

四、高科技 外向型 集团化 企业办社会

1992 年邓小平南巡讲话，吹来了进一步深化改革开放的春风。当年秋天召开的党的十四大提出的确立社会主义市场经济的改革目标，给徐文荣以深深思考，乡镇企业发展到现在这个地步，下一步该如何走？一方面，是在进一步深化改革、扩大开放，建立和完善社会主义市场经济的新的历史条件下，企业竞争将进一步加剧，不但面临国内对手，还将直接面对跨国集团的竞争。另一方面，挑战与机遇并存，复杂严峻的环境往往孕育着新的发展机遇。关键是能不能抓住机遇找对发展路子。再一方面，企业大

了之后，如何处理好和社会的关系，承担什么样的社会责任，这些问题都是需要认真思考的。徐文荣回首、审视横店走过的路，觉得必须以新的全方位发展战略，来引领横店企业今后的发展。经过深思熟虑，徐文荣明确提出了"高科技、外向型、集团化、企业办社会"的发展战略。与此相对应的，徐文荣创立了以"共创、共有、共富、共享"为宗旨的社团经济模式。

高科技，立于不败之地的法宝。徐文荣认为，在市场经济公平竞争条件下，发展市场所需的高科技产业产品是提高企业自身生存发展能力的最佳手段和最有效路径，是提升自身能力，在市场竞争中立于不败之地的法宝。这也是横店过去发展所证明了的。

自1980年提出"靠科技，养'大鸡'"发展战略后，横店工业就逐渐走上了高科技之路，显示了与一般乡镇企业传统产业的区别。1990年提出的"非高科技不上"的发展战略，更是将横店工业向高科技全面转型。

1993年，横店集团着手实施45个技改项目，投入资金达4.6亿元，其中高科技产业项目占80%以上，迅速促进了高科技产业发展。徐文荣提出要"手上做一个，袋里装一个，脑子想一个"，做好高科技项目的研发、引进、生产、储备。为此，他采取了一系列措施：与科研院校建立起了长期互惠共赢的合作关系，为今后不断推出高科技项目提供长期保证；除了选送代培生到浙江大学、西安交大等高校学习，培养发展高科技所需人才外，还创办了横店大学、横店技校；以优厚待遇吸收各地人才。

到1993年，横店集团已形成了磁性材料、电子电声、医药化工、机械制造等高科技产业群体，同时，横店集团还在杭州、宁波、金华等地收购、

横店集团总部大楼

兼并、创办了一批高科技企业，同时，已将触角伸向国外。横店集团已经发展成为一家跨地区、跨行业、跨所有制、跨出国门的大型综合性企业集团。

坚持先人一步，发展高科技产业，是横店工业这么多年来一直兴旺发达的法宝。这和徐文荣的认识早、行动快和一贯坚持密不可分。

外向型，是接轨国际的桥梁。在我国，乡镇企业大都萌生和发展在较为闭塞的农村，创办者大多是土生土长的农民。他们凭着勇气、毅力和灵活，钻了市场的空子，才得以快速发展起来，但不可避免地带上了小农意识，这成了乡镇企业进一步发展的桎梏。在世界经济一体化趋势加快的大背景下，在国内市场经济快速形成的条件下，乡镇企业如不能自我革新，思想观念跟不上时代步伐，没有现代化视野，很容易就被淘汰。

乡镇企业要实现现代化的组织机构、管理和生产方式，发展外向型经济，是实现自我革新、紧跟时代步伐的捷径。一方面，主观上，有利于开阔视野，突破区域界限，面向整个世界市场，进一步激发创业者的激情和活力。另一方面，客观上，可以充分利用我国在世界经济格局中的比较优势，提高专业化、规模化生产水平，提高产品质量、产量。同时，可以避免那些年国内发生的"三角债"风险，加快资金回笼，提高经济效益。还可以为国家赚取外汇，有利于国家引进先进技术设备，为民族工业的发展进步作贡献。

在抢占国内市场的同时，以外向型为导向，1993年，横店集团已有20多家外贸生产企业。集团的几十种产品远销到欧洲、美国、日本、韩国、东南亚等几十个国家和地区，当年实现外贸产值1亿多元。获得自营进出口权后，成立了横店进出口公司，同时，在北京、上海、广州、珠海等地设立贸易窗口，创办中外合资企业。在 1997 年亚洲金融危机之前，横店外贸形势十分良好，极大促进了横店企业发展。

以外向型作为横店企业现代化的连接点，使土生土长的横店集团在产权制度、组织结构、生产方式、管理手段上，有了学习借鉴国外大企业先进经验的机会，使横店企业得到全面提升。诸如日本企业的社团模式及文化、日本三井物产的企业管理、荷兰飞利浦公司国际化运营手段等，为徐文荣 1993 年创新性提出横店社团经济理论、集团化管理模式提供了重要来源和启发。

集团化，实力的保证。要发展高科技，必须要有较为雄厚的实力和抗风险能力；要发展外向型经济，必须要有现代化的生产方式和管理手段。集团化，就是通过分散力量的有机整合，资产的一体化经营，对外多级法人对内一级法人的管理，来实现高科技、外向型发展，壮大企业实力，提升抗风险能力。

由于历史原因和客观条件的限制，在上世纪九十年代初，我国的乡镇企业一般规模较少，虽有"船小好掉头"的灵活优势，但抗风险能力较弱，经不起激烈的国际国内市场竞争，经不起恶劣环境的考验。由于规模小，形不成专业化生产，不能提高劳动效率，能源、原材料消耗大，成本高；没有足够的资金来进行技术改造和开发新品，高级人才留不住，不能开发国际国内大市场，只能着眼于有限的周边中低档市场，严重束缚了企业的发展；能源、原材料的超比例消耗和生产工艺环保处理的落后，极易引发环境问题，形成历史欠账；同时，由于分散经营，各自为战，市场信息不灵，很容易一哄而起盲目上马，导致生产能力过剩，形成恶性竞争，许多中小企业受不住打击因此而关门歇业。

徐文荣很早就认识到小规模企业在国际国内市场竞争环境下的不利态势，认为横店必须走企业联合之路，组建航空母舰编队，壮大力量，做到"东方不亮西方亮"，不怕个别企业因市场变化造成的亏损，保持横店工业经济的稳健发展。

实际上，横店企业走联合之路是有基础和渊源的。1981 年，成立的横店轻纺总厂就对下属企业的人、财、物、产、供、销，实行了统一管理，分厂核算。1984 年实行政企分开，成立了横店工业总公司。到 1990 年，成立浙江省横店企业集团公司，实现了更为紧密的资产一体化经营。

由于实行了紧密型企业资产一体化经营，在项目、资金、人事方面统一调配管理，规模优势得到了充分的发挥，集团具有很强的调控能力。产业结构和产品结构调整步伐加快，高新技术企业得到重点关照和支持。集团公司下面成立专业子公司，相关纵向和横向产业公司，归由子公司管理，避免了子公司之间产业重叠产生内耗，有利于规模化协作生产。

有了集团的实力基础，横店的工业经济在高科技、外向型道路上步入了快车道。横店集团被评为"全国出口创汇先进乡镇企业"，徐文荣因此获得第四届全国科技实业家创业奖金奖。

办社会，乡企肩负的责任。在上世纪九十年代，"企业办社会"被认为是国营企业的包袱，乡镇企业支持社区发展，为老百姓办好事往往被视为不务正业，受到经济理论界的批评。但徐文荣却不这么认为。他认为，办企业的目的是赚钱，赚钱的目的是为老百姓做好事，提高大家物质和精神生活享受。一方面，乡镇企业地处农村乡镇，这里的道路、桥梁等基础设施和各种社会事业，国家顾不上投资，个体农民财力有限没有能力搞，破破烂烂的乡镇面貌，需要乡镇企业出钱来支持、办理，本土本乡的乡镇企业支持、办理社会事业，是一种天然的责任，不闻不问，则是一种失职。另一方面，乡镇企业要发展高科技、外向型经济，必得留得住人才，人才怎么留？破破烂烂的地方留不住，一定要栽好梧桐树，才能引来金凤凰。要搞好道路、桥梁、绿化、自来水等基础设施，建好住房、学校、电影院、体育场馆、医院等生活文化医疗设施。这些公共社会事业，在国家财力无法顾及的情况下，从企业自身发展的角度出发，支持办理也顺理成章。同时，徐文荣还看到，自来水、学校、医院等公共事业，适度产业化运作也是应有之义，具有投资回报，可以开辟横店集团新的发展服务业的空间。还有，道路、桥梁等基础设施的延伸建设，唤醒了沉睡千年的土地，引燃周边百姓致富的希望，打开了企业发展的更广大空间，迸发了百姓创业的热情。

1995 年之后的几年，徐文荣反复阐述企业"办社会"的重要意义，来统一集团干部员工的思想，并在集团内部专门成立了相关职能部门，推动确立了"政府规划设计、企业投资建设"的社会事业运作模式。从 1993年开始，到 2000 年，分轻重缓急，每年投巨资，相继建起了现代化的集团幼儿园、横店技校、横店大学、横店高中，扩建新建横店多所小学，建起了电影院、体育场馆、各类球场、集团医院，建起了自来水厂，修建了南江堤坝，将南江水患彻底解决。

企业办社会，和 1993 年徐文荣提出的社团经济共创、共有、共富、共享的宗旨一脉相承，是他 2000 年提出的"社会企业家"理论的铺垫，也直接催生他 2010 年提出的企业家要做社会慈善家的观点。

总之，"高科技、外向型、集团化、办社会"是横店徐文荣第一次提出的明确、完整的企业发展战略，具有全局性、创新性、指导性，既是横店过去创业历程的总结，也是面向未来的战略抉择。高度概括，简明易懂，鼓舞人心。可以说，横店集团在整个二十世纪九十年代所创造的辉煌，都是在这个战略指导下取得的。这一战略的提出，标志着横店作为一个国家级企业集团在战略目标选择上的成熟，也开辟了横店集团进入二十一世纪之后的新境界。

五、工业产业高科技　影视旅游高水平
　　生态环境高质量　高科农业产业化

2000 年，随着新世纪的来临，经济全球化的加快，国内外形势发展提出的新要求，集团产业已基本完成从低端粗放向高科技集约化过渡，影视文化产业迅猛发展，企业办社会取得重大成果，集团进入了一个新的健康、高效大发展时期，徐文荣对集团"高科技、外向型、集团化、办社会"发展战略作了进一步思考和深化，提出了与国际接轨的"工业产业高科技，影视旅游高水平，生态环境高质量，高科农业产业化"的新的更高目标。

工业产业高科技。主要是加快"四个园区、两个基地、一个中心"建设，即：磁性高科技园区、汽车工业园区、电子工业园区和上海高新技术园区，国家医药中间体生产出口基地和上海照明电子研发生产基地，以及横店集团科技研发中心的建设。

2000年，横店集团企业申报市级以上科技项目50多项，其中国家级3项，省市重点项目8项。东磁的汽车用高性能C型永磁铁氧体项目被列入国家星火计划，康裕药业的乌苯美司原料药及其胶囊、有机化公司的D苯甘氨酸及其邓钾盐项目被列入国家火炬计划。康裕药业年产50吨盐酸金刚乙胺、年产20吨盐酸头孢他美酯技改项目被列入国家"二高一优"项目。集团公司建立了省级企业技术中心，东磁公司设立了博士后科研工作站，浙江省磁性材料质量检测中心也在东磁公司挂牌成立。东磁公司通过技术创新，高新技术产品产值已占总销售额的85%以上。随后康裕药业列入国家火炬计划重点高新技术企业。

横店高科技工业生产车间

横店四共委办公区

影视旅游高水平。指横店要建设亚洲最大的影视拍摄中心，华东地区的旅游中心和浙江省爱国主义教育重要基地。自 1993 年涉足文化旅游业和 1996 年与著名电影导演谢晋合作兴建广州街拍摄基地，到 2000 年，横店相继建成了秦王宫、清明上河图、广州街、江南水乡、横店老街、大智寺、屏岩洞府影视拍摄旅游基地，建起了邵飘萍纪念馆、严济慈陈列馆、东阳木雕博览馆等一批爱国主义和传统文化基地，1999 年，横店影视城被美国《好莱坞报道》杂志誉为"中国好莱坞"，2000 年横店被评为首批国家 4A 级景区。

2000 年，徐文荣还做出了一个当时许多人不理解，在今天看来无比英明的决定：横店影视城的所有场景不收场租费，全部免费提供剧组拍摄。这一招，为吸引剧组资源，提升横店场景竞争力，借以吸引游客起到了决定性作用，为横店影视文化旅游产业长远发展，为横店在同类型人造历史文化景观竞争中脱颖而出，起到了不可估量的作用。

生态环境高质量。指横店城市化建设的步伐加快和生态环境保护相结合，营造宜居、宜游、宜业的社区环境。自1990年代初开始建设横店集团大楼、万盛街，到投资建设度假村、文化村、娱乐村，拉开全面治理南江的帷幕，随着集团实力的增强，对横店社会事业的投资越来越大。1996年广州街拍摄基地的建成，拉开了横店新的架构。到2000年之后，更是实施了高起点规划、高品位建设、高速度集聚、高效能管理，城市化建设如火如荼。投资建设了江滨公园、小康广场、贵宾楼、影视城宾馆、旅游大厦、横店高中、污水处理厂等工程，全年建成了20条总长20多公里的混泥土、沥青道路，新建、拓宽大桥3座，在沿街道路安装路灯，新增绿化面积20多万平米，绿化亮化洁化美化，"江南一镇"越来越靓，塑造了横店独特的城市风貌和整体形象。

高科农业产业化。为了在更大范围内解决三农问题，提高我国农业现代化水平，1999年，徐文荣决定涉足高科农业，重点是发展现代草业。从草坪草、绿化工程起步，到大面积种植苜蓿草，再饲养奶牛、肉牛，进行乳制品和肉制品加工，形成草畜乳一体化产业链，确保食品安全和农业产业体系的高效。1999年在横店、杭州等地设立了草坪、绿化工程公司。1999年开始，种草黄河口，快速在山东滨州沾化和东营垦利、济军黄河三角洲基地，购买租赁了 30 多万亩盐碱地，购买了美国约翰迪尔公司的大型现代化农业机械，进行精准农业的大规模应用。为治理盐碱地，进行了沟渠路桥涵闸的大规模农田基础建设，利用黄河水和喷洒硫酸压碱，引进耐旱耐碱的优质苜蓿新品进行大面积种植。2001 年之后，横店草业黄河三角洲基地即已成为全国最大的优质苜蓿生产基地，苜蓿草销往全国各大奶牛场，一部分打成草包外销日、韩，为此，徐文荣曾自豪地说："现在这个王那个王太多了，我不做草王，我要做中国的'草包'，自己生产的牧草打包出口。"同时，在山东菏泽、河南开封等地，通过订单方式，发展肉牛养殖，并购肉牛屠宰加工厂，由于严格执行质量管理标准和清真要求，产品远销新加坡和中东国家。2001 年，还并购了浙江的老牌子——杭州燕牌乳业，实现了草畜乳一体化经营。

从徐文荣横店集团发展战略的全过程看，"工业产业高科技，影视旅游高水平，生态环境高质量，高科农业产业化"战略，只是一个过渡性的发展战略，但这一战略为横店集团全面接轨国际，作了很好的铺垫，为 2002 年 9 月徐文荣提出"三次创业"战略目标，即"打造国际化横店"，提供了坚实基础。

六、高科技 多元化 专业化 产业化
　　连锁化 市场化 国际化 知识化 现代化

2001 年中国加入世贸组织，横店外贸出口迅猛增长，横店国际化步

伐进一步加快。为了使横店集团在国际化背景下发展得更快更好，在"工业产业高科技，影视旅游高水平，生态环境高质量，高科农业产业化"的整体战略下，这一年，徐文荣提出了"高科技、多元化、专业化、产业化、连锁化、市场化、国际化、知识化、现代化"的集团发展战略。

高科技，就是今后所有新上项目必须是高科技项目，包括高科技工业、农业和影视旅游业。非高科技项目，一律不上。

多元化，是就集团层面来讲，要多元化经营，多个产业齐头并进。继续保持"东方不亮西方亮"的同时，抓住机遇向多领域进军，进一步做大做强。

专业化，是就子公司层面来讲，要专注做好某个产业。比如东磁公司，专注做好磁性材料产业；康裕制药，做好制药产业，等等。

产业化，是指集团企业生产的产品和服务要快速形成社会承认的规模程度，成为有经济效益的业态。徐文荣认为，集团投资高科技项目的产业化过程，就是服务社会、促进国民经济发展的过程。因为高科技项目如果关在实验室里就不能形成产业化，就不能繁荣经济，就不能对社会发展起实际推动作用。横店集团所要做的就是在专注领域对接实验室和市场，起到转化和大规模生产应用的作用。

连锁化，是指集团要用品牌、管理的优势，以直营、加盟、托管等多种连锁形式进行扩张，占领市场，达到迅速做大做强的目的。一直以来，横店工业产品如磁性材料、医药中间体、电机等大多是中间产品，缺少直接与用户见面的终端产品。因此，徐文荣提出了要研发生产终端产品。不久，东磁、康裕等公司即着手开发了净水器、空气净化器、制剂、制药等终端产品。

市场化，就是指横店产品今后要根据市场消费者的需求来定位和生产，所需资源通过市场来配置，达到集团产品畅销不衰的目的，同时从客观上促进集团高效运作的体制机制进一步完善。

国际化，徐文荣认为，横店的国际化要尽快过渡到国际化的横店，要从量的积累发展到质的提升。要有全球眼光和思维，要成为一个著名的跨国公司。要设计、制造适应不同国家和地区要求的产品，要有雄心壮志占领全球市场。实际上如集团磁材产品，产量质量均居世界第一，为横店赢得"世界磁都在中国，中国磁都在横店"的美誉。

知识化，徐文荣认为，在当今信息化社会，知识被高度应用和共享，人的智能潜力以及社会物质资源潜力被充分发挥，集团必须适应和加快这个过程，并且通过学习和创新来推动社会和经济深刻的变革，引领发展潮流。如果不能知识化，固步自封，就要掉到后面，就要被淘汰。

现代化，徐文荣认为，横店集团就是要通过经济上的工业化，反哺解决三农问题，达到生活上的城市化，跨越中等收入陷阱，从小康到中康到大康，推动横店和谐社会实现，实现共同富裕，实现"人的全面发展"和"生产力的解放"，最终实现社会大同。

七、打造国际化横店

2001 年徐文荣 67 岁，身体不错，但为了适应国际化竞争，保持集团基业常青，徐文荣主动提出选拔年轻人上台，自己逐步退出领导岗位。这年 8 月，经过横店集团管理层的考察推选，徐永安脱颖而出，接任横店集团总裁。徐文荣主动退出横店集团实际领导岗位，就任作为横店集团出资者身份的横店社团经济企业联合会会长。

新老交替，如何使以徐永安为代表的接班人团队带领集团员工，实现更宏大的目标？徐文荣经过慎重思考并和集团高层探讨，2002 年 9 月，提出了以"打造国际化横店"为总目标的"三次创业"发展战略。

"三次创业"发展战略形成后，徐文荣专门召开由横店社团经济企业联合会、横店集团高层和东阳横店有关领导参加的"三次创业"动员大会，并专门作了动员报告。徐文荣的"三次创业"发展战略主要包括以下内容。

一、为什么要提出"三次创业"？

回顾横店集团的发展，可以看到：第一次创业是在 20 世纪 70 年代到 80 年代，我们走出土地，办工厂搞工业，实现了历史性的突破；第二次创业是在 20 世纪 90 年代，我们组建了横店集团，创建了社团经济，使横店人民率先实现了小康。

进入新世纪，横店集团进入了一个新的发展阶段，主要标志是：1）企业形成了相当的规模，产业结构、行业结构更加复杂；2）企业的外部

徐文荣将横店社团经济企业联合会大印交接给徐永安

环境发生了很大的变化；3）新一代企业领导人肩负着新的核心使命。这些都说明横店集团正在进入一个新的创业阶段，也就是第三次创业。

二、"三次创业"的总体思路。

"三次创业"需要提出新的目标，同时还要有新的理念、新的思路、新的办法。经过考虑，提出了初步的总体思路，经过征求总部和子公司有关领导的意见和建议，进一步得到了完善。

这个总思路可以用"1355810"这个数字来总概括。展开来就是：一个目标；三大理念；五大战略；五项创新；八项重点；十字方针。

一个目标：打造国际化的横店。

20世纪90年代初，横店集团就提出"立足横店，面向全国，走向世界"的口号，并一直努力朝这个方向发展。徐文荣说，我们的高科技工业产品、高科技精准农业，我们的影视旅游、国际商贸，都正在同国际接轨；无论从竞争国际化，经济全球化的大形势，还是从内部的条件和自身发展的要求来看，现在明确地提出"打造国际化的横店"这个目标，是很好的时机，能够振奋人心，明确方向，鼓舞斗志。

国际化的横店，这个横店主要是指横店集团、横店这个品牌，当然，横店本身还具有区域性的概念。但我们的主要目标是要打造一个国际化的横店品牌和国际化的百年企业——横店集团。实现了这个目标，横店就一定会建设得更好，横店也会成为国际化的横店。

三大理念：1）用天下人；2）聚天下资；3）谋天下利。

为了实现"国际化横店"的目标，必须放眼全球（天下），敢于组合天下资源为我所用。"用天下人"，就是不管本地外地，不分国内国外，凡是对集团国际化发展有用的人才都要吸纳使用，并充分发挥他们的作用。"聚天下资"，这个资就是资金、资源，就是要放眼全球集聚资源，就是资本的社会化、国际化，通过资本运作，用少量的资本支配和控制更多的资本，使别人的钱为我所用；"谋天下利"，就是哪里对企业发展有利，就到哪里去；怎么有利，就怎么发展。要运用资本主义手段，发展社会主义；最后要协助政府建成横店市，实现真正的城市化。

理念，顾名思义就是理想信念，是人们对事物的看法、思想，是人抽象思维的结果，是一个人对生活、对未来的期待，是指导人们实现理想或梦想的根源，是行动的指南。这三大理念，体现了东方智慧"天虚为大"的经营哲学和当今经济全球化、市场国际化理念的完美结合。

五大战略：1）人力资源国际化； 2）市场运行国际化；3）资本运作国际化；4）公司管理国际化； 5）横店品牌国际化。

徐文荣说，过去我们提出过高科技、多元化、专业化、产业化、连锁化、市场化、国际化、知识化、现代化的发展战略，根据"国际化横店"的新目标，集中起来，也就是人才、市场、资本、管理和品牌这五大国际化战略。

人力资源国际化，包括引进国内外人才、国内外智力，可以到横店来，也可以不到横店来，只要为我所用，即"人在彼地，干在此地"；也包括我们的员工派到外地和国外去发展，总之是汇集国内外天下的才智为我们的发展所用。

市场运行国际化，包括我们的产品、服务要面向国内和国际市场，与国内和国际同行建立战略联盟关系；也包括在国外创建跨国公司、营销中心、研发中心，形成横店在全球的"本土化基地"。

资本运作国际化，就是通过海外上市或收购海外公司，利用国际资本市场进行投融资；当然也包括国内资本市场的运作。

公司管理国际化，包括按照国际通行的规则来建构和管理公司，要把"以法治企"加强制度建设，同"以德治企"的文化管理结合起来；也包括采用现代化、网络化、数字化的方法和手段来管理公司。

横店品牌国际化，既是目标，也是前四项战略实施的结果，就是要创出横店的国际形象和国际品牌。五大创新：1）价值观念创新；2）产权制度创新；3）科技研发创新；4）管理手段创新；5）用人机制创新。

徐文荣指出，要使五大战略取得突破，必须要有创新意识和举措。创新也是改革，重点要在这五个方面不断创新，不断深化改革并取得成效。

价值观念创新，就是要在企业宗旨、理念，企业发展观，企业的经营哲学和管理理念等方面进行文化创新，使企业的可持续发展获得永不枯竭的动力源泉。

产权制度创新，社团经济本身就是一个创新，但是要适应形势的变化，做到与时俱进，必须不断深化改革。第一步是政企分开；第二步是出资者和经营者分离；第三步是规范的股份制改造，包括改制、资产重组、股份量化、租赁、拍卖等多种形式，实现投资主体多元化、社会化和经营方式的多样化。要给经营者和干部员工更多的利益，充分调动经营者、科技人员和广大员工的积极性。但是不管怎么改革，社团经济的主导地位不能变。

科技研发创新，包括产业、产品的创新、新材料新工艺的创新，更包括科技研发的组织管理创新和投入机制、激励机制的创新。

管理手段创新，就是要运用企业养生法的原理，结合借鉴世界成功企业的先进管理方法和手段，创造出具有自身特色的富有成效的管理理论和方法。

用人机制创新，主要是人力资源管理体制和人才激励机制的创新，通过激励方式的创新和组合，促使企业成为"学习型组织"，使干部员工的素质不断得到提高，并使他们的聪明才智得到充分的发挥。

八项重点：1）加大资本运作力度，加快发展金融产业；2）加大强强联合力度，加快发展国际合作；3）加大科技研发力度，加快发展高科产业；4）加大文化内涵深度，加快发展文化产业；5）加大草畜乳开发力度，加快实施公司带农户战略；6）加大发展贸易会展业力度，加快创办物流中心速度；7）加大网络开发力度，加快发展信息产业；8）加大创国际品牌力度，加快横店品牌建设速度。

徐文荣指出，八项重点是根据"国际化的横店"总体目标，所提出的重点工作，也是主攻方向。这些重点工作的展开实施，需要各有关部门拿出更加详细的规划和措施。提出和确定这"八项重点"是实现"国际化横店"这个总目标的需要，但是不等于没有提到的工作就不重要，实际上，要在这八个方面取得重大突破和预期成效，必须要有其他各个方面工作的显著成效和紧密配合。

十字方针：权力、理性、智慧、善良、团结。

徐文荣说，做成功任何一件事都必须要有正确的心态，正确的处事和为人的原则，要实现"三次创业"的宏大目标更是如此。我想不管做什么事，这十个字都要深刻理解、正确把握。

徐文荣要求集团总部及各部门和各子公司的领导，要把思想统一到"三次创业"上来，要按照"三次创业"的总体思路和要求，认真结合本部门本企业的实际，拿出具体的规划和实施方案，并扎扎实实组织实施。徐文荣说，我相信，只要各级领导干部和全体员工，紧密团结，发扬"拼搏向上，永不服输，争创一流"的"拼命三郎"精神，我们"三次创业"的目标就一定能实现；"三次创业"，一定能创出新的辉煌。

徐文荣 2001 年 8 月交班后，放手让徐永安大胆干，自己不参与，更不干预，有困难找来了，才帮忙。2003 年 11 月，徐文荣卸任横店集团董事长，任名誉董事长，完全退出了集团的实际经营决策。

"三次创业"发展战略，是徐文荣留给年轻接班人的艰巨任务和希望寄托，也是他辛劳创业几十年的一个夙愿，是他人生智慧和经营智慧的结晶，是他对横店集团和横店人民的一个交代。

徐文荣为横店集团提出"三次创业""打造国际化横店"的战略目标，是一个远大目标和终极目标，以徐永安为代表的经营团队如何深化这一目标，如何分阶段实现这一目标，是徐永安经营团队努力思考的问题。2009年，徐永安提出以大投入推动大发展战略思路，2013 年提出的"集团多元化发展、企业专业化经营"的发展战略，"国际化企业并不一定要离开本土"、"永远高举社团经济旗帜"，"共同富裕"，"深化社团经济改革"等思想观点，以及进行集团产业布局的调整，打造规模实力更大的产业集群，等等，都是为"打造国际化横店"做出的卓越努力。徐永安掌舵后，横店集团稳健快速发展和内部严格依法依规办事的事实表明，徐永安很好地传承了徐文荣的战略思想，带领横店集团在国际化道路上迅进。

八、建设世界最美乡村

退出横店集团实际领导岗位后，徐文荣并没有歇下来养老享福。2001年，徐文荣在辞掉集团总裁的大会上说，自己一直为改造横店山河处心积虑，今后的心愿是，进一步发展繁荣文化产业，造福广大百姓，将横店建设成为"城在山中，水在园中，房在林中，人在花中"的现代化小城市。

（一）老骥伏枥，志在千里。退出集团实际领导岗位后，徐文荣先担任横店社团经济企业联合会会长，2007年11月份后担任民政登记的非营利组织"横店共创共有共富共享工作委员会"（简称横店四共委）主席。他提出"先迁坟，后修路，再造林，造景，造水"的发展思路。

徐文荣利用所掌握的有限的资源，老当益壮，开始了进一步发展繁荣文化产业的步伐。采用募捐和内部筹集，启动建设百年工程华夏文化园，建设规模宏大的明清民居博览城。踏遍横店山山水水，规划了山沟沟里的文化项目。通过嫁接文化，使原先的荒山、荒沟、荒丘、荒滩的"四荒地"，变为文化旅游宝地。花木山庄、五百罗汉山、横店红军长征博览城、中国革命战争博览城、国防科技教育园、合欢谷、九龙文化博览园等景区都建在荒山上或者建在偏僻的山沟沟里。这些景区在2007年前后先后建成开放，吸引了大量国内外游客和剧组，那些山里的农民开门就可做生意赚钱，真正富了起来。

（二）国衰园毁，盛世兴园。建设圆明新园，是徐文荣一生最大的文化梦想。

北京圆明园是清朝康熙、雍正、乾隆、嘉庆、道光、咸丰六代皇帝150余年建设与经营的一座旷世御园，被法国大作家雨果誉为"万园之园"和"东方造园艺术之典范"，但由于清政府腐败无能，1860年被英法联军野蛮焚毁，1900年再遭八国联军蹂躏。自园毁之日起，重现她昔日的辉煌，就成了中华民族的百年梦想。可是要重现辉煌谈何容易，其工程之浩大，设计工艺之庞杂，占地之广大，举世罕见，加上圆明园话题敏感，牵动着国人复杂的历史情结，所以一般财力、一般人员根本无法办到，甚至想都不敢想。但是正因为难，才显得办成此事在世界上的地位和影响。

2005 年，法国历史学家、作家布里赛《1860：圆明园大劫难》中文版由浙江古籍出版社出版发行，法国人提出了圆明园重建或异地建设的可能，引起了国人圆梦的冲动。少数执着的圆明园专家学者和浙江古籍出版社社长徐忠良热忱地寻找合适建园的地方和建园的合适人选。横店影视城当时已经声名在外，于是他们就想到了横店徐文荣。

来横店考察后的北京圆明园专家学者认为，横店镇西南片山形水系，是天生的圆明园地形地貌。素有"建筑百工之乡"美誉的东阳横店的中国古建筑建设水准，从工艺技术上完全可以建好圆明园。有实力强大的横店经济做后盾，可以解决资金问题。有着深厚中华文化情结、雄才大略的徐文荣，则是建园的最合适人选。所以，有人说，全国也只有横店徐文荣，才能建得起完整的圆明新园，除此，全国找不出第二人。

徐文荣也敏锐地捕捉到了这一项目的非凡意义，经过充分考虑，决定接受专家学者的建议和要求。

从 2006 年开始，经过徐文荣组建的专门团队在选址、规划设计、项目土地申报、资金筹集等前期大量紧张细致筹备，2008 年 2 月 18 日，徐文荣在北京钓鱼台国宾馆召开"横店建设圆明新园新闻通报会"。通报会上，徐文荣面对百余家中外媒体，正式提出在横店投资 200 亿，用 6 年时间建设圆明新园的设想。

消息一经发出，由于圆明园话题的敏感，该不该建，工艺、土地、资金该怎么解决等问题立即引起了社会的激烈争辩，成为当年国内外舆论关注的焦点。赞成者有之，反对者有之。争论只浪费时间不出结果，后来不了了之。但有关部门畏于汹涌的社会舆情，直接搁置了项目土地的审批。这样，徐文荣炽热的建园设想在 2008 年春夏间被一盘冷水浇灭。而与此同时，上海 6000 余亩的来自美国的迪斯尼乐园却开工建设。优秀传统文化和西洋文化遭遇了两重天。为此，徐文荣给自己的这段岁月称之为"伤感的暮年"。

但是，徐文荣建园的强烈梦想并没有熄灭。2008 年至 2011 年，忧愤中的徐文荣将自己的注意力转到中华传统文化艺术品的收藏上。起因是，当时北京圆明新园新闻通报会提出总投资 200 亿，其中建园 70 亿，回收圆明园流散文物 130 亿，因此听到消息的收藏家和收藏爱好者，纷纷将古玩艺术品运到横店或请徐文荣前去收藏，也有部分收藏家向徐文荣无偿捐赠了流散的圆明园文物。为了挽救流散民间的珍贵古玩艺术品，徐文荣开始了大量收藏。因为徐文荣要建圆明园名气太大，全国很多收藏家主动运来宝物。徐文荣感念收藏家的好意，看到一些收藏家捧着金饭碗要饭吃的清贫窘境，开始了大量收购，涉及陶瓷、掐丝珐琅、玉器珠宝、佛像、古家具等各种门类，收藏了 10 余万件，展陈在占地千余亩近百幢的横店古民居中，被称为全国最大的个人收藏家。

2012 年党的十八大后，习近平总书记提出"实现中华民族伟大复兴

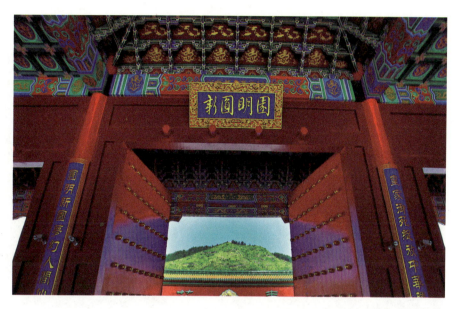

新圆明园大宫门

皇家动物乐园场景

横店新圆明园局部

的中国梦"，为徐文荣重启圆明新园梦想，创造了新的历史机遇。经过慎重考虑，徐文荣认为，由于时代的差异，一模一样既不可能，也没有必要，新建要吸取圆明园的精华，同时还应当吸收当今最新文化科技成果，造出一个比过去圆明园更美更好玩的目标，即建设一个万花园的构想。

徐文荣提出，横店万花园总投资 500 亿元，占地 7200 亩，分春、夏、秋、冬四苑（春、夏、秋三苑分别对应圆明三园中之圆明园、长春园、绮春园，冬苑为畅春园）总计 105 个分园的方案，恢复圆明园 95% 的建筑，同时建设国内一流、世界领先的世界野生动物标本馆、冰雕雪雕馆和高科技演艺馆。万花园自 2012 年正式筹备，徐文荣屏心静气，谢绝一切外部干扰，经过横店能工巧匠艰苦卓绝的努力，2015 年 5 月 1 日，万花园中的春苑也即圆明三园中最大的圆明园，连同世界野生动物标本馆、冰雕雪雕馆、欢乐夜福海等四大景区试开业。

壮怀激烈，感愤而发，为此徐文荣专门作了一首诗："园分春夏秋冬，明月倒映水中，新招层出不穷，园内万花争艳，美似世界独占。文化和科技交融，为国争光，为省争荣，为政府交税，为百姓造福。"诗虽不工，但情感真挚，赋写心声，感动人心。

徐文荣计划到 2016 年底，他 82 岁时，万花园全部建成开放。届时，一座文化科技融合，集中西方优秀园林和大自然草木花卉精华的旷世园林，在横店横空出世，中华民族的百年梦想终将成为现实。

（三）做好事行善事，成立慈善基金会，致力于对横店老弱病残等困难群体的救助。

　　徐文荣是一个菩萨心肠的人，他感念老弱病残群体的困苦。2007年，经省民政厅批准，浙江横店文荣慈善基金会成立，徐文荣个人慨然捐赠500万元作为基金会发起资金，并任基金会理事长。基金会设立以来，每年为横店万余名无退休工资老年农民发放老年生活补贴500余万元，至今已累计发放数千万元；为横店1.7万名老年人办理了横店影视城和横店太阳城景区免费出入证，为老弱病残群体做了大量好事。文荣慈善基金会的善举得到了全体横店人民和全社会的高度赞扬。

　　在成立慈善基金会做善事的同时，徐文荣还出资实施系列惠民新善举。2012年5月，在徐文荣的关心关怀下，经改造升级后的横店文化娱乐中心综艺大观园重新对外免费开放，1—3号舞台分别演出魔术杂技、戏曲、综艺类节目，吸引了远近老百姓前去观看，全部开支由文荣慈善基金会承担。其中2号舞台共有700余个座位，长年演出越剧、婺剧、黄梅戏等古装戏，每周至少8场，深受广大戏迷朋友欢迎。同时，根据徐文荣提议并创办的健康咨询服务站，也在横店文化娱乐中心开放。服务站聘请了多位医疗专家、中医世家、民间高手，以中华传统的推拿、正骨正筋、针灸、膏药、民间奇方等治疗方法，免费为疑难杂症患者提供健康治疗和咨询服务。

　　（四）2010年，徐文荣提出"努力奋斗十年，办成十件善事"新目标。具体为：

　　1. 横店农民实现全面基本养老保障，终身生活有依靠；

　　2. 横店农民子女在横店从幼儿园到大学免费就读；

3. 横店农民在集团医院、金华文荣医院看病享受补贴；

4. 横店农民特困户和特困人员享受生活补贴；

5. 横店老年农民和村主要干部享受生活补贴；

6. 兴建花园式老年休养院，特困人员入院不收费；

7. 资助横店新农村建设，旧村改新村；

8. 支持各村开发文化资源，实现村级旅游大发展；

9. 发展横店农村幼教事业，村村都办幼儿园；

10. 横店旅游景区和社区公交对横店老人免费开放。

让横店农民达到香港普通公民和居民的生活水平，实现家家富裕，人人欢颜，环境优美，社会和谐！

我们是快乐横店人

（五）2014 年春节刚过，年届 80 的徐文荣在横店四共委 5—10 年经济发展战略报告会上指出：今后 5 至 10 年，横店四共委要完成建设万花园、中尼佛教文化园等一大批文化项目，加快道路建设，赚更多的钱帮助横店农村实施大规模的新农村建设，让横店农民人人达到大康生活水平。

文化创业新十年。除了万花园全面开业，中尼佛教文化园、日光博物馆（布达拉宫）、龙王宫文化园都在加快完成基建，尽早实现开业。

徐文荣提出："世界最美乡村在中国，中国最美乡村在横店"目标。中国要强，农业必须强；中国要美，农村必须美；中国要富，农民必须富。今后十年，横店四共委将出资 20 亿元，陆续支持横店农村分期分批实施旧村改造，鼓励农民兴办宾馆、商业，加快新农村建设步伐。同时，不断加大城镇基础设施建设，提升城市品位。在东阳市区域内寻找一个土地资源富余的乡镇，四共委与其建立战略合作关系，在这个镇乡建立现代化农业基地，多余劳动力可以转移到横店转型为文化产业工人。

徐文荣还提出，要不断充实文化横店内涵，加快文化产业全域化进程。1. 工业文化要科技化；2. 农业文化要现代化；3. 建筑文化要多元化；4. 影视文化要一体化；5. 宾馆文化要产业化；6. 饮食文化要全国化；7. 旅游文化要国际化；8. 军事文化要模特化；9. 科技演艺要超级化；10. 动物文化要奇特化；11. 山水文化要环保化；12. 教育文化要全面化；13. 演艺文化要群众化；14. 节日文化要多样化；15. 交通文化要便捷化；16. 游戏文化要电子化；17. 网络文化要全域化；18. 通讯文化要人人化；19. 商业文化要精品化；20. 医学文化要领先化；21. 收藏文化要综合化；

22. 会展文化要全球化；23. 城市文化要品牌化；24. 生活文化要大康化；25. 慈善文化要全民化；26. 体育文化要健康化；27. 医疗文化要先进化；28. 宗教文化要社会和谐化；29. 社保文化要实惠化；30. 保安文化要安全化；31. 老年疗养要免费化。

2015 年 5 月，徐文荣在接受媒体采访时指出，横店圆明新园各景区全部开业后所产生的巨大效益，除了上交国家税收、扣除工资等必要的经营费用后，全部捐赠给文荣慈善基金会，用于为横店人民做好事善事。

自从 2001 年退出横店集团实际领导岗位后，徐文荣片刻没有闲着，他心中有太多的梦想需要完成。为了横店的明天更美好，横店农民的生活更富裕，他老骥伏枥，志在千里，烈士暮年，壮心不已，不断萌生新的梦想，心里总有使不完的劲。

（六）横店全域旅游发展新战略

2016 年 9 月，徐文荣提出了横店全域旅游新战略，具体包括：横店通过文化旅游的再发展再提升，进一步推进旅游全域化的广度和深度，争取 2020 年横店游客量达到 5000—7000 万人次，成为"世界影视文化名城，国际旅游休闲之都"，早日实现"世界美丽乡村在中国，中国美丽乡村在横店"的奋斗目标。

走出家门，走出县（市）门，走出省门，乃至跨出国门。以横店品牌和横店梦幻科技为先导，密切各方合作，在我国的东部、西部、南部、北部、中部共建五个"横店大文化城"。同时为江西等地文化建设提供思路方案、科技支持和经营管理咨询。

横店全域旅游新战略的目标是，通过若干年奋斗，带动联动老百姓千万人数以上，为文化强国、文化富民作出新贡献，为"一带一路"沿线国家经济发展与世界和平，作出积极努力。将来的横店，是中华传统文化与现代文化的杰出代表，与美国好莱坞、迪尼斯、环球影城、嘉年华同属世界旅游品牌。

九、徐文荣企业发展理论的特点和现实意义

一个土生土长的中年农民，41岁时在一穷二白基础上白手起家，经过30年的努力奋斗，建立了庞大的企业集团，创立了横店模式，到晚年圆梦圆明再创辉煌，这是一个大智大勇中国农民创造的传奇。

回顾徐文荣的企业发展战略理论：从1975年创办之初的"母鸡下蛋孵小鸡"，到八十年代的"靠科技养大鸡"，到1990年的"非高科技不上"，到1995年的"高科技、外向型、集团化、企业办社会"，再到2000年的"工业产业高科技，影视旅游高水平，生态环境高质量，高科农业产业化"，到2001年的"高科技、多元化、专业化、产业化、连锁化、市场化、国际化、知识化、现代化"，再到2002年提出"三次创业""打造国际化横店"总目标。退出横店集团领导岗位后，又提出"用文化产业来改造横店的山山水水"，"建设世界最美乡村"。徐文荣制定的发展战略，引领着横店集团从小到大，从弱到强，从默默无闻到名闻遐迩的稳健快速发展；也使横店集团所在的横店镇，实现了从一个普通农村乡镇向现代化小城市的华

徐文荣在横店新长春园远瀛观前接受媒体采访畅谈追梦圆明

丽转身。

　　1. 徐文荣的关于横店集团企业发展战略，是实事求是，一切从实际出发，理论联系实际，走横店特色发展道路的典范。徐文荣在企业每一阶段发展战略的提出，从不脱离时代背景、具体环境条件等的实际条件，而是紧紧联系实际，紧扣时代脉搏，求得宏伟梦想在现实中的最大实现。坚持走自己的路，从不照搬别人的发展模式。不唯上，不唯书，只唯实。甚至在一些时候巧妙地抵制了政府的行政命令，婉拒了一些政府官员的好意劝说。坚定走横店特色的乡镇企业民营化市场化道路。横店集团和横店社会发展的成功实践表明，徐文荣的企业发展理论是正确的，符合横店实际的，符合广大员工和百姓愿望，符合党和政府要求，符合社会发展方向。

2. 徐文荣的关于横店集团企业发展战略，是系统性、前瞻性、全局性的完美结合，实现了一个企业从零起步到国际化的跨越。企业发展战略，直接指导着企业经营和未来发展，是企业兴衰成败的关键因素。徐文荣为横店集团制定的发展战略，从微小起步，随着形势发展，既照顾到现实又与时俱进，脉络清晰，层层跃进，体现出指导性、方向性，做到系统性和前瞻性的统一。同时，又体现出企业和百姓、和国家息息相关的情怀。他提出的社团经济"共创、共有、共富、共享"的宗旨目标，"为民造福，为国分忧"的担当，做一个社会企业家，勇担企业和企业所在地经济社会共同发展进步的责任，这都体现出徐文荣的全局观和广阔胸襟。这些都证明了徐文荣的关于企业发展理论的强大生命力。对此，我们完全可以做的假设是，如果横店企业发展战略中缺乏系统性、前瞻性、全局性，那么，就完全不是今天的横店。横店就和其它许许多多的乡镇一样，隐没其中。

3. 徐文荣的关于横店集团企业发展理论，体现出一个战略家的气度，为我国乡镇企业走自主品牌之路、民营化之路和走国际化道路创造了一个榜样。由于历史和现实的原因，我国乡镇企业大多小而散，科技含量低，一般从事粗加工和仿制，许多业主受眼光局限，满足于小富即安，没有大抱负和长远眼光，处于中低端产业，时常处于生存危机之中。通观徐文荣制定的发展战略，有志气有决心，着眼于高科技和集团化，打造自主品牌，扎根横店，富裕当地人民，坚定走自己的路。横店集团的发展之路，为我国乡镇企业扎根农村、致力自主品牌发展、走国际化道路提供了榜样。过去的横店默默无闻，无人知晓，今日的横店已发展成了"世界磁都"、"江南药谷"、"中国好莱坞"，无人不晓。

4. 徐文荣的关于横店集团企业发展战略，体现出一个中国农民伟大的创造力和创新精神，体现了人的巨大能动作用。经济活动实质上是人的活动，经济奇迹靠人创造。人在经济活动中具有决定性作用，古今中外莫不如此。人的主动性、创造性，可以克服资源禀赋上的先天不足，创造出经济奇迹。横店就是最好的明证。横店没有稀土、铁矿，但发展了世界领先、产销量最大的磁性材料；横店文化资源贫乏，却发展成为了五千年中华文化的集聚地，成为了著名的文化之城。徐文荣敢想、敢试、敢干、敢闯，这种"永不服输、争创一流"的"拼命三郎"精神，是横店人最宝贵的精神财富，也是横店经验带给社会的启示。

第二章　企业经营管理理论

　　好的企业发展战略，还必须有好的经营管理与之相配，战略目标才可能实现。否则，再好的战略，也只能是空想。徐文荣用现实和浪漫的情怀描绘了蓝图，又用冷静理智的思维建立了他独具特色的企业经营管理理论。

一、经营者首先是战略家

　　成功的企业，来自成功的企业家的经营。徐文荣认为，作为成功的企业家，首先是一个战略家，要具有战略家的气度胸怀，具有预见性、全局眼光和判断力。如果企业经营者气局狭窄，目光短浅，缺乏长远思考，事业不可能做大，企业也肯定办不好，更不用说办成受人尊敬的百年企业。

　　徐文荣认为，在企业经营活动中，经营者的战略眼光主要体现在预见性、全局眼光和判断力三个方面。

预见性。就是企业经营者要能够预见社会发展的未来趋势走向，未来社会需要什么，不需要什么，商机在哪些领域，等等。这是一种基于政治、经济、文化、科技、人文、自然环境条件等因素，以及国际、国内背景条件下的综合分析判断。

纵观横店集团发展史，徐文荣在 1975 年创业初期，就预见到"文革"之后，国家将工作重心转移到经济建设上来的有利大环境，以及我国存在着的商品短缺，和老百姓巨大的物质和精神生活需求，同时又面对横店基础差底子薄的不利条件，徐文荣以创办丝厂为起点，力排众议，提出"母鸡下蛋孵小鸡"的发展战略，奠定了企业发展的"星星之火"。上世纪八十年代，预见到随着人民生活水平的提高，电子产品将不断创新和普及，对健康的要求也越来越高，于是徐文荣又决定以"靠科技养大鸡""非高科技不上"的发展战略，发展电子电气、医药化工等产业，赢得了横店企业的再次腾飞。上世纪九十年初，徐文荣又与时俱进地预见到随着老百姓温饱解决，精神生活的消费将成为今后长期重要的消费，特别是旅游、影视将成为人们普遍的消费方式。于是他决策投资建设横店的文化旅游设施，发展文化产业，1995 年，文化村、娱乐村、天堂村、度假村、民俗村等建成开放，1996 年和著名电影导演谢晋合作，建成"南粤十九世纪广州街影视拍摄基地"，之后继续大力建设，形成规模效应，到 2010 年，横店共有 28 个影视拍摄基地，成为远超美国好莱坞的全球最大的影视拍摄实景基地。2015 年，横店游客达到 1800 万人次，位列全国前茅，旅游及第三产业收入达到 90 亿元。全国古装影视剧三分之二出自横店。影视文化旅游辉煌业绩的取得，根基在于徐文荣在上世纪九十年代的超前预见和决策。

2012 年，78 岁的徐文荣决策建设宏大的万花园。为什么徐文荣以 78 岁的古稀高龄，在缺少土地和资金的情况下，有胆量建设万花园？并坚信自己一定能建好？就是因为徐文荣有超凡的魄力和超前的眼光，他看准了。2015 年 5 月，横店圆明新园首期四大景区开业，不但迎来国内游客，还迎来全世界的游客。其余景区也将在 2016 年底前全部开业。人们不得不佩服徐文荣超强的预见性和决策力：十八大"中国梦"的提出、文化强国的号召、各级政府的支持、旅游业的持续兴旺，都是他预见到了的。因为，

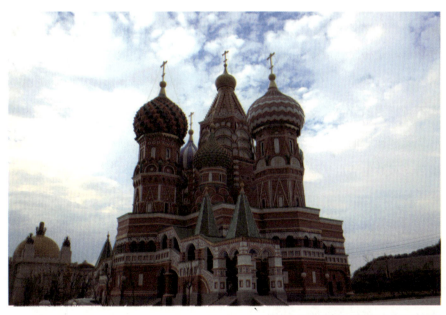

横店新长春园内八国建筑之俄罗斯教堂

他自有了建设横店圆明新园的梦想之后，似乎一丝一毫也不想让重大机遇漏过。

全局观。徐文荣认为，要成为一个优秀的企业经营管理者，必须具有全局观念。企业经营管理，涉及到内外部的方方面面，任何偏废，都可能引发不良后果，所以一定要以整体的、全局的观念来指导。

横店早期发展科技产业，没有科技项目也没有科技人员，要发展只有靠引进，引进了项目，又得引进人才，人才引进后要留得住又需要环境建设，搞环境建设，又涉及土地、资金、建设等环节要素，以及和政府、百姓的关系，所以同样是一个牵涉面很广的庞大系统工程，需要全局观念来统领。如果局限在企业的一时一事，或只看到企业的既得利益，非但事情办不成，企业发展不了，而且常常鸡飞蛋打。因此，在徐文荣的企业经营思想里，是将企业放在全社会背景下的，是和国家、地区、老百姓、企业员工紧密联系的，而不是企业孤立的存在。企业发展是前提，但企业肩负着不可推卸的承办、支持社会的责任。所以，一直以来，徐文荣领导的横店集团和横店的整体息息相关。横店集团稳健发展，横店社会进步繁荣，横店老百姓生活水平稳步提高。

那么，如何才能拥有全局观呢？徐文荣认为，首先，要掌握方方面面的信息，包括国际国内，政府民间，基本建设，生产流程，财务核算，员工心理，乃至天文地理，九流三教，等等，广交朋友，加以全面地了解，才可能心中有数。一个企业经营者关起门来，两耳不闻窗外事，也不读圣贤书，是办不好企业的。其次，既要有博大的胸怀，又要有缜密的逻辑思维，要分清主次，分清先后，分清轻重缓急。心中要装着祖国和人民，要有强烈的爱国心。而不要谋一己私利，钻进钱眼里。同时，要保持头脑清醒，并且一贯地清醒。逻辑思维混乱，理不清头绪，各种因素混在脑里一团粥，是不可能获得全局观的，其言行必然不得要领，其结果，必使企业经营失败。最后，要高效的全局观，而不是拖拉的全局观，马后炮式的全局观。企业经营管理最根本的是讲效率，这是市场经济的根本要求。企业经营管理者的低效，必然导致企业生产的低效。徐文荣素以高效出名。他41岁开始创业，40年时间，前前后后办了六七百家企业，缔造了横店集团，建造了这么多朝代的宏伟的建筑，带给横店翻天覆地的变化。

判断力。徐文荣认为判断力是一个成功企业家必备的要素。可以说，预见性、全局观是为着判断力准备的。企业经营者的判断、决断决定企业兴衰。面对需要决断的时候，多端寡要、犹疑观望是许多企业经营者的通病，重大问题畏葸不决、不敢担责也是企业经营者的通病。既已有预见和全局观，当断则断，不断反受其乱。徐文荣一直是这么过来的。当企业面临一些列重大问题的时候，徐文荣总是当机立断，给以明确的指令、指导。横店在每个发展的关键时刻，总是思路清晰，决断有力。当然，在判断实施过程中，需要根据新的实际情况不断修正，这是应该而且必须的。

预见性、全局观和判断力的三位一体，是徐文荣认为的企业家首先应是一个战略家的内在要求。

二、掌握企业经营自主经营权

企业经营自主权，是企业作为独立法人和市场行为主体的最主要的权力。这在今天似乎根本不是问题，但在徐文荣创业之初的年代，企业经营自主权归于政府还是企业，还真是一个大问题。

了解那段历史的人都知道，社队企业（即后来的乡镇企业）从出生那天起，不但受到种种限制，面临着种种非议和打击，而且作为政府的附庸，一直没有获得自主经营权。从小的环境来讲，由于人民公社实行党政合一、政经合一，徐文荣从创办丝厂起，就一直受到旧有体制的种种束缚和掣肘。在用人方面，用谁不用谁，企业招工，招谁不招谁，招多招少，都是由公社党委说了算。公社和县里，随时可以到企业"检查"、"整顿"，而不管停不停产；各种摊派更是名目繁多，而不管企业亏不亏损。更有公社个别领导只知道抓权，让企业服从自己旨意，企业死活则不管不顾。

这些情况，从公社到乡，后来到镇，虽然有些变化，但没有根本的改变。对企业而言，就好比捆着一根根绳索。

尽管在 1979 年，横店就开始试行企业承包责任制，但并没有解决政企分开问题，劳动用工、干部聘任、工资分配、企业扩建、新上项目等，政府都要插手，还要随时干预。虽然企业承包了，但还是被关在"笼子"里。

为了挣脱绑在企业身上的绳索，跳出笼子，争得企业的经营自主权，徐文荣先后赶走过 5 个阻碍企业发展的公社或乡镇领导。但，从根本上来说，还是体制问题。旧的体制不改变，再换人也没用。

1984 年，中共十二届三中全会在北京召开，并通过了《中共中央关于经济体制改革的决定》。《决定》在经济体制改革中，首次提出了政企分开的问题。这给了徐文荣很大的启发，为徐文荣提供了争取经营自主权的政策依据。

1984 年，随着企业规模的不断扩大，横店原先的轻纺总厂形式已经难以适应企业不断壮大、行业不断增多、管理越趋复杂的形势要求。在酝酿和筹备横店工业公司的时候，徐文荣向乡领导提出了政企分开的要求，即得到了当时领导的支持，代表乡政府管理企业的乡工业办公室宣布撤销，乡党委和乡政府今后不再插手企业具体经营事务。同时，乡党委还明确规定，党政干部不到企业兼职，企业领导也不到党政机关兼职。

从此，横店实行彻底的政企分开，有关企业的经营决策，包括生产经营、人事任免、工资奖金分配、项目投资、发展方向等，均由企业自己作主，政府概不插手。横店工业总公司成为名符其实的独立经济实体和投资、决策中心，同时，主动地承担起扶持和管理村办、联办和户办企业的职责。

经过艰难的抗争和不懈的努力争取，横店率先实现了政企分开，这在全国范围是算早的，并且一直很好地坚持下去。这为横店日后的大发展，提供了前提条件。相比于全国大多数乡镇企业到 1990 年左右才争得政企分开的自主经营权，国有企业到 1995 年左右才开始实行政企分开获得企业自主经营权，横店要早上这么宝贵的几年。

三、立纲治本 依法治企

徐文荣曾在一次北京召开的法制建设研讨会上说过："法制建设是乡镇企业的保护神，没有这个保护神，乡镇企业就是有了财神也保不住，企业发展起来了，也还是要垮掉。"

乡镇企业萌芽于计划经济之外，发育于改革开放之时，在市场经济大潮中发展壮大，一路走过来，很不容易。由于不懂法，有许多企业不但关门歇业，业主还进了牢房；也有的企业被内部的蛀虫吃空塌掉；这样的例子发生在身边的太多。徐文荣认识到，横店集团要顺利发展，外部，要有国家健全的法制，内部，也要有企业的"法"。依法治企，是企业基业常青的基本保证。

为此，在内部管理上，实行立纲治本，依法治企。这个"纲"，就是企业的总纲和管理的大纲。最初名称叫"横店集团总纲"，到2001年开始叫"管理手册"。它根据国家、法律、法规政策规定，结合企业实际所制定，由一系列规定、条例、办法、制度汇集而成，由企业宗旨愿景、公文处理、档案管理、人事劳资管理、财务管理、合同管理、基建管理、新闻管理、安全管理、法纪管理、各部门工作职责等内容组成，包括了企业内部管理和对外经营的各个方面，并且根据国家新颁布的法律法规，企业面临新的形势，一般每年修订增补一次，作为一部综合性的企业内部管理的"大法"。

这个"大法"，是徐文荣的独创，也是他依法治企的重要体现和宝贵经验总结，确保了几十年来横店集团内部政令统一，纪律严明，步调一致，对预防和打击内部违犯法罪，保卫集体利益，起到了巨大作用，为横店集团形成了整体的强大战斗力。

为了强化依法治企，徐文荣还成立企业内部专门法检机构。从1985年起，在取得上级党委政府支持同意后，在上级公检法机构指导下，设立了政法办公室、法律顾问、经济监察处、审计处和保卫处等法检机构，贯彻"落实、监督、打击、保护、服务"的工作原则，深入实际，强化监督，为企业发展保驾护航。

经济合同是企业最重要的经营手段。横店集团过去一组数据表明，对外经济合同履行率1987年只有61%，由于实行合同管理，到1991年上升到98%，资金回笼率也从1987年72%，上升到1991年的93%。自此，经济合同管理走上规范化，经济纠纷得到有效控制，规避了经营风险，不仅提高了企业效益，也增加了企业活力。由于内部严格按制度办事，外部市场经济条件下国家法制的健全，到1995年之后，经济合同履行率、资金回笼率都在97%以上，形成了良性发展。同时，由于内部安保制度落实到位，安全事故得到控制，几十年来，横店集团没有发生重特大火灾事故和伤亡事故。多年来，强化内部审计，促进增收节支，及时挖出内部"蛀虫"，保卫了社团集体财产。

依靠国家法律，惩治内部经济犯罪。徐文荣是个正义的人，眼里容不得沙子，坚持有恶必惩，及时惩办经济犯罪，维护法制权威和集团利益。

徐文荣主席工作照

对"富了和尚穷了庙"的行为，徐文荣更是深恶痛绝。他提出，一定要严查贪污渎职犯罪，一经查实，即提请国家公检法机关予以惩治，绝不包庇，绝不心慈手软，"杀一儆百"。1990年代初期，几乎每年都有内部大大小小"蛀虫"挖出，有的送上法庭判刑，有的罚款辞退。对说情者，无论各种关系，徐文荣晓之以理，陈明厉害，但绝不在原则问题上让步。并且通过召开法治教育大会，以案说法，震动了一批人，教育了大批人。

在法制建设上，徐文荣坚持"两手抓"。一手抓教育和防范，一手抓坚决打击。通过制度建设和日常教育学习，提高干部员工法制观念，提出"开前门，堵后门"，该得的，光明正大地得，不该得的，一分钱也不能拿。徐文荣提出，在对外经营中，绝不让人家骗走我们一分钱，也绝不允许我们骗人家一分钱。

"十要十不要"。为了使企业经营管理者做好人、用好权、带好头，不违法乱纪，针对横店企业实际，1997年横店集团春节团拜会上，徐文荣郑重提出了"十要十不要"，作为企业领导干部的日常行为规范。

"十要"是：要努力完成上级布置的任务；要时时刻刻想着为人民做好事；要随时随地严格要求自己；要继续发扬"拼命三郎"精神；要努力提高自身素质；要用科学意识发展企业；要自我加压；要为二次创业做新贡献；要争做两个文明建设带头人；要坚决维护社团经济。

"十不要"是：不要贪污受贿；不要嫖娼赌博；不要玩忽职守；不要盗窃公物；不要办地下工厂；不要另立山头；不要参与地方派别斗争；不要搞迷信活动；不要欺骗领导；不要盗窃机密。

在徐文荣的领导下，横店集团依法治企两手抓，两手都过硬，形成了良好的法制传统，既维护了集团利益，也避免了经营者走上犯罪道路，挽救了一大批人。横店集团尊重国家法律，重视依法治企，多年来在社会上形成了良好声誉。

四、以德治企

在抓依法治企的同时，徐文荣还十分重视以德治企。

先做人，后做事，做好事，是徐文荣自我总结的人生格言，也是他世界观、人生观、价值观的集中体现。他认为，世界上最重要的是人，有人才有一切。人活着，就要做事，而做事先做人，做人是第一位的，只有做好人，才能做好事。人做不好，事业肯定不能有成就，即使侥幸成功了，也是暂时的。他觉得人活一世，就要奋斗，就要有大抱负，创大业，赚大钱，多为老百姓做好事，而不是只为自己谋利益。一直来徐文荣用自己的言行证明着他的格言。《论语》说，其身正，不令而行，其身不正，虽令不从。从办丝厂开始，徐文荣一心扑在事业上，不知疲倦，从来没有礼拜天休息日，他从来没有拿过加班工资，没有多拿过一分奖金，甚至自己倒贴不少。他的言行感动和影响了周围的人，无论初期的创业伙伴，还是后来进入企业的年轻人，都深受他的影响，自觉以他为榜样，一心扑在工作上，为着群众利益，做好人，做好事。

为了教育广大企业干部树立正确的人生观、价值观，2000年农历正月，徐文荣带着集团中层以上干部和下属企业老总，不怕忌讳，专程到东阳殡仪馆参观，排队走过焚尸炉，看着一具具遗体在火光中化为灰烬，参观者都为生命的短暂感到悲凉。之后，又驱车到东阳看守所，在戒备森严的高墙下，参观每一个监号，与犯人进行交谈，听取公安人员的情况介绍，参观者都为犯人失去自由而感到叹息。

参观之后，回到横店，徐文荣对全体人员做了总结讲话：

今天我带大家去参观了平时最忌讳的殡仪馆和看守所，目的是进行一次人生教育，是要大家懂得人生的路应该怎样走，是平稳地走，还是曲折地走，是走向大道，还是走向悬崖，是走向希望，还是走向绝望，是让人生重于泰山，还是轻于鸿毛。

人活一世，总有一死。无论是昔日的皇帝老子，还是如今的领袖人物，虽然面对一片山呼"万岁"声，但还不是照样要呜呼哀哉！有谁长生不老了？

我说这个话不是要大家悲观失望，而是要大家正视人生，善待人生。一个人双手空空来，双手空空去，最终要见马克思，所以任何事要想得通，不能无止境地追求私欲。人活着，就要光明磊落，坦坦荡荡；干事业，就要辉辉煌煌，轰轰烈烈。

简单地说，就是一要遵纪守法，二要多做贡献。中国有句老话叫做人为财死，鸟为食亡。做人没有钱是不行的，钱太多也容易惹来麻烦。今天在看守所，我见到三个熟人，一个是局长，受贿两万多，判了两年多；一个是书记，拿了几万元，要坐好几年牢；还有一个女人，组织卖淫，被判了五年多。三个人坐牢，全是为了钱！我可以肯定地说，进了看守所的人，大多数是为了一个"钱"字！

我希望大家不要把钱看得太重。我们都是搞经济的人，特别是在座的老总、厂长们，千万别把钱看得太重。人生要注重的是多为老百姓多办点事。公家的事，门槛要松点；私人的事，门槛要紧点。总之一句话，少为个人谋私利。在我们横店集团，对有碍企业经济发展的都要坚决打击，严肃处理。

这几年，企业发展了，但抓经济违法问题反而松懈了，所以，经济违纪事件有所回潮。具体表现在几个方面：

一是假公济私。最特殊的是，拿着前店后摊，拿着公司的工资奖金，办着私人的工厂、商店，人在曹营心在汉。人在公司上班，心在家里，这绝不允许。

二是有些干部利用职权谋私利，拿回扣。现在听到不少反映，究竟有多少，有关部门要排查，有的，要处理，没有的，要接受教育。

钱要赚，但要合法地赚。赚了钱，要多行善事，为社会多作贡献。上次我到四川扶贫，结了20个对子，帮助他们从小学念完大学，这实际上花不了多少钱，希望大家多做这样的事。就是资本主义国家的大老板，赚钱表明自己有本事，有能力，也是生不带来，死不带走，就是留给后代，也反而多些矛盾，还是贡献给社会好。

跨入新世纪，我们的任务更艰巨，要求更严格，目前在进行机构调整，资产重组，公司的每一个人都要自我加压，多讲贡献，包括引进的人才，不能有"丢了铁饭碗，捧了金饭碗"的思想。只要没贡献，没成绩，连泥饭碗都没有。只要有贡献，收入就会越来越高，钱就会越来越多。所以希望大家要脚踏实地，放眼未来，老老实实做人，踏踏实实工作。

徐文荣创立的以共创、共有、共富、共享为宗旨的横店社团经济企业文化，用高尚美好的理想信念塑造人，体现了横店人的共同价值观，和以德治企紧密相通，极大促进了以德治企。

五、领先一步靠人才

创业之初，徐文荣带领下的横店丝厂之所以能快速发展，原因固然是多方面的，但重要的一点，和徐文荣的重视人才，注重发挥人才作用，根据不同时期的特点而实施的人才战略紧密相关。

1975 年起步时，底子薄，条件差，横店破破烂烂，不可能引进外地高级人才，主要靠诚心诚意请本地有一技之长的人来共同创业。比如基建老手厉大金，经不住徐文荣"三请诸葛"，毅然放弃高薪来一同吃苦创业。还有，请来杭州丝厂技术人员当师傅，教会本地员工。

丝厂有了积累新办了一些厂后，徐文荣想上有科技含量的新项目。但苦于没有项目、人才。这时，主要是利用在外地工作的家乡人牵线搭桥、穿针引线，或直接利用他们的技术专长，同时，派有文化、表现好的本地青年出去学习、培训。1980 年徐文荣办磁性材料厂，就是依靠了本地人的女婿李国宁在陕西宝鸡国营磁材厂当工程师的关系搭桥，派了经选拔出来的何时金等本地青年去厂里学习技术，才办起来的。自古以来，东阳人勤奋好学，为国家输送了不少人才。为了让在外打拼的东阳人了解家乡、关心家乡的建设，每年春节期间，徐文荣就利用他们返乡探亲的机会，登门拜访，召开座谈会，虚心向他们请教。应当说，在横店集团早期发展中，这些家乡人作出了重要贡献。

1985 年之后，随着横店企业的逐步发展，通过供销活动逐步与外界建立了越来越广泛的联系。同时，国家的经济政策也逐渐趋于宽松、开放。这时，徐文荣除了继续利用老乡途径以外，还通过关系企业，或通过技术咨询部门，有偿聘请工程技术人员到横店短期服务。他们中有在职的，也有离退休的，他们不但帮助解决了生产过程中的许多重大技术问题，而且也培养了本地的职工，带出了本地实用型人才队伍。

到 1990 年之后，随着横店企业迅速发展，所涉行业的增多，企业科技含量的增高，对各方面人才的需求也越来越大。尽管当时人才交流没有放开，国家机关、事业单位和国有企业的铁饭碗还没有打破，但横店已经开始冲破各种阻力，以优厚的条件，开始大规模引进各类技术和管理人才。几年功夫，便从本省和全国各地引进了 350 多名各类技术和管理人才。与此同时还先后与国家研究部门、信息部门、科研院校、经济界、理论界、新闻界建立了广泛联系，聘请了 160 多名顾问组成专家团，为横店的发展出谋划策，提供高层次的决策咨询服务。

1992 年底，徐文荣根据高科技、外向型发展战略，又提出"求三高、给三高"，即重点引进高技术、高学问、高管理人才，集团则给予高工资、高奖金、高待遇。

在大力引进人才的同时，徐文荣还舍得花大本钱培养本地人才。1990年代初那几年，横店集团每年都选派上百名符合条件的员工到浙江大学、西安交大等院校对口专业带薪学习，为此，这些大学专门开设了"横店班"。从 1991 年开始，在职工学校基础上创办全日制的横店工业职业技术学校，招收初中应届毕业生和职工短期技术培训，截止到 2014 年，已有近万名毕业生，为横店各企业输送了大量拥有一技之长的青年员工。

1994年，徐文荣请来东阳中学退休的老校长俞鉴康，创办了横店大学，是全国第一所农民办的大学。初期，横店大学采取与浙江工业大学、杭州电子工业学院联办形式，根据横店集团发展需要，设立工业外贸、机械设计、精细化工等专业，企业管理、财务会计大专函授班和厂长经理高级培训班。后来，成为国家承认学历的职业技术学院。随着横店影视文化产业的蓬勃发展，到2005年横店大学更名为横店影视职业技术学院。到2014年，在校生达到了7000人，为我国的影视文化产业发展输送了大批专业人才。

有了大学和技校，徐文荣还创办了横店高中，让横店初中毕业生不管成绩好坏，都可以上高中，同时也填补横店无高中的空白。经过3年多的建设，横店高中2002年正式招生开学。省教育厅厅长称赞，这是全省规模最大、校舍最好、设施最全的民办高级中学。

到2000年前后，为了适应国际化竞争需要，徐文荣重点加强了企业经营管理者的培训，选派管理人员到清华大学、浙江大学、复旦大学等名校攻读MBA、EMBA，聘请名师名家来横店讲座，组织管理人员出国考察学习，提高管理人员的国际化视野和操作能力。

在用人上，徐文荣是超一流的高手，这是了解的人都知道的。徐文荣有自己独特的识人用人理念。大体可以归纳为以下几条：

第一，用人不拘一格。徐文荣用人是大胆的，只要是对企业有用的人才，他都敢用。不管是"洋的"，还是"土的"；不管是外地的，还是本地的；不管是喜欢冒险的，还是沉着稳健的；不管是高学历，还是低学历；

不管是亲戚朋友，还是非亲非故；不管是长期来服务，还是短期来帮忙；不管年长，还是年轻；只要有真才实学，只要来了能助推横店事业发展，徐文荣就会给你信任，委你重任，授你权力。

　　徐文荣有博大的心胸，不管是谁，他说进了横店门，就是横店人。在徐文荣麾下，有曾经的政府官员和大学教授，有海归，有国营企业的工程师，有农村干部，也有农民。只要徐文荣看准了的人，就破格提拔，大胆使用，似乎谁也拦不住他。因为徐文荣认为时间就是生命，时间就是机遇。如果在用人上犹疑不决，就等于耽误了机遇，影响了事业的发展。所以，对外一定要先抓住机遇，再回过头来内部梳理。否则驷马难追，悔恨无穷。这也是徐文荣自己经常说的他总是算大账、观大势、管大事的原因。回过头去看，横店的发展，离不开徐文荣的用人。人才是横店发展的关键因素。了解徐文荣的人，在对他用人容人的肚量上，无不表示着心悦诚服。

横店远景

但实行起来，也不是一开始就一帆风顺，需要做许多细致的思想工作。比如，有时候重用请来的"洋人才"，有些本地同志想不通，认为外来人才没有创业之功，不应马上委以重任，要花时间去考验以后再用。但徐文荣认为这样不行。人家来了就是要干一番事业，你可以先给他一个舞台，让他把真本领表现出来，干好了是我们的成功，真不行再把他撤下来也不迟。你犹犹豫豫对人家不放心，很难留住人。这样的道理反复给本地的同志讲，而且，通过实践证明了这样做是对的。后来，大家慢慢都接受了。

相反的情况是，有些农民出身的"土人才"，文化水平比较低，可有实践经验，有些重要岗位非他不行。重用这样的"土人才"，有些引进人员也感到不舒服。徐文荣说，这也是一种小农意识。所以经常要讲"土洋"结合，优势互补的道理，不分"土洋"内外，谁有本事就用谁。这种管理原则，对有效地开发人力资源是有好处的，我们要一直按照这个原则去做。市场经济，产品要"大浪淘沙"，人才也要"大浪淘沙"，人才、岗位也要搞竞争，搞流动，没有"铁交椅"、"金饭碗"，干得好的可以连续干下去，不受年龄限制，干不好的随时可以解聘换下来，优胜劣汰，这是调动人的积极性，充分发挥人的聪明才智和创造性的最好办法。

第二，主张德才兼备，但不求全责备。疑人不用，用人不疑；疑人要用，用人要疑的有机结合。正如徐文荣的人生格言所说："先做人，后做事，做好事"，在用人上，他所追求的是德才兼备，德才双行。但人无完人，总有这样那样的缺点。作为领导，是将下属的长处放在适当的位置去施展，还是将下属缺点扩大化以偏概全，这是领导水平的重要考量。徐文荣的做法是对人才工作上一般的缺点错误，胸怀宽广，有气量，不计小怨，不苛小过，虽然内心明察秋毫，但给以宽容，给以提醒和帮助，而并不是斤斤计较，抓住不放，使人背上包袱，影响了心情，最终影响到工作。他主张用人所长，避其所短，扬长避短，尽量为每个人提供发挥长处的岗位。当然，对那些平时给以教育但仍损公肥私，违法乱纪者，一经发现，按法纪严肃处理。

疑人不用，用人不疑；疑人要用，用人要疑的有机结合。这是徐文荣用人的策略方法。两者是辩证的统一。一方面，徐文荣对人才放手使用，另一方面为了培养人才、使之少犯错误、少走弯路，又必要对使用中的人才予以各种提醒、帮助、指导、监督，目的是保证人才的健康成长和事业的顺利推进。用人上的深信不疑、完全放手不管，实际上是对人才的不负责任，缺乏监督的权力极少有不发生腐败等各种危险的，这已是历史明证，徐文荣看到可能的风险，通过帮助和各种监督，减少这种风险的发生，是既有利于事业更有利于人才培养的。对于人才而言，组织上领导的信任的同时，又及时受到各种必要的帮助，只要是坦坦荡荡干事的，心中绝少杂念的，也总会心情舒畅。

第三，注意培养年青人和本地人才。一直来，徐文荣特别注意培养青年干部。徐文荣本人思想是活跃的、激情四射的，他目光深邃，总是想在前处，干在实处。他喜欢有理想有激情的年轻人，喜欢和他们谈心交朋友，喜欢把他们放到关键岗位压担子，让他们发挥潜力，增长才干，他很乐意看到年轻人的成长进步。所以，无论是徐文荣领导下的横店集团，还是后来他领导的横店四共委，根本不担忧人才青黄不接的问题，一批批年轻人在他的培养下脱颖而出，给横店事业注入青春活力。这也是他所欣慰的。

同时，徐文荣还特别注意本地人才的培养。这里有他的两点考虑，一是相对而言本地人有持久心、有骨子里的荣誉感，对事业抱有长期打算。根子在本地，父母爱人亲戚朋友都在，心比较安，比较有荣誉感，也比较容易知根知底，所以比较牢靠；因为如果乱来，则在父老乡亲面前抬不起头，也不会动不动就离开，给事业造成损失。有荣誉感，就有上进心，内心要求进步，就可以塑造培养。二是外地人才当然很好，许多才能是本地人缺少的，是横店事业发展必不可少的。横店人一点都不排外，包括横店农村社会，也不欺生。但是从事业稳健发展角度，如果过多依赖外地人，

横店的圣山——八面山

特别是过多依赖某一地方的人或某个外地人时，就潜在着风险，掌握着某种特殊机要的外地人一离开，很容易造成企业瘫痪。所以，要用外地人，但更重视本地人才的培养，这是徐文荣从企业稳健发展角度出发得出的一般结论。

第四，不务虚言，给压力、压担子，注重用实践锻炼和检验人才。徐文荣最讨厌讲大话不做实事。他说，农民是最讲实干的，懂得靠吹牛没饭吃的道理。横店的今天是干出来的，不是靠吹出来的，今后同样需要实干，而不是吹牛。他主张实践来检验人才，并且以实践为检验人才的唯一标准。"是驴是马牵出来遛遛"。光凭嘴皮子，在横店没有市场。他向来主张不凭"唱功"凭"做功"，以工作实绩来评判高低功过，而不是看你说的如何头头是道。实践证明是庸才的，坚决不予重用，实践证明是人才的给予重用。

第五，奖罚分明。徐文荣逐渐摸索形成了一套以奖惩分明为特点的用人机制和激励机制。他有一个"摘桃子理论"：躺着坐着吃不到桃子，站着掂着摘不到好桃子，只有跳起来才能摘到好桃子。他提出对所有员工都要一视同仁。不问过去，不拘资历，不分亲疏，不设关卡，尽量用其长，避其短；能者上，庸者下，以诚相待，进退自由。职务按能力，工资按岗位，奖金按贡献，既体现了多劳多得，也体现了各尽所能的原则。谁才能好，业绩突出的，可以奖给他几十万、上百万；有能力的可以直接从工人提拔到总经理岗位。没有功甚至有过的，不但扣奖金、工资，还要就地免职。这就是徐文荣的用人理念：以诚待人才，大胆用人才，以理服人才，真心爱人才，坚决退庸才。

了解情况的人都知道，徐文荣横店集团每年都要对各层管理人员和经营者进行适当调整，及时发现和选拔年富力强的能人到重要岗位上来，对从重要岗位上下来的同志，做好思想工作，妥善安排新工作。使上去的不骄傲，下来的不难堪。人员的上下左右流动，作为企业动态管理的一种常规工作，被大家所接受。从而形成了人人力争上游、工作创先争优的良好气氛，队伍的凝聚力和向心力不断增强，每个人都有紧迫感，同时可以在这个社团经济大家庭中，找到自己的适当位置，做名副其实的企业主人。

所以，一贯地重视人才、培养人才、大胆使用人才，是徐文荣企业经营管理理论的突出特点。

第六，宽宏大量，给人进退有道。徐文荣多次说过，假如我引进十个高层次人才，有六个人正常工作，能发挥应有的水平；有两个人水平不行，发挥不了多大作用，有两个人水平高、贡献大，起到了领头雁的作用。这样，就足够了。对进来时期望很高结果作用一般的人才，徐文荣也不是马上就下逐客令，只要是诚实劳动，遵纪守法，徐文荣也会给以适当安排，让其心情愉悦地在横店服务。人才也会水土不服，也可能一时出不了效益，徐文荣总是给予理解、支持，营造宽松的工作环境。所以，许许多多外部人才到横店后，都被徐文荣的人格魅力所吸引，被他求贤若渴的心思所感动，都乐于报效横店，为横店事业发展献出自己的才华。

六、负债经营理论

负债经营，不是徐文荣的独创，但却是他自创办缲丝厂以来运用娴熟的经营手段，并在实际中不断总结提炼，形成徐文荣的具有横店特色的负债经营理论。

徐文荣说，负债经营，就是欠人家的债，借人家的钱来做生意，开工厂。

徐文荣说，横店集团是靠"母鸡下蛋孵小鸡"滚雪球般滚起来的，其实这个"母鸡"也是借钱养起来的。可以说，从丝厂开始，横店集团一直在负债经营，外部主要向银行借，内部在特殊时期也向职工借，进入21世纪后资金渠道逐渐多样化，向资本市场发行债券也是借。根据徐文荣的负债经营理论，徐永安执掌下的横店集团继续负债经营，为着实现国际化横店目标，通过上市、并购、发行债券等方式，打开了广阔的融资渠道。

实践证明，徐文荣提出的量力而行，适当的负债经营的好处是显而易见的。由于有了在当时历史阶段发展所急需的资金，有能力投资高科技产业，提升了横店企业科技水平，加快了横店农村工业化的步伐，企业规模也迅速扩大，吸收了大量劳动力，推动了横店城市化建设步伐。到2015年横店集团吸纳5万多员工就业，还不包括村联户办3万余名员工，和横店影视文化产业带动的就业3万多人，也不包括1万多名建筑工人。所以，横店集团通过负债经营，推动了整个横店的发展，带动了横店区域经济的发展繁荣，经济效益、社会效益相当可观。

徐文荣认为，要正确认识负债经营的必要性。

要不要负债经营，一直有两种意见：要与不要。后者说他的企业还过得去，既没有向银行贷的必要，也不需要向老百姓借钱，无债一身轻；认为不借钱照样可以把企业办好。徐文荣认为办好是可能的，办大是不可能的。负债经营可以使企业由小变大，地方由穷变富，人民生活越来越富裕，农村建设越来越好。

在过去曾有人指责横店，专门借钱过日子，说横店发展快有什么稀奇，是靠银行贷款堆起来的；还有人指责：横店人把银行的钱都借去了，我们没钱借，所以发展搞不上去。徐文荣说，实际上，银行愿意把钱贷到横店，不是横店向银行行长行贿或采取其他不光明的手段，而是因为横店很多项目是高科技，是国家或省里的重点项目、扶持对象，是上级银行带指标下来贷款给横店的，所以很多钱是从北京来的、省里来的。有的企业钱没处借，老骂横店，说横店的经济手脚不清楚，这是不了解情况的表现。

徐文荣说，从全球看，西方发达国家，大多数都是负债经营，普通老百姓也是欠债过日子。美国是最富的国家之一，但也是负债最多的国家。台湾是中国的一个省，同样是靠负债经营富起来的，现在他们存款虽然很多，但绝对没有负债那么多。日本、韩国等富裕的国家，也都有巨额的内债外债。

以前，我们国家是以既无内债，又无外债自豪的。其实际后果是造成国家建设资金短缺，制约了发展速度。毛主席想在全国解放后，把重轻工业搞上去，但中国没钱，需要向国际融资、借款，是大数目，不是小数目。

但国外封锁我们，在实践中没有这样做。邓小平同志的思想很解放，他主张改革开放，冲出封闭的计划经济框框。十一届三中全会以后，制订了一系列措施，把中国的大门打开，最重要的还是引进外资，建设中国。中国在短短 30 年时间里，大大小小的开发区起来了，引进大量外资，吸引外商来投资还不够，又向国内发行国债，也就是说向老百姓和金融机构借了很多钱。所以，国家发展了，成了外汇储备最高的国家，但国家的负债也是前所未有的。

徐文荣认为，独立自主、自力更生建设国家是好的，但是改革开放、借助外力建设国家更是高明的；横店集团不负债经营也能发展得好，负债经营显然发展得更快更好。所以，无论从国际市场看，从国家建设看，还是从横店集团来看，负债经营绝对是正确的。

中国人历来有量入为出、勤俭持家的优良传统，几千年下来，也形成了节衣缩食过日子的生活习惯。徐文荣说，这种习惯好不好呢？以前是好的。在生产力不发达、生产资料和生活资料匮乏的情况下，就是节衣缩食也还要受冻挨饿，想吃好喝好没那个条件，举债度日是不好的。

可是，现在的情况不同了，中国经过 30 多年的改革开放，社会生产力发达，社会物质财富丰富，人民生活水平有了很大提高，不但不愁吃穿了，而且大多数人过上了现代化的小康生活。时代不同了，传统的观念和习惯也该改改了。就拿消费来说，经济发展和生活水平的提高，都离不开消费的刺激。人们不消费，个人的生活水平就不能进一步提高，国民经济就不能进一步发展，社会就不能进一步繁荣。

所以，徐文荣主张现代人要树立能赚会花的新观念，在过舒适日子的同时，主动给自己施加点压力，用以激发自己的进取心，不断向更高的生活目标攀登。

现在社会，向银行借贷的人，大多是有钱人。银行也愿意把钱错给有钱人，因为他有偿还能力，到时还得起。有钱人为什么还要借钱？那是因为他要干事业，而干事业是要投入的；干的事业越大，要用的钱越多，光靠自有资金是无法把事业迅速做大的。所以越有钱的人越缺钱，越有钱的人越借钱，也就不足为怪了。

由此可见，现代社会里，借贷观念已经有了新的内涵。无论是个人，还是企业，只要是干正经事，借钱当物都是光明正大的事情，不但不丢脸，而且是有魄力、有智慧、有实力的表现。

徐文荣认为，敢不敢负债经营，经营者的胆识是关键。

要做好负债经营，必须具备自加压力、自讨苦吃的精神。要图个安安稳稳，就不可能好好发展。人家是有多少钱办多少事，横店是借钱来发展。横店年年贷款，年年困难，但日子也都过来了，并且越过越好。动脑筋的人是脑子越动越灵，借钱路子越借越宽，信誉越来越好。不进则退，就是这个道理。

曾有人说徐文荣是搞钱能手。说别人搞几百万都困难，徐文荣一搞就是几千万、上亿、几个亿元，而且背了那么多债还不知道愁。别人是褒是贬，徐文荣都一笑了之。但他清楚，搞钱不是容易的事，负债不是轻松的事，实际上都是难事。难事不去做，靠企业的自有资金去扩大再生产，搞高科技项目，去搞城市化建设，企业和社区的发展速度就太慢了，徐文荣不愿意让发展速度慢下来。所以，即使冒点险也要负债经营、借钱发展。

从另一个角度看，企业经营是有风险的，企业家的事业就是冒险的事业。徐文荣不怕冒险、敢于冒险，但绝不蛮干。徐文荣为什么敢大笔借钱、大举负债？因为徐文荣心里有底，不怕不成功。横店有雄厚的工业企业基础，有丰富的企业经营管理经验，有庞大的旅游产业等不动产。借贷上高科技项目，都是经过反复考察论证的，成功的概率很大。即使有一两个项目失败了，也有能力内部消化这部分损失，不至于伤筋动骨。这就是徐文荣敢于向银行借贷，银行敢于向横店放贷的最根本原因。

从这个角度说，负债经营要有胆有识，不光是企业家要有胆有识，银行家也要有胆有识。这样才能两好结一好，共同促进双方事业的快速发展。

徐文荣知道负债经营只是企业经营的一种方式，或者叫一种手段，而不是目的。负债不是目的，经营也不是目的。负债经营只是个过程，它的目的是赚钱赢利做大事业，加快企业和社区的建设发展步伐。因此，能不能实现这个目标，是对负债经营效果的直接检验。

负债经营风险大，大就大在你的经营资本是借来的，而借来的钱是有利息的，它的经营成本比自有资本要高，没有较好的收益，不可能有利润。如果把借来的钱投入固定资产，却不能实现利润产出，借贷到期再还不上钱，企业等待的就只有破产了。从这个意义上说，那种只重过程、不顾效果的做法，是负债经营之大忌。

负债经营最重要的，就是必须把所有的借来的钱都要用好。怎么样算用好钱？徐文荣说最重要的是借钱要办好事业，努力积累资本，发展生产，还清债务。

横店借的无论哪一笔钱都有哪一笔的用场。即在借款前都有这笔借款的使用计划。这笔钱进来以后，轻易不能改变投资使用计划，这是一个原则问题。坚持这个原则，可以避免拆东墙补西墙，保证资金的使用效率，保证投资计划按项目进行，保证按期赢利、按期还款。

如果不坚持这个原则，把专项借贷资金用于补充流动资金，或者挪在其他临时项目，必然影响整个投资经营计划，难以保证投资项目按期开工运营，自然也难以保证资金的使用效率和效益，进而引发财务危机和负债风险。因此，负债经营不能搞风险过大的投机生意。比如，搞股票、期货投资等，都不适合负债经营。也就是说，借贷来的钱，不能用于炒股、炒期货等风险投资，而应该把钱投入到经过论证有发展前途和潜力的高科技项目中去。因为这样的产业是实实在在的，凭着我们的资源、管理和市场优势，良好的回报是可以预期的。这样的负债经营才会把企业迅速做大，通过借钱生钱，积累资金，壮大事业，尽快还清债务，走上超常规发展的良性循环的道路。

钱借来要用在刀刃上，绝对不允许浪费，要把有限的资金运用好。传统意义上讲，企业资金紧张、困难重重才借贷。这种借债是被动的不得已而为之的经营措施。徐文荣说的负债经营，是在企业经营状况很好的情况下，为了寻求企业的更快发展而采取的主动借债。这是通过资本运作来"借鸡生蛋"的经营策略。显然，负债经营是自找压力的方法，它比无债经营更具风险。徐文荣就是要把这个压力变成动力，推动企业的快速发展。

如何变压力为动力？就是要用好钱，不允许浪费钱。该花的钱要花，不该花的钱坚决不花。特别是企业领导，必须树立艰苦奋斗的思想观念，必须学会投资理财，精打细算用好每一分钱，而不能大手大脚地乱花钱、讲享受、摆阔气，更不容许中饱私囊，危害事业。

谁都知道，过富日子容易，过穷日子难。可是，任何事情都有两个方面，都有它的利弊得失。比如富日子用不着为钱发愁，想怎么过就怎么过，精力和心思省下了，却容易养成优哉游哉的懒惰习惯，找不到拼搏奋斗的感觉和快乐；穷日子虽然压力很大、困难重重，却能够磨炼人的意志，激发起穷则思变的信心和勇气。

徐文荣的目标是让横店人人过上好日子、富日子，而且这个目标已经逐步变成了现实，很多外来人看到横店人过着安居乐业的幸福生活，都羡慕。但横店不满足已有的生活水平，横店人追求的不是小富即安，而是大富、长富、更多人富。他说，所以我们才要继续发扬横店的"拼命三郎"精神，自加压力，负债经营。用过穷日子的办法来过富日子，有助于我们始终保持奋发向上的锐气，让我们的事业越做越大，使我们的生活越来越好。

徐文荣多次说过，横店敢向银行借债，是因为有到期还债的把握；银行敢把钱借给横店，是因为他们相信横店有到期还款的能力。也就是说，横店与银行之间已经建立起相互信任的合作关系，这种关系的基石就是商业信誉。

现代社会，商业信誉是企业必不可少的无形资产，具有有形资产不可替代的重要作用。无论是老企业、新企业，还是成长中的企业，都必须讲信誉。这个信誉体现在产品质量、市场销售、跟踪服务、公益活动等各个方面。一句话，它代表的是公司形象。好的企业形象本身就是金钱、就是力量，是一个企业到任何时候都不能忽视的生存基础。

自创办缫丝厂以来，徐文荣不仅一直高度重视有形资产的积累和扩张，也一直高度重视无形资产的积累和扩张。横店之所以能走通负债经营这条路，就因为有着良好的信誉作为保证。事实上，负债经营是以取信于人为前提的。人家肯把钱借给你，你才能负债经营起来；否则，谁都不借给你钱，你想负债都难，经营更无从谈起。

俗话说，有借有还，再借不难。到期还款确实有困难，要申明；不同意转借，就还，也不要欠利息。这样银行信得过，集团内有的企业办得不好，亏损了，今天要关门，明天就去把它的借款还清。所以横店集团下属企业资信度都是 AAA 级。

在徐文荣执掌横店集团的那些年，横店总是持续不断地借钱，也总是持续不断地还钱。借了还，还了借，再还再借，再借再还，如此形成负债经营的资金链。这条资金链就是靠信誉建立起来的，没有信誉是不可想象的。

徐文荣看到，随着市场经济程度越来越高，竞争日趋激烈，对负债经营水平的要求也越来越高，企业经营特别是战略性决策须慎之又慎，尽可能地减少失误。虽然横店的企业规模很大，失误一两个项目，关闭一两个企业，还不至于影响发展的全局。但是，如果失误过多，就会使集团背上沉重的债务包袱，阻碍集团事业的健康发展。所以，徐文荣明确提出负债经营，一定要控制负债比例，不能超过 60% 的负债率。在中国，负债率控制在 60% 内，应该说是正常，也是安全的。

徐文荣认为，搞负债经营，要看清国家宏观形势，要善于抓住政策上的有利时机，要顺时而动，而不要逆势而动。同时，采取一些控制风险的办法和手段是完全必要的，它可以保证企业始终处于绝对安全的发展状态。因此可以说，一直以来徐文荣的负债经营是负责任的，是必要和有效的。现在，横店人继续沿着这条道路前进，横店的现代化小都市之梦想正在变成现实。

七、以科学管理促速度增效益

抓企业科学管理，是徐文荣一直强调和实施的。从创办缫丝厂开始，就紧紧围绕企业生产和利润，对企业组织机构、人员、生产经营进行了符合实际的安排，精干高效，不设闲岗，不养闲人，形成和出台生产、销售、财务、人事等系列规章制度，保证了初期的快速壮大。

随着横店企业的发展壮大，高科技产业的实施，员工文化水平的提高，客观上对企业管理提出了新的更高要求。徐文荣指出，高科技产业和科学化管理要两手抓，两手硬。

从企业生产层面，大胆采用新工艺新技术，科学合理安排生产，做好员工培训，鼓励一线员工创新，改进生产工艺，减少物料消耗，提高成品率，实施奖优罚劣，最大限度提高劳动生产率。同时落实严格环保措施，保护厂区环境，维护横店环境。

从企业经营层面，以追求企业利润最大化和企业社会责任相统一为出发点，遵循市场规律，集约调配企业发展所需资源，把握企业发展各种要素，统筹协调，突出主线，紧抓重点，制订各项奖惩制度，科学管理，求得经营的高效，企业发展的可持续。

从企业文化层面，从横店集团实际出发，在产权制度上以"共有、民营、主导、驱动"的社团经济所有制模式，以"共创、共有、共富、共享"的社团经济宗旨，形成社团经济文化，增强员工使命感、向心力、凝聚力和奉献精神。

在素质培育上，徐文荣又率先提出文化力建设的命题，提出"开发文化力，发展生产力，提高经济效益"的著名论断，培养发掘企业员工内在驱动力，形成素质培育的系统工程。同时，横店社团经济这一特殊的市场型公有制模式，保证了决策力、调控力的统一和发挥，也确保了科学管理的有效进行。

集团层面和企业层面的共同作用，制度和人的能动的结合，决策过程民主和集中的统一，文化的催动，使横店开出了"灿烂之花"，拥有了超常规的"横店速度"。

从创办丝厂开始，一路走来，就如此迅速。如横店影视城28个大型景区的建设，"十九世纪南粤广州城市街景"，是横店第一个影视拍摄基地。整个拍摄基地总面积达 319 亩，建筑面积达 6 万多平方米，大小建筑物 160 多座，另外，还有 3 万多平方米的水面。景区有作为珠江口的人工湖；还有官府、民宅、银楼、茶楼、酒肆、商铺、当铺、赌场、妓院、烟馆等在内的、体现当时南国风情的人字街、黑灯区；珠江畔十三夷馆、天字码头及市内小河叉等。十三夷馆是当时西方列强驻广州的领事馆、商务机构，建筑物要体现出各国的风貌。原有场地是一片山坡地，施工条件差，工程量大而复杂。但徐文荣快速组织了 120 个施工队、数千名施工人员，

横店广州街香港街表演秀怒海争锋

日夜奋战在工地上。到 1996 年 7 月底，整个工程基本完成，除去风霜雨雪等恶劣天气的影响，横店人实际只用了 3 个多月的时间，就完成了这项浩大的工程，创造出了令人惊叹的"横店速度"！

谢晋导演和《鸦片战争》总美工师邵瑞刚说："这个景区不是园林建筑，它比园林更丰富，它就是 1840 年的广州城市街区，是一件古董，是文物。建设这个实景保证了影片景的质量。"他说："这个景是按照谢晋导演的质量标准建设的，它比其他地方类似的影视外景基地艺术效果要更胜一筹，对其他的剧组会很有吸引力。"

建设秦王宫同样如此。大导演陈凯歌酝酿和筹备了 8 年的历史大片《荆轲刺秦王》，正为主场景"秦王宫"的浩大建设工程而陷入困境。陈凯歌经人介绍遇到徐文荣。徐文荣说，好吧，到横店来，我们帮你建。秦王宫占地 800 亩，由四海归一殿等 27 座宫廷建筑组成，中宫门和复道暗门机关，把整个王城分成前广场和后广场。前广场有正门门楼、甬道、角楼、雀楼；后广场能容纳十几万人，甬道尽头是 99 级台阶，主殿四海归一殿就耸立在高台上。主殿又分前殿、中殿和后殿，纵深达 600 米，有 142 根大柱，支撑起大跨度、大构造的三重屋顶。秦王宫西侧还有同时期的燕国王宫华阳台。整个拍摄基地总建筑面积达 11 万多平方米。

答应陈凯歌后，徐文荣马上组织施工队伍，先在荒山野岭上炸平了 8 个山头。为了防水，保证爆破效果，工人们想出办法，在一管管炸药外边套上避孕套，结果，据说周边市县的避孕套，竟一时之间都被他们买脱销了。经过 8 个月的连续奋战，一座再现 2000 多年前建筑风貌的宏伟王城宫殿，

秦王宫全景图

屹然耸立在横店的登龙山下。据说,《荆轲刺秦王》剧组的总美术设计师,看到了眼前这一气势磅礴、宏大无比的建筑时,禁不住热泪满面。他简直不相信自己的眼睛,自己的多年心血,真的被横店人变成了现实!

陈凯歌衷心感谢横店对他的支持,他说,8 个月前,这里还是一个荒山坡,而今却再现了 2000 多年前气势恢宏的秦王宫,这是令人钦佩、空前绝后的"横店速度",是一个奇迹。

又如,横店圆明新园,从 2012 年 5 月开始动工,组织强力基建机构,集中人力资金,调度施工队伍,采购各种物资,"干晴天抢雨天,白天不够晚上补凑",争分夺秒奋战在工地上。徐文荣不顾年事已高,经常巡视工地,发现问题,及时督促解决。在工地开挖土石方量超过 1000 万方,施工难度很大的情况下,仅用 3 年时间,面积最大的新圆明园(春苑)就建成开放;2016 年底,新长春园、新绮春园都将建成开放。徐文荣用不到 5 年的时间,做成了清皇朝 150 余年才做成的事。

注重企业科学管理,建立科学流程,保证企业产品质量,降低各项物耗,并且在企业生产经营中,发挥人的积极性创造力,培养人塑造人,实现经济效益、社会效益、生态效益的丰收,是徐文荣企业科学管理思想的归宿。

八、企业养生法理论

企业养生法,是徐文荣独创的企业经营管理理论,也是他对企业管理理论的独特贡献。

这一理论的基础是，将企业视为和人一样，是有生命的，也有"生、老、病、死"的问题，所以，需运用中国传统的养生方法，保持企业的健康和生命力。其实质，就是合理培育和利用企业内部和外部资源，以增强企业生机和活力的方法。这一理论将人才比作企业的大脑，资金比作企业的血液，质量比作企业的心脏，营销比作企业的拳脚，信誉比作企业的形象，根据不同器官（脏器）的功能结构、活动机理，针对性采取相对应的养生之道，从企业各系统的健康，达至企业整体的健康。并且，对企业而言，这是一个循环往复日臻一日的过程，养生得法，企业基业长青，青春常在。

在这里，对这一理论，不作详细介绍，到后面专辟一章介绍。

九、权力 理性 智慧 善良 团结

权力、理性、智慧、善良、团结，是徐文荣提出横店集团"三次创业"战略构想中的重要内容，是企业经营管理者自身的基本遵循，徐文荣把它称为"十字方针"。徐文荣作为中国经营大师，他清醒知道，要经营好企业，首要的是高素质的企业领导干部。这十字方针，虽然是徐文荣专门针对企业领导干部的素质要求，但从大的方面看，也属于徐文荣企业管理理论方面的内容。

徐文荣认为，作为企业领导干部，必须要加强自身素养，要有正确的心态，坚守正确的处事和为人的原则，要实现"三次创业"国际化横店的宏大目标更是如此。其实不管做什么事，这十个字都要深刻理解、正确把握。

权力，特别是企业领导干部手里都有各自的权力。徐文荣说有权力不是坏事，权力是做好事业的基础条件。关键是如何用好权力。权力是一把双刃剑。横店集团的企业干部要坚守权力为集体所用，利益为集体、为人民所谋，而不是相反。历年来被查处判刑的企业经济蛀虫，就是因为权力用错了方向。所以，集团干部要牢记手中权力的正确使用，而不可滥用、乱用。同时，在其位，谋其政。掌握权力的干部要敢于担当，敢负责任，敢于用权，而不推诿扯皮，贻误战机。

理性，徐文荣认为用权要有理性，要公道正派，把权力用在为企业服务，为社会、为国家服务上。一心为公的要推崇；以权谋私者要严惩；正当合法利益要放开；歪门邪道的私利要堵死。理性，是个人或群体实事求是认识客观事物的基础，是事业成功的必备条件。冲动，头脑发热往往是成功的绊脚石。当今市场经济分工日益复杂，市场调查、技术调研、分析判断等都须理性思维。认识徐文荣的人都知道，他是一个感情充沛、富于梦想的人，但其实他更是一个头脑冷静、思维缜密的人。在战略上，他天马行空，富于想象，但在实际操作上，他又极富理性，对事情反复推敲思量。徐文荣强调理性，更是因为他看到，中国经济个人英雄主义时代已经结束，代之而起的是企业家群体时代，是需要集体理性思考的时代。

智慧，徐文荣认为，一心为己者只会耍小聪明；一心为公者才有大智慧。对个人利益不要太精明，对公家的事不能不精明，这才是真聪明。搞企业经营，赚人家口袋里的钱，没有智慧，是很难赚到钱；没有大智慧，企业就不可能做大。这里，徐文荣强调企业干部要有智慧，特别是企业决策者要有大智慧。大智慧，就是要看大势，看本质，抓机遇，赚大钱。作为企业经营决策者，不但要有起码的知识，更要有对事物迅速、灵活、正确地理解和解决的能力。佛教所谓超越世俗虚幻的认识，达到把握真理的能力。从这个角度看，徐文荣对智慧的要求不可谓不高。

善良，徐文荣认为就是心地纯洁，纯真温厚，不怀恶意。人因善而变美。企业干部要有一颗善良的心，才能为老百姓办好事。也就是如徐文荣经常说的，要先做人，后做事，做好人，做好事。走正道，行善事。也只有这样，事业才能红红火火，基业长久，为人才能堂堂正正，享有信誉。一个人如果心里邪恶，虽伪装骗得了一时，但骗不了一世，终为广众所唾弃。

团结，团结就是力量。徐文荣说团结是我们实现"三次创业"宏伟目标的重要保证。这里的团结，是指集团内部必须政令统一，方向一致。历史反复地表明，击破往往从内部开始。企业也一样，因主张不同、利益分配不公等诸多原因造成内部的分裂往往是导致企业由盛转衰的重要原因。徐文荣认为，企业内部也要如孔子说的，和而不同，而不是同而不和。内部领导之间可以是一种有差别的、多样性统一，对具体某事可以有不同观点看法，但决定了就要统一执行。这样丰富完善了对事物的认识，可以避免错误判断，减少和避免损失。相反，同而不和，则是习惯于盲从迎合领导的心理、附和领导的言论，但在内心深处却并不抱有一种和谐友善的态度，其结果是封建的人身依附关系，各打小算盘，导致内部帮派，闹不团结。任何时候，团结是胜利的保证，是企业走向兴旺的基石。

在谈到十字方针时，徐文荣指出，"三次创业"对我们每一个领导干部和每一个员工都是一个考验，同时，每个领导干部和员工都面临着"做什么人"和"怎样做人"的选择。社会上有各式各样的人，比如，有权中人、理中人、信中人、情中人、强中人、奇中人、狂中人、钱中人、书中人、弱中人、庸中人、骗中人、恶中人、佛中人等等。我希望每一位领导干部和员工，都要认真对照"三次创业"的目标和任务，认真选择和定位好自己，回答好"做什么人"和"怎样做人"的问题。

十、徐文荣企业经营管理理论的特点和现实意义

徐文荣作为国家级的经营大师，他的企业经营管理系列理论，内涵丰富，见解深刻，特色鲜明，指导性、操作性很强，具有以下几个特点：

1. 注重宏观和微观的结合。纵观他的企业经营管理理论，他总是善于大处着眼，小处入手，做到宏观和微观结合。他提出，企业经营管理，首先要关注的是宏观方面，即世界大势、国内政治、经济形势，行业趋势，企业所在地状况，人、财、物资源等这些外部的宏观因素，可以说，在一定程度上，这些是企业经营的首要因素。他提出，企业家首先是个战略家，就是这个道理。对外部形势不闻不问，鲜能把企业办好的。徐文荣不管多忙，他总是随时关注国内外大事和社会的热点、焦点问题，为了扩大信息面，他向来访的客人了解各方面情况，抽空读书阅报了解动态。所以，他总对最新的社会政治、经济形势了如指掌，并且凭借他的经验和分析判断，

得出符合实际的结论。所以，一直以来，他的思想是走在最前沿，他的判断符合事物发展的方向，具有很强的指导性。

在强调抓宏观的同时，他也同样重视抓微观，注意企业内部的生产经营管理。对产品技术、生产工艺、产品质量、生产成本、产品销售、售后服务，企业的部门设置、人力资源配置，企业的货款回笼、资金管理，企业的项目管理，固定资产资源管理，环保生态管理，品牌管理，企业文化管理，法纪管理等都一一予以重视，从产生成本也同样产生效益的最细小环节做起，严格控制，不但大账算清，小账也算得清清楚楚，进行全面的科学管理，不断努力向着生产成本更低，质量更佳，经济社会效益更好的目标努力。

宏观和微观的结合，使横店集团企业大而有当，整体思路周全，有效避免各种突发的内外部危机，使外部内部资源得以合理配置，增强生命活力，激发企业做大做强。

2. 以人为本，注重发挥人的能动作用。这是徐文荣企业经营管理思想的又一特点。他总是说，事在人为，有志者事竟成，劳动创造财富。他认为，人是决定企业兴衰成败第一位的因素。经营管理的根本点，是做好人的工作；而做好人的工作的核心，是做好人的思想工作；而要做好人的思想工作，既需要正面的引导教育，也需要正当的经济物质激励，要义利双行，以义和利。

徐文荣自己确立的"先做人，后做事，做好事"的人生格言，和一以贯之的亲身实践示范，无疑起了榜样作用，有了巨大的人格魅力，引得集团干部员工学习仿效。他倡导的以共创、共有、共富、共享为宗旨的社团经济企业文化，教育提升着企业员工的思想境界。他的"拼搏向上，永不服输"的"拼命三郎"精神，激励着广大员工的斗志。他的"干，就要是一流"的企业誓言，激发着员工克服困难、争夺第一的志向。他的"摘桃子"理论，激励着员工勤奋工作。他的"开前门、堵后门"的原则，为员工正当的利益追求指引着方向。他的嫉恶如仇、惩前毖后的态度，使员工遵纪守法，自觉维护和服务于集体利益。

注重发挥人的主观能动性，注意人本身的培养，进德修业，超越自我，这是徐文荣企业经营管理的重要特点。长期以来，横店集团培养了大量拥有丰富经营经验、清醒头脑、充满活力的经营人才，企业长盛不衰，使自然资源禀赋贫乏的横店，经济发达，文化繁荣。

3. 经营管理者不当甩手掌柜，事必躬亲。有什么样的企业经营管理者，就有什么样的企业。有的企业经营管理者乐于授权分权，自己落得自在。徐文荣却认为，企业家一定要管企业，并且尽可能地事必躬亲。从横店集团和外面合资合作的企业看，往往即使横店集团占大股，横店集团要的不是该企业的董事长职位，而往往要总经理职位，因为总经理负责具体的经营管理，直接掌握企业的命运。

搞经营管理，就要了解企业生产经营的各环节、各方面，就要沉下心去，深入实际，站在一线，调查研究，解决问题。事必躬亲，往往是少不了的。虽然相比较累一些，但结果往往遵循着企业经营者的思路发展，而不会跑到十万八千里外。即使企业再多、再大，在适当的授权下，也继续保持这样的工作方式，全过程给予监督指导，使企业沿着既定的

徐文荣出席企业会议

方向发展。

正因为徐文荣对企业经营管理的事必躬亲，在外人眼里，他很少有空闲时候，他总是显得很忙，不是他工作效率不高，而是他确有许许多多的事情要处理。虽然忙点、累点、苦点，但掌握着最全面、最真实的情况，有这个作基础，他也就随时可以做出各种拍板决定。

4. 实事求是，因时因事施策，注重操作性。徐文荣的企业经营管理理论，可用"大象无形"来形容。可以说，是没有一定的模式，没有固定不变的规矩，完全按照不同类型企业，采取不同的方法。总的一句话，就是实事求是，采取最恰当的方式方法达到企业的最佳经济效益、最佳社会效益、最佳生态效益。所以，在横店集团的《管理手册》里，规定着一些通用的原则性条款，而没有规定着具体的管理方法。集团多元化产业，是需要不同的管理手段。在这个角度上说，徐文荣是将实事求原则运用到企业日常管理中去的大家。

正因为他的理论来自于实践，反过来又指导着实践。徐文荣所提出的经营管理理论，浅显明白，容易懂，很具有操作性，简明实用。

5. 行大道，依法依规治企。为民造福，为国分忧，少为个人谋私利，就是企业家立志的大道。有此大道，才是坦途，才能出好的经营管理理论。这是徐文荣企业经营管理理论的重要特点之一。

企业家经营管理的边界是什么？就是法制。违法的事可能暂时得到便利，但肯定会留下后遗症，到时候要花不知几倍的心力物力来解决。所以，最节省的办法就是不违法。可破常规，不破法规。实际中，由于违法成本低，侥幸心理作怪，许多人往往走上了违法的路，但最终，是要付出代价，自食苦果。

6. 企业家必须关心政治，但不能热衷于参与政治。这是徐文荣关于企业经营管理在政治问题上的重要观点。他认为，政治，企业家必须关心，必须跟党中央保持一致，必须深刻理解掌握和领会党和国家的大针方针。但是，企业家不能有对政治权力的欲望和追求。热衷参与政治，追求政治权力，就和企业家把办好企业作为自己的终身事业和职业，把办好企业，促进社会进步，报效国家的根本宗旨相背离。企业家的政治地位、社会地位，是依靠其业绩贡献得来，而非通过某种不当手段得来的。企业家主要心思应放在企业上。徐文荣认为，政治是一把双刃剑，用得对，可以有利；用得不对，反受其害。政治风云变幻，总有把不准的时候，而一旦失把，轻则影响企业生产经营，重则关门歇业，人也甚至去坐牢。为此，徐文荣在内部作了规定：凡横店集团企业领导干部可以当人大代表、政协委员，但一般不得参选各级人大常委、政协常委，更不能到政府机关兼职。如果一定要到人大政协或政府部门去任职，就必须辞掉企业的领导职务。集团企业领导干部理解徐文荣的良苦用心，听从了徐文荣的话，一心一意在集团企业发展上，从没有发生因过多参与政治影响企业发展的情况。

有的企业家提出，抓机遇就是抓政治。对企业而言，抓政治，实质是走上层关系，交接权贵。过去一段时期因傍着关系，很威风，几乎可以在地方政界一声响，他要东别人不敢西，企业发展也沾了光。但随着国家法制的不断健全特别是党的十八大后，实行依法治国、严惩腐败贪官，无论涉及谁都一查到底。结果，这些个企业家可能因为涉及某些官员问题就进去了。这就是企业家热衷政治的深刻教训。

第三章　社团经济理论

社团经济是横店集团和横店发展的法宝，是横店成功的奥秘所在。社团经济理论是徐文荣作为平民思想家在企业产权制度改革中的最大理论贡献。

一、社团经济的概念和范围

徐文荣创立的社团经济，简单地说，就是集团员工在共同创造的基础上，集团资产归员工共同所有，谋求共同富裕、共同享受的经济。是一种具有社会团体特点，又用企业集团形式组织起来的市场型公有制经济形态。

有狭义、广义两种理解。

从狭义来理解，社团经济就是社团所有制经济。横店社团经济指的是作为横店集团核心企业的横店集团控股有限公司（其前身为浙江横店企业集团公司、横店工业总公司）和其独资所属的紧密型骨干企业这个范围，在这个范围内资产为集团公司全体员工共同所有。因为集团不是单个企业，而是由多个不同层次的企业和依法登记的有关社团组成，所以统统叫它为社团所有制。按这种产权模式运作的经济就是社团经济。

从广义来讲，社团经济还可用来泛指横店集团经济或者横店经济。这是因为无论就横店集团来讲还是就整个横店经济来讲，社团所有制经济是主体，并起着主导作用。这就如同我国虽然有个体私营经济广泛存在，但在整个国民经济中它只是处于从属补充地位，公有制经济始终是主体并起到主导作用的，所以我们也就说我国是以公有制占主导地位的社会主义市场经济。

在实际情形中，我们一般所讲的都是狭义的社团经济。

从以上可以看出，社团经济的范围，是作为横店集团核心企业的横店集团控股有限公司和其独资的所属紧密型骨干企业和有关社团组成，在这个范围内资产为全体员工共同所有。

二、横店社团经济的性质特征

社团经济的产权基础是社团所有制。社团所有制就是资产归社团成员共同所有，而不是少数人独有，也不是清晰化的均有。甚至包括创始人徐文荣也和其他成员一样，没有明晰的股份。社团经济是公有制的一种实现形式。

横店的社团所有制不是凭空而起，而是有其客观的渊源和发展的必然性，是徐文荣带领横店人民在发展经济的创造实践中历史地形成的。我们知道横店集团是从 1975 年创办横店丝厂起家的，无论从初始投资还是以后的发展，是靠银行贷款和自我积累发展起来的。在这个过程中，国家没有投资，镇政府没有投资，也没有任何个人投资。因此，集团公司这笔巨大的资产既不能归国家所有，也不能归镇政府所有，更不能归某些个人所有，它是集团全体员工长期以来共同劳动的成果，它只能为全体员工共同所有。但是作为员工个人，他没有资本金投入，他的劳动投入已通过工资、奖金等形式得到相应的报酬，没有理由把共有的资产分割量化到个人。和我国的公有制一样，资产共同所有就是共同利用、共同享有，它是共同占有而不是个人私自占有，不可细化分割。

为使社团资产保值增值，就需要生产经营，就需要通过市场运作，因而就要有有效的组织管理。横店社团经济的最高领导决策机构是根据民意和一定民主程序产生的横店集团董事会（前身是社团经济局，为和公司法相衔接，调整为董事会）。

事实和理论分析表明，社团所有制经济属于公有制经济的性质，是公有制的一种新的表现形式。因为社团所有制经济是在我国社会主义制度条件下产生和发展的，并且是和社会主义的根本原则相一致的，无疑它属于社会主义特定区域特定人群的公有制经济性质。

同时还要看到，横店的社团经济是在传统的计划经济体制以外产生和发展起来的，特别是 1984 年与镇政府实行彻底的政企分开以后，集团公司就完全以独立的产权主体和市场行为主体在市场竞争中自主经营，自负盈亏，自我约束，自我发展。因此，完全市场化经营和民营性质又是横店社团经济的一个显著特征。

目前在横店，工业和第三产业产值已占社会总产值的 97% 以上。在工业总产值中 60% 以上是社团经济创造的，村办企业、联户办企业和个体私营企业，它们作为横店集团的半紧密型或松散型企业，同时也是横店经济的重要组成部分，但无论从企业规模、职工人数，还是从产品档次、科技含量、技术人才力量、社会影响等方面来讲，它们只能处于从属地位，社团经济是主体，起着主导作用。但是，社团经济从不排斥其他所有制形式的经济，而是在发挥导向作用的同时，采取积极的措施驱动其他所有制形式经济的发展，徐文荣称之为"多轮驱动"。集团公司在 1990 年代初就专门成立有村联户办工业办公室，从项目咨询论证、工商登记，到土地、水、电供应、技术、市场等全方位予以支持扶持。集团公司所属紧密型骨干企业也通过产品升级换代，把一些技术要求不高、适宜于分散加工的产品和零配件"脱壳"下放，扩散给村联户办企业，把市场让给它们。这样做的结果，使横店形成了核心带动、全面发展的良好局面。

三、横店社团经济的宗旨目标

1993 年横店社团经济冠名创立时，徐文荣就提出，横店社团经济的宗旨和目标是"共创、共有、共富、共享"。2002 年党的十六大提出"共建"，意义和"共创"基本相同，2007 年党的十七大提出"共享"。可以说，横店社团经济"四共"提法走在全国前列，引得中央重视并被采纳。

共创是前提。徐文荣说，没有大家共同创造财富，一切都是空谈。这是一句大实话。横店原来是那么穷，白手起家，共有的基础不存在，必定先是要共创。这就是要求社团的每一个成员要通过自己的积极、主动、创造性的辛勤劳动来共同创造出物质财富和精神文化财富。创造，是人的生命的意义所在，创造，也是一个企业或一种经济形态的根本体现和价值所在。从一定意义说，没有创造就没有财富，没有共同创造也就没有社团经济。横店集团的资产都是集团员工长期创造出来的，不是国家给的，也不是集体留的，个人投的。既然是大家共同创造的，由大家共同所有，也就是顺理成章的了。

没有共同创造，只知享受，坐吃山空，社团经济就要倒塌，企业就要关门。所以，徐文荣说，共同创造是头一条，这一点决不能动摇。无论是先人还是后人，加入到社团经济，不是先要享受，而是先要不怕辛劳的创造，因为这是社团经济赖以生存发展的前提。

当然，共同创造也不是平均创造。手指有长短，人的能力有大小。每个人创造的财富也不一样，也不可能一样。但无论才能高低、水平好坏，在其位尽其责，都要竭心尽力为社团经济谋画出力。既然不是平均创造，所以每个人的劳动报酬也不一样，多劳多得，少劳少得，不劳不得。社团经济不养懒汉。这是一条铁律。

一直以来，以徐文荣为代表的创业老前辈留下了"拼命三郎"的创业精神，直至徐文荣功成名就年岁老了之后，这一条也没有改变。徐文荣

80岁时，仍亲任横店圆明新园总指挥，指挥实施这一世界罕见的特大文化项目。他的这种精神，给后来者留下了极为宝贵的精神财富。

徐永安接掌集团后，继续高举社团经济旗帜，继承发扬了老一辈创业精神，在更加错综复杂的国际国内环境下，发扬新时期"拼命三郎"精神，带领团队，不断取得新的更大业绩。集团员工都在非常努力工作，知难而上，勇于开拓，当企业遇到困难的时候，都能以主人翁的责任感挺身而出。集团每年都要举办年度盛会对优秀干部员工进行表彰奖励，其目的就是激励大家的创业激情，激发创业干事的正能量，不断把横店四共事业推向新水平。

共有是基础，是社团经济的本质。没有共有就无所谓社团经济，社团经济就会演化为另一种性质的经济。不过，这种员工共有，不是计划经济体制下"一大二公"的"共有"，而是建立在共同创造基础上的市场经济公有制的新实现形式。它的最大特点是创造者拥有企业产权，不创造者不拥有企业产权。也就是说，只有参与社团经济建设的社团成员，才拥有社团经济资产的权利，其他任何组织和个人都没有这个权利，这就使社团经济产权明晰化了。

就社团经济内部而言，是共有而不是占有。按徐文荣的话说，社团经济象征着横店区域上空的"太阳"和"月亮"，为老百姓普照光和热，给老百姓带来欢乐和幸福。既然是高悬的"太阳"和"月亮"，当然也就是共有，是不可分割，私人占有的。

社团经济的共有，既有身份性，又具开放性；社团区域界线日趋弱化。

身份性包含两层意思：①早期成员吸收以当地和附近乡镇为主，后来向社会开放，不管来自何方都可以成为集团成员；②在集团劳动就是集团成员，离开集团就失去集团成员身份。集团是开放的，来去自由。后者也包含两层意思：①集团以发展本地企业为主，但也在外地办厂办公司，比如在上海、杭州、宁波、金华、珠海，甚至在美国、中国香港都有社团经济创办的公司或企业。②集团以内部投资扩大规模为主，同时也向集团外公司、企业投资入股。这样集团的区域界线早已突破了横店镇的区域范围。因而它是一个开放的体系。

同时，社团经济并不是具体企业，它跟下属企业的关系，是资产保值增值的关系。产权拥有者也不是下属企业，而是集团员工即社团成员。下属企业只是社团成员用以实现自己权益的载体。由于社团经济体的庞大，在这种状态下，即便一个下属企业破产，也只意味着某个载体的丧失，员工可以迅速转向其他载体，一般不会出现失业现象，也不会造成伤筋动骨的企业危机，把风险降到了最低。

从理论上说，每个员工都是资产的所有者，实际上这些资产并没有量化到个人，每个人都没有权力分割和处置这些资产。社团成员的共有权，体现在共同拥有对企业资产保值增值的贡献权、监督权、建议权、管理权上，也就是有参加工作和参与管理的权利、责任和义务。这也表明，社团经济的员工共有，不是狭义的刚性的共有制，而是广义的弹性的共有制。它有效地规避了因个人股权变化、人事变化而导致企业性质改变或大的波动的风险，保障了社团经济的稳定。因此，如果动摇社团经济员工共有这个物质基础，社团经济也就不复存在了。

还可以看到，在社团经济体制内，因为资产共有，存在着大家平等的资产关系，这样也就没有人身依附关系。资产所有权平等关系决定了经济基础平等条件下的政治、社会权利的平等关系，为创造横店公平社会提供了基本条件，为社会和谐提供了基础保证。

资产共有，员工平等劳动，享有参与管理、监督的权力，为集团的凝聚力、向心力、纯洁性提供了保证。

资产共有，可以使集团集中力量办大事、办好事、办善事。自1993年开始，集团在文化产业和城镇建设上投资超百亿元，建成了实景规模世界第一的横店影视城，人口达20万的现代化横店小城市已经基本建成。没有资产共有这一条，是不可能实现的。如果资产股份制私有化，谁愿意出大钱来建设公共基础设施呢？

同时，平等稳固的社团经济为每个成员提供了一个事业发展的广阔坚实平台。只要有突出创造才能，可以不凭关系，可以脱颖而出，得到创业发展的机会。横店各种出身的优秀企业家群体的出现和各项事业的发展，即是明证。

"共富"是社团经济的宗旨。徐文荣说，横店之所以选择社团所有制，就是因为我们办企业的宗旨就是多赚钱，多为人民办好事，走共同富裕道路。根据横店的实际，要实现共同富裕，最切实有效的形式就是社团经济，所以徐文荣选择了它。

共同富裕，是中国特色社会主义的理想和目标，也是党的几代领导人孜孜追求的。现实是部分人先富起来不难，难的是共同富裕。实践证明，横店社团经济为横店区域老百姓的共同富裕，提供了基础条件，并且横店绝大多数农民达到了中产阶层收入水平，实现了共同富裕。

徐文荣说，办企业只是手段，老百姓富起来才是目的。徐文荣一直都在探索解决横店富起来，特别是农民富起来的问题即"三农"问题。搞社团经济，使徐文荣真正找到了横店人共同富裕的有效途径。

从分配看，共富是建立在共创、共有基础上的利益分配形式，它强调共同富、大家富，但不搞均贫富、平均富。鼓励能者先富，先富带后富；反对不劳而获，投机取巧富。从而形成一套保证共富的理念、原则和方法。比如，横店集团通过发展企业，创造大量的就业机会，吸纳广大农民走进企业，当上了工人，挣到了工资奖金，实现了脱贫致富的梦想。再比如，通过"开前门、堵后门"，对有突出贡献的骨干员工，给予高额奖励，使他们富裕起来。对于靠不正当手段捞钱的"能人"，则给予严肃查处。使干部员工真正理解劳动贡献大小，是决定富裕程度的唯一因素。在社团经济这个大家庭里，贡献和回报是成正比的，谁创造的价值多，对社团经济的贡献大，谁得到的报酬就多，谁富裕的程度就高。这充分体现了"各尽所能，按劳分配"的社会主义分配原则，解决了以往集体经济吃大锅饭的弊端，有效地调动了社团成员的积极性和创造性。

当然，社团经济的共富目标，还不止于社团员工，而是通过社团经济的带动和辐射，使整个横店的老百姓都富裕起来，进而带动周边更多地区的老百姓都富裕起来。横店 2015 年农民人均收入超过 4 万元，80% 以上

横店镇区夜色一景

家庭年收入达到 6.5 万元—30 万元的中产阶层标准，全面小康在横店已经提前实现，正在向大康，向更加文明富裕的生活迈进。

"共享"就是共同享受，是社团经济的理想和归宿。生产的目的是不断满足人们对物质和精神文化生活的需求。社团成员是社团经济物质文明、精神文明成果的创造者，理所当然，他们也应当是这些文明成果的享受者。

徐文荣指出，共同享受，就是依靠社团经济的力量，多创造一些物质和精神财富，多搞一些造福于社会民众的社会福利事业，使所有横店人都有条件享受到现代化的物质和精神文明成果。这个"共享"，不仅指社团员工的共享，还包括全体横店人的共享。当然，共享的范围有个逐步扩大的过程，共享的内容有个逐步增加的过程，共享的标准有个逐步提高的过程。比如，横店集团每年从积累中拿出大量的资金，用于造桥，铺路，建体育场馆、影剧院，办学校、医院，建水库、自来水厂等城镇公用设施。让大家有钱、有房子、有轿车、有现代化的家用电器，很多人家的衣食住行的条件，比大城市里的人都好，一些北京来的领导参观后，羡慕横店普通百姓的家庭生活条件比部长家都好，香港人也羡慕横店人的生活。

横店集团办的影视文化旅游，给大家提供游玩的场所，让人们在工作之余，有更多的休闲娱乐的选择，享受到现代文明生活方式的快乐。集团每年投入很大一笔资金用于送电影送戏下乡，办起了横店集团艺术团，办起了综艺大观园，这些文化生活都是公益性的，横店老百姓不用花一分钱就能享受到，每年能免费看上百场次的电影、戏曲、杂技。为了解除老百姓疑难杂症的精神苦痛和经济负担，徐文荣还聘请了大医院高水平退休医生、民间正骨正经高手开办健康咨询服务站，全部免费为老百姓服务。这些举措在中国恐怕也是绝无仅有的，这不可不谓是横店社团经济共享的创举。

横店社团经济的旗帜上写着"共创、共有、共富、共享"八个大字，它反映了社团员工和横店人民的共同愿望和要求，形成了广泛一致的心理认同，所以横店社团经济有着很强的凝聚力，得到了人们的广泛拥护，也得到了政府的肯定和赞同。徐永安接掌横店集团后，继续高举社团经济旗帜，创造着社团经济的新辉煌。

四、横店社团经济发展的几个阶段

从 1975 徐文荣领头创办横店缫丝厂为起点到现阶段，以社团经济的出现和社团经济的历次改革变动为节点，可分为以下几个阶段：

1. 1975—1984 年：横店企业初创和艰难发展时期，为社团经济的出现准备基础条件。

作为市场型公有制的社团经济出现在横店，有其深刻的历史原因和时代因素。我国乡镇企业的前身一般是社队企业。横店也不例外。虽然在公社时期横店就曾有过一些小手工业综合社、铁木加工厂等非农产业的存在，但是，长期"左"的政策，特别是"以阶级斗争为纲"的十年动乱浩劫，使农村社会生产力遭受到了空前破坏，那些非常弱小的农村工业萌芽也被当成"资本主义的苗"被铲除，到"文革"末期，社队企业实际上已经所剩无几了。

1974 年末 1975 年初，作为地、县发展蚕桑生产基地的横店，因为国家国营丝厂停工停产，造成本地蚕茧大量积压。为了寻找出路，徐文荣领头创办横店缫丝厂。在当时历史条件下，一切都得靠自己想办法。经过千辛万苦，仅用 10 个月时间就在荒土坡上建起了横店第一个算是正规的工厂。

丝厂投产第一年就赢利 7.6 万元，三年创利 36 万元，还清了银行贷款和通过各大队向社员个人的借款。从此，利用丝厂的积累，采取"母鸡下蛋孵小鸡"的办法，以厂办厂，不断扩大。1978 年先在丝厂筹办纺织车间生产尼龙衫裤，因产品适销对路，经济效益好，设备增加到 140 台，车间扩大为针织厂，两年时间创利 43.7 万元。1980 年又扩建丝厂，生产能力增加一倍。此后又利用丝厂和针织厂的积累，投资 140 万元筹办内衣厂和磁性器材厂。到 1981 年初，当年的一个厂已经"孵化"出了六个厂，为了便于管理，成立了横店轻纺总厂。轻纺总厂成立三年累计创利 457 万元。这三年的资金积累为今后的发展创造了良好的基础，迎来了 1984 年乡镇企业大发展的春天。1984 年 3 月中共中央、国务院下发了关于大力发展乡镇企业的文件，《人民日报》发表了《积极发展乡镇企业》的社论。徐文荣抓住机遇又新办了一大批企业。到 1984 年下半年企业已经发展到 17 家，行业也从轻纺扩大到了化工、磁性材料、电子等领域。

但是发展历程是非常艰难的，主要由于体制问题，企业没有经营自主权。可以说是在风雨泥泞中走过这 10 年。1984 年末，徐文荣根据企业规模的扩大、行业的增多，组建了横店工业公司（后改为工业总公司），抓住改革的机遇，实现政企分开，争得了企业经营自主权。从此，徐文带领下的横店工业总公司以真正的主体资格进入市场，像展翅的雄鹰，企业进入了一个高速发展时期。

2. 1984—1993 年：社团经济的发展壮大到社团经济理论的正式提出并完善的时期。

可以说，1984 年政企分开，让企业职工成为资产的所有者，企业给政府的那部分利润的性质，不再叫"上交利润"，而称之为"服务回报"。

所以，从那时起，社团所有制可算是基本形成了，但那时并没有社团经济这个名称。

工业总公司有了经营自主权就可以根据市场的变化自主地作出投资决策。

有了决策自主权，工业总公司就可以按照市场的需要和国家的产业政策，自主地进行产品结构和产业结构的调整，对一些产品销路不好或亏损企业实行"关、停、并、转"，把一些规模较小的微利企业租赁出去，对亏损企业和企业关闭后的闲置资产进行处置拍卖，把收回的资金用于重点项目的发展。

有了用工和分配自主权，企业就可以根据发展的需要自主招用或辞退职工，大力引进科技和管理人才。在分配上建立起一套激励机制，同时也能吸引各方面人才。

更重要的是企业积累增加了，自我发展的能力增强了。

为了发挥群体优势和规模优势，1990年徐文荣在工业总公司的基础上组建了全省首家乡镇企业集团——浙江横店企业集团公司。根据集团化的发展战略，1993年3月以集团公司为核心组建了跨地区、跨行业、跨所有制的横店集团，形成集团群体，实行集团化管理。并被当时的国务院经贸办审批为全国首家乡镇企业集团。外向型经济也得到迅速发展，高科技产品的产值比例也逐年提高。

1990年代初，国家为了推进国有企业改革，出台了一系列关于企业股份制改造和股份合作制改革的政策，各地乡镇企业也一哄而上。横店被上级选定为股份制改革试点。有领导说，横店要是股份制改革，徐文荣可得 10% 的股份。按照当时横店集团的资产，徐文荣一夜之间就可当亿万富豪。在这个节骨眼上，徐文荣顶住压力和诱惑，力排众议，提出了以"四共"为宗旨的社团经济理论。

1993 年，徐文荣对社团所有制的探索和认识，在专家学者的帮助支持下，终于完成和成熟。横店社团所有制受到理论界的关注，也得到地方政府的认可，成为我国产权制度改革中独树一帜的"横店模式"。

3. 1993—2001 年，是社团经济快速发展时期。

1993 年社团经济所有制确立后，社团经济优势得以迅速发挥，横店集团的发展跳出浙江，进入了一个面向全国和国际化的崭新发展时期。

到 2001 年，横店集团总资产达到了 89.35 亿元。2002 年，横店集团名列"中国民营企业十强"第三位，"中国企业 500 强"第 131 位。

更重要的是，横店集团产业结构发生了深刻的变化。由于有了社团经济的支撑，1993 年开始徐文荣决定投资开发旅游产业，开始兴建横店最早一批文化旅游设施。1996 年兴建《鸦片战争》场景"广州街"之后，陆续兴建了"清明上河图""秦王宫""明清宫苑""江南水乡""香港街"等影视实景基地。横店游客人数从零起步，到 2001 年突破了 100 万人次。以影视文化旅游产业为代表的第三产业到 2005 年前后成为了横店的支柱产业之一。更由于有了影视文化旅游产业，横店名气大增，全国老百姓都知道有个横店，世界影艺圈也知道有个"中国好莱坞——横店"。

由于社团经济的宗旨所在，自 1993 年开始，横店集团对横店镇的城

清明上河图景区局部

镇基础设施开始了大投入，做了大量的好事，截止到 2001 年底，投入不下 25 亿元，使过去一个破破烂烂的横店，变成了现代化的小城市。

同时，在 1999 年，为筹集资金投入到集团大发展之中，横店集团成立了职工持股会，让广大干部职工持股分享集团发展的红利。但是，按股分红的职工持股会并没有动摇社团经济的基础地位，只是在新的历史条件下社团经济的有益补充。因为职工持股会不是对集团原有资产的量化。而且因为有了职工持股会，社团经济有了更充裕的发展资金可以实现更快发展，同时也可以进一步增强员工的责任感。

在这一时期的后半段，随着新世纪以信息技术为代表的新兴产业迅猛发展，横店集团面临国际国内竞争的日趋激烈。为了横店集团迈向更光明的未来，与国际接轨，加快现代企业制度建设，徐文荣着手考虑深化社团经济改革。

4. 2001—2007 年：投资者与经营者分离，社团经济尝试改革期。

2001 年 8 月 17 日，徐文荣主持召开横店集团深化社团经济改革大会。会上，徐文荣就深化改革，实行投资者与经营者分离，以及重大机构人事调整等问题作报告。徐文荣指出，横店社团经济改革第一步是政企分开，1984 年已成功实现。第二步是投资者与经营者分离，横店社团经济企业联合会作为投资者（社团经济资产所有者）代表，现已形成基本框架。今后要走第三步，是用三到五年时间，全面推行企业改制。

就在这次大会上，徐文荣就任横店社团经济企业联合会会长，开始行使投资者角色，徐永安接任横店集团总裁，开始行使经营者角色。

徐文荣在 2001 至 2007 年就任社团经济企业联合会会长期间的主要工作，如他在 2004 年一次会上所说，20 年来，他一直为横店山河改造处心积虑，横店集团也一直以解决"三农"问题为己任，从而使横店的城乡一体化走在了全国的前列，但他仍然壮志未酬，心愿未了。他说，今后要以南江治理和山林改造相结合，地理条件和人文居住环境通盘考虑，影视旅游和服务行业配套发展的整体规划，推进横店城乡一体化改造，使横店成为"城在山中，水在园中，房在林中，林在草中，人在花中"的现代化绿色"山城"。

短短 6 年时间，徐文荣投巨资建起了华夏文化园、九龙文化博览园、明清民居博览城、红军长征博览城、中国革命战争博览城、国防科技教育园、合欢谷、花木山庄、八面山庄等大型旅游文化设施，建成了红红火火的"横店太阳城"。

2010 年 9 月，徐文荣决定将明清民居博览城以外的所有景区全部合并到横店影视城。

在此期间，徐文荣多次提出"存量资产不量化，增量资产量化"的改革方案，并进行调研，但最终都没有付诸实施。其具体原因将在下面的章节中讲到。

5.2007 年—至今：投资者与经营者重新合一，社团经济量化改革的再思考；社团经济性质的横店共创共有共富共享工作委员会的成立。

2007 年 11 月徐文荣主持召开横店社团经济企业联合会会员代表大会。会议决议，将作为横店集团出资者的横店社团经济企业联合会交给横店集团，法人代表也由徐文荣变更为徐永安。这样，就等于实现了投资者与经营者的重新合一。

与此同时，徐文荣新成立了横店共创共有共富共享工作委员会，并亲任主席。对横店四共委和横店集团、横店社团经济企业联合会的关系，按徐文荣当时大会上的话说，横店四共委与横店集团、横店社团经济企业联合会没有领导与被领导的关系，也没有投资与被投资的关系。

许多人可能看不懂，为什么在这个时候要单独成立横店四共委，并且厘清和横店集团的关系。实际原因是，徐文荣当时为了筹建横店圆明新园，因为建园需要大量的资金（当时预算总投资 200 亿元，其中基建 70 亿元，回收流散文物和古玩艺术品 130 亿元），当时银行怕贷给横店集团的款用于圆明新园建设，回收期长风险大，所以有顾虑。为了消除这个顾虑，徐文荣毅然决然地归还了作为横店集团投资者身份的横店社团经济企业联合会，并且厘定了和横店集团之间没有领导与被领导、投资与被投资的关系。并且在资金问题上提出"四不"（即不向银行贷款一分钱，不向国家申请补助一分钱，不向集团企业摊派一个分钱，不向老百姓借一分钱）原则，资金来源通过募捐、吸引投资和今后上市融资解决，这样，徐文荣筹建圆明新园，就和集团没有任何资产上的关系。

顾名思义，徐文荣成立的横店四共委，也是属于社团经济性质。徐文荣亲自审定的四共委简介："横店共创共有共富共享工作委员会（简称横店四共委），是一个社会团体组织，属社团集体性质。2007年，经东阳市人民政府批准设立。横店四共委主席是横店集团创始人、世界著名华商徐文荣先生。该委员会是统领横店社会力量，协助政府解决三农问题，推进城镇化建设、和谐社区的工作机构。以共创、共有、共富、共享为宗旨，以发展文化产业、美化山山水水、造福一方百姓为己任，大力发展慈善事业，和横店集团一道被当地老百姓誉为'菩萨庙宇'。带动百姓富裕，建设美好家园，横店因此被中国社会科学院部分专家学者称誉为人类理想中的'东方太阳城'。"

横店四共委自成立以来，大力践行社团经济"四共"宗旨，为横店老百姓做好事善事，并且通过发展古玩艺术品产业和文化产业，积累了庞大资产。

这样，从严格意义上来说，横店区域出现了两个社团经济体，一个是横店集团及横店社团经济企业联合会，一个是横店四共委，且两个经济体之间没有资产关系和领导与被领导关系。两者并行不悖，各美其美，美美与共。由于两者宗旨的完全统一，以及内部相互协力，所以无论从内部还是外部看来，两者都是高度统一的，统属于横店社团经济。

有人设想，随着形势的发展，两者必将在某个时间节点上归于一体。

2010年前后，徐文荣指出，社团经济量化理论已经没有什么可研究了。此后几年，徐永安对社团经济量化改革方案反复思考后，曾决定横店集团不搞"存量资产不量化，增量资产量化"改革。后来，又决定在下属上市子公司搞企业主要领导干部持股。这样，有条件的增量量化在逐步实施。对全体员工（社团经济成员）而言，怎么搞，还值得思考探讨。

五、横店社团经济的特点

从理论和实际发生作用来看，横店社团经济具有以下特征：共有、民营、主导、驱动。

共有，明确了产权归属，同时也体现了公有制性质。这是社团经济区别于其他所有制经济的本质特征。产权对内的集约意义，在于确定了社团成员的主人公地位，有利于激发劳动热情，有利于调动为企业、更为自己创造财富的主观能动性；用于指导分配，不以资产多寡而以贡献大小论分配的原则，在有效遏制贫富分化的同时，鼓励了劳动致富，从而增强了社团的凝聚力和向心力。

共有产权对外的意义，象征着横店区域上空的"太阳"和"月亮"，为老百姓普照光和热，给老百姓带来欢乐和幸福。是社团经济为横店区域百姓做好事、做善事的根本依据。

民营，既不是国营，也不是私营，是社团自主经营。明确了企业同政府的关系，确立了社团的经营主体地位。自主民营对外的意义，保证了政企分开，以市场为导向，确保企业经营活力和适应市场的应变能力。

自主民营对内的意义，体现于最高决策者的控制力，可以自主构建适应于市场和体现效率的体制机制，有较大自由度，集团总部可以总决策总调控，甚至可以超常规决策。而不必像国企和政府机关，循规蹈矩，按部就班。这样，集团最高决策者，为了实现目标，可以调动集团一切资源，可以因时因地而变，随时调整决策方案。

从某种程度上说，实际控制力和随之而来的权威，就是相辅相成的了，也就成为集团最高决策者所一直要掌握的。另外角度看，因为只有真正掌握这种控制力，他为了集团发展的全身心付出，才能得到相对应的回报，著名经济学家周其仁称之为"控制力回报"。

主导，就是以社团经济为主体，引导、支持和帮助个体、私有成分经济。

体现在工业的主导上，与横店集团内的紧密层企业实行资产经营一体化不同，横店集团与横店区域内集团之外的半紧密层及松散层成员企业间的关系，则采取既平等合作又扶持帮助的"带动"方式，并以契约形式确定相互间的长期联结关系。就是以社团经济企业为龙头，带动村办、联办和户办私人企业等一起发展。体现在第三产业的主导上，2004 年之后，随着社团经济投资带动的横店影视文化旅游的兴旺发展，以及横店集团出台的扶持政策，横店村联户从事第三产业人数和规模迅速增加，到2015年底，除横店集团紧密型企业外，在横店从事宾馆、酒店、群众演员、服务等第三产业人数超过4万人，实现收入达100亿元。

总之，从横店区域经济层面，表现在社团经济的强大实力和影响力，在社区经济发展中起核心带动和主导作用。

驱动，是以社团经济所形成的合力，推动农村经济的协调发展，解决"三农"问题，带动社区的经济繁荣和社会进步。积极履行社会责任，投资建设城镇基础设施。客观上驱动政府转变职能，向上级政府争取更多优惠政策支持社团经济发展。

一方面，农村不同于城市，本来就没有什么基础设施，在2000年以前国家拿不出钱来搞，地方政府也没有财力搞建设，个体私营老板即使有觉悟也出不起大钱，横店只有依靠社团经济的力量来搞建设。这是社团经济驱动作用的重要体现，也是由社团经济的性质和宗旨决定的，是它的历史责任。另一方面，这也是社团经济自身发展的需要，只有不断完善基础设施，搞好城镇建设，改善投资环境，才能吸引更多的人才、资金和高新技术项目，才能在区域扩张中实现一些社团经济的利益，社团经济也才能进一步发展壮大，可以说横店已经形成了互相推动、互相促进的良性发展循环。

六、横店社团经济发展过程中两大难题的破解

1. 土地问题

土地既是重要的生产要素又是农民赖以生存的基本条件。农民离不开土地,办厂也离不开土地。我国土地法规定,土地归国家和农村集体所有。横店集团办了那么多工厂企业,后来影视文化旅游景区需要大量的土地。徐文荣是怎么解决土地问题呢?

徐文荣主要采用两个方法解决:首先,是企业办在荒山、荒滩、荒坡、荒丘的四荒地上,尽可能不占用耕地。原因在于,徐文荣当过村党支部书记,当过农民,抓过农业,知道人多地少的横店,耕地的金贵,也看到横店 60% 以上的土地是不适合搞农业的四荒地,办工厂企业是可以利用的,虽然要花较大成本开挖平整改造,但为了保护耕地,从长远看也是合算。缫丝厂就办在一块荒山坡上,之后的几个企业也办在紧邻的山坡上,1980年之后的磁性材料和化工企业,为了避免占用耕地,则办在南江沿边的荒滩上,因为那时南江是条烂肚肠,两岸没有像样的堤坝,两边冲得一塌糊涂,都是砂石,根本种不得粮食,而加以整修用来办厂,则是适合的。后来,厂越办越多,许多厂无处可去,不可避免要占点耕地,徐文荣总是尽可能选少占耕地的地方。

其次,在工厂企业不可避免地占用耕地的情况下,徐文荣的办法是保证农民利益,给农民好处,通过土地租赁办法来解决。怎么个租赁?具体

是，由集团使用（或计划使用）的土地（包括道路等公共设施土地），以年平均1000斤稻谷亩产参照当年粮食价格折算成现金并且加上一笔到集市采购粮食的路费，每年向所在村支付土地租赁费，随着粮食价格的上升租赁费也上升。之所以每年支付1000斤稻谷亩产，是考虑了横店地区平均亩产收入，并且是减去农民种植的农药、化肥、劳力投入之后的剩余，简单说，就是一亩地一年的净利润。实际上，横店区域一亩地种植农作物的净利润达不到1000斤稻谷，大概700斤，所以，集团支付给1000斤，农民是得利的，并且农民不种田之后可以到集团企业上班或者从事第三产业，这样合起来，收入要远远超过农业收入。

为了免除农民对今后拿不到这笔钱的担忧，徐文荣成立了土地租赁基金会，向企业预收若干年土地租赁费并集中起来作为一笔基金，由基金会统一向被租赁土地的各村支付，以避免有的企业因效益不好或亏损支付不起的情况出现，同时也能保证新厂创办初期土地租赁费的支付，既减轻企业的负担，又切实保证了农民的利益。明确规定该基金专项用于支付农民土地租金。2008年开始，横店城镇居民开始实施社会化养老保险，2010年开始，横店实施了被征地农民养老保障，就是说，横店失地农民的养老问题，主要转由国家来承当，但实力愈发强大的横店集团依旧支付相应的租赁费，加上工业企业、服务业、文化产业的繁荣，横店农民生活越来越富，不但小康，而且大康了。

总之农民不出工劳动，世世代代也能拿到这笔钱，这样，既使企业获得了土地使用权，也不使农民的利益受到损害，并且农民可以节省出种田的时间搞工业或走其他赚钱的门路。这样做大受农民欢迎，许多村纷纷要求集团去租赁他们的土地。

这样对集团而言，不至于一次性拿出购买土地一定年限使用权的巨大费用，省却耗在其中矛盾纠纷等的很多环节的时间、精力。

从投资角度看，集团仍然是投资主体。大致在 2003 年后，随着国家土地政策法规的完善和严格，横店集团工业企业和文化产业用地已完全地依法依规，对过去所租赁的土地也按国家政策进行办理。以上是在本地的情况。集团在外地创办的公司和企业的土地，一般通过国家法定渠道来获得。这种情形权责非常清晰。

2. 与镇政府的关系

政府是社会管理者，企业是商品生产和经营者。对政府而言，企业是纳税者，处在政府管理的具体的社会环境条件下。从社会管理角度看，企业要服从各级政府的领导，不能搞"无政府主义"。政府作为社会管理者它有自己的职能，即社会力量的组织协调，社会经济的宏观调控，社会秩序的综合管理，为保护和发展生产力创造良好的环境，为企业发展提供服务等等，而不是错位越位，做不该做的事，干涉微观经济体的自主经营。

聪明的政府组织者总是开明的。他懂得企业和劳动者的积极性、创造性的释放是社会经济发展的根本动力和源泉。1984年横店镇政企分开以后，镇政府转变职能、精简机构、加强对工农业和其他经济工作的服务，把工作搞得有声有色，促进了地区经济的全面发展。

城市功能完善、发展特色鲜明、空间布局合理、治理体系健全、产业和人口吸纳能力强、以城带乡和就地就近市民化成效显著等，将逐步成为横店开展综合改革后的显著特色。

近些年，自成为浙江省小城市培育试点以来，横店走出了一条符合横店实际、展现横店风貌的试点路子。2011—2013 年的三年行动计划 57 项指标中，整体完成度达 126.8%，小城市建设取得重大成效。新的三年行动计划也正在紧密实施，有望取得新一轮的好成绩。

到 2015 年，横店镇被列为国家可持续发展实验区、小城市改革试点镇等 20 多个实验区（示范点），走在了全国乡镇前列。2015 年 3 月国家发改委正式下文，把横店纳入国家 61 个中小城市综合改革试点地区之一，标志着横店又迎来了一次重大发展机遇。横店将与同时入选的浙江省乐清市柳市镇，广东省虎门镇、长安镇等全国名镇并驾齐驱，在推进中小城市综合改革的道路上，再上新台阶。

对社团经济而言，除了遵章守纪，依法纳税，服从政府宏观管理，是否就意味着没有其他社会责任了呢？不是的。集团作为一个经济组织，当然要把偿还债务、实现利润最大化、促进企业发展作为自己的责任。但是作为一个社会组织也有自己的社会义务和责任，比如社会治安、计划生育、环境保护、社会发展、社会福利等。事实上，任何一个有头脑的企业家都会把企业的发展同社会经济的发展紧密联系在一起。横店社团经济就把农村城市化、农民工人化和农业现代化作为自己发展的目标之一。前面已经提到过，工业上，除了直接吸收农民进厂当工人，还通过产品加工的扩散，在资金、原材料、技术、市场等方面大力扶持村、联、户办企业，促进农民角色转换，加快奔小康。农业上，创办直接为农业服务的企业和科技实体，推动农业现代化的进程。还有，大规模支持城镇建设。不过，这同政企不分时期不同，这是社团经济自觉自愿拿出来的。因为城镇建设搞好了，地区经济发展了，集团就能引进更多的人才，引进更多的高新技术项目，集团经济才能更快地发展。再说，横店集团赚钱的目的是为横店人民做好事。

七、横店社团经济的经营理念和发展战略

如前所述，横店社团经济体，指的是横店集团及其所属全部公司、社团、基金会等的总和。横店集团是一个经济实体，它是一个经营型和营利性的社会组织。经营效果的好坏直接关系到社团经济的兴衰成败。要取得好的经营效果就需要有一套既从自己的实际出发，又符合现代化市场经济发展规律的经营理念和发展战略。

总的看，徐文荣提出的横店集团经营理念，内核是以人为本。他的关于企业发展的理论，都是建立在以人为本的基础上。在此基础上，结合不同的时代特点，提出不同阶段的发展经营理念和发展战略。如本书第一章"企业发展理论"和第二章"企业经营管理理论"所述，根据外部环境的发展变化和集团自身的发展程度，横店社团经济的经营和发展战略也随着调整变化，与时俱进。从1993年社团经济正式提出时实行的"资本经营、市场导向、科技创新、管理规范、国际接轨、法制护航"的经营理念，"高

科技、外向型、集团化、办社会"的发展战略，到新世纪之初徐文荣提出的"以打造国际化横店"为目标的"三次创业"发展战略，社团经济的经营发展理念归结为："用天下人，聚天下资，谋天下利"，这是何等的气魄和胸怀。

八、横店社团经济的文化战略

1994 年，徐文荣在社团经济理论基础上创新性地提出了"开发文化力，发展生产力，提高经济效益"的论断。随即又组织力量撰写《文化力：横店的启示》一书出版。这是我国最早论述企业文化力的专著之一。横店社团经济文化力理论，很快得到了我国文化力研究权威专家、时任中宣部理论局副局长贾春峰的高度肯定。

文化力，是人类创造的文化凝结在人类活动当中产生的一种力量，是推动经济发展和社会进步的内在驱动力。经济和文化一体化发展是现代经济的重要发展趋势。横店社团经济的形成和发展就离不开横店的文化背景和文化支持。为此，徐文荣把加强文化力的培育作为发展社团经济的一项重要战略来抓，提出了横店社团经济的文化战略。

在徐文荣眼里，社团经济的文化力不再是"软实力"，而是一种有着充分"硬实力"的经济力。文化的生产消费过程，成为经济发展本身。社团经济投资建设的横店影视拍摄旅游基地，就是将文化和经济融合，开发了文化的商品价值，也开发出了社团经济一个新的生产领域和经济领域。

社团经济文化战略。在文化力基础上，1995 年，徐文荣提出了横店社团经济的文化战略，这就是："弘扬民族文化，发展现代文化，培育企业文化，创造社团文化。"

弘扬民族文化。徐文荣认为，我们是炎黄子孙，是龙的传人，应有民族自信心和自豪感，传承、弘扬优秀民族文化是我们应尽的责任，决不能丢掉这个根，失去这个魂。优秀民族文化，是社团经济文化的生命之源。反过来，传承、弘扬民族文化，是社团经济的无可推卸的责任。那么，徐文荣主要采用何种方式来传承、弘扬民族文化呢？我们知道，文化的传承，一般通过典籍、建筑、用品器具、服饰、民俗活动等方式。老百姓最直观最直接的是建筑、服饰、民俗活动等。徐文荣经历 20 多年所建的纵贯上下五千年的历朝历代景区，及景区内展现的各朝代服饰、民俗文化的表演，是民族文化的生动体现和盛大回归，并且通过无数的影视手段传播，让广大老百姓真切感受民族文化的魅力与辉煌。从 2008 年开始，徐文荣还收集了总数达 10 多万件的我国历朝历代古玩艺术品，在古民居和圆明新园内展陈，让广大游客观赏，极大地弘扬了传统文化。

发展现代文化。在传承、弘扬优秀民族文化的同时，徐文荣还十分重视发展现代文化。徐文荣认为：首先，观念上要厘清传统和现代的关系。"传统"是文化的基调，它让文化有了厚重感。如果缺了"传统"，文化就变得飘浮，重心不定，就会陷入混乱的窘境。"现代"是文化的方向，它让文化能够接续和充满力量，是文化创新的重要指向。守旧的文化是僵死的，没有发展前途的，唯有将历史融入现代，让现代拥抱未来，这样的文化心态才是正常的，才是坚定而又充满希望的。一个企业要创新，需要现代文化的滋养，不然只能抱残守缺，停滞不前了。因此，传统和现代，是一荣俱荣的，也是一损俱损的，它们是文化发展的"命运共同体"，很早就被捆绑在一条战壕里了。在时代文化多元发展的潮流中，文化既要固守，也要创新，这是文化繁荣的大道。其次，横店集团发展现代文化，除了观念跟上时代前进步伐外，具体到产业上，就是要求工业企业高科技、高水平、高质量，紧跟世界科技潮流，跟世界接轨；在文化产业上，就是要文化和科技融合，让传统文化和现代高科技对接，富有中国特色、中国气派，绽放全新的生命活力。

培育企业文化。企业文化是企业为解决生存和发展的问题而形成的，企业员工共同遵循的基本信念和认知。企业文化集中体现了企业经营管理的核心主张，以及由此产生的组织行为。徐文荣所倡导和实行的横店社团经济企业文化建设的内容主要包括物质层、行为层、制度层和精神层等四个层次的文化。

（一）物质层文化。是产品和各种物质设施等构成的器物文化，是一种以物质形态加以表现的表层文化。徐文荣要求，横店集团各企业环境条件、生产的产品和服务，体现的是横店社团经济所追求的产业高科技、管理高效率、环境高质量的面貌。而不是相反。

（二）行为层文化。主要是指员工在生产经营及学习娱乐活动中产生的活动文化。指企业经营、教育宣传、人际关系活动、文娱体育活动中产生的文化现象。徐文荣要求的是企业经营精打细算，奖罚分明，公私分明，开前门堵后门，等等；人际关系上，社团员工平等互助友爱，关心体贴，人际关系简单轻松；同时，集团和各企业举办各种丰富多彩的文体活动，诸如年度盛典、职工运动会、全民健身运动等；多管齐下，营造良好的行为层文化。

（三）制度层文化。从企业领导体制、企业组织机构和企业管理制度三个方面入手，建立富有横店社团经济特色的对外多级法人，对内一级法人的领导体制，在民主基础上保持高度集中统一。企业的组织机构的设立，完全遵循企业宏观发展战略需要，因事设岗，效率优先，淘汰冗员。为求得最大利益，在集团总纲基础上，要求各下属企业制定适合本企业的各种带有强制性义务并能保障一定权利的各项规定或条例，包括企业的人事制度、生产管理制度、民主管理制度等一切规章制度。社团经济组织严格执行党和国家的法律法规、方针政策，在内部实行立纲治本，有一整套完善的规章制度。一切按规章制度办事；提倡讲实话，办实事；反对讲空话，讲假话；坚持同一切破坏和侵害社团经济的行为作斗争；永远高举社团经济的旗帜前进。这就是社团经济员工的行为准则，也是横店社团经济制度文化的重要特点。徐文荣领导下的横店社团经济制度文化，通过企业内部最高法《集团总纲》公布，干部员工一律遵行。企业的制度文化是行为文化得以贯彻的保证。

（四）核心层的精神文化，提出了包括"先做人，后做事，做好事"企业基本理念；企业宗旨：共创、共有、共富、共享；企业精神：奋勇争先、永不服输的"拼命三郎"精神；企业誓言：干，就是要一流的！是企业意识形态的总和。

创造社团文化。通过以上的论述，我们已经可以看出，横店的社团文化，不是凭空而来，而是中华优秀传统文化、现代文化和横店企业文化的融合创新。所以社团文化，不同于她的某个来源，也不等于几个来源简单的相加。徐文荣在创造社团文化上的巨大作用，表现在他集中了大家的意志，吸纳了传统文化、现代文化和横店企业文化的优点，结合他本人深邃的思想，进行梳理、整合、融会、创新，提出了一整套社团经济文化宗旨理论。

横店社团经济之所以迅速发展壮大，在于社团经济文化有一股强大的向心力、凝聚力、爆发力。

一方面，社团经济员工虽然没有个人股份，但在社团文化感召下，有高度自觉意识和奉献精神，自己当作社团的主人，把社团经济当作自己的靠山。为社团经济贡献自己的智慧和力量，成为了广大员工共同的精神支柱。另一方面，社团经济对员工也是倍加爱护，不断提高工资标准，随着经济的发展，生活环境和生活质量不断提高，以远低于市场价提供职工住房，使职工不但居者有其屋，而且有恒产。在 1990 年代国家社保医保未全面实施以前，横店集团就成立了职工养老保险基金会、职工医疗保险基金会、困难补助基金会等七个基金会，使员工的生活有了切实的保障。

从 1993 年社团经济正式确立到现在的 20 多年里，社团经济理论体系不断完备，社团经济文化战略得到了全面实施，取得了举世瞩目的文化成就。

九、横店社团经济的功能作用

通过 40 年的发展，横店从一个穷困山村，变成为今天现代化小都市，除了靠党和国家的政策、各级党委政府的领导，主要靠的是以徐文荣为代表的横店人民的努力奋斗。其中最核心的是社团经济发挥作用。未来，横店要进一步实现"农民要富、农业要强、农村要美"，实现徐文荣提出的"世界最美乡村在中国，中国最美乡村在横店"的目标，不靠别的，社团经济还是最为有效的组织形式和最根本的力量依靠。

社团经济的功能作用，主要列举以下几方面：

1、集中力量办大事、办好事。相比于分散的个私经济，社团经济的优势在于整体块头大，力量大，决策集中，能办大事和好事。横店集团自1990 年代实行"非高科技不上"发展战略后，所上的电子电气、医药化工、影视文化和现代服务业众多项目，都属于科技含量高、投资规模大的项目，如果没有社团经济实力和灵活的决策机制，根本不可能上马，并很快产生经济效益。在办好事上，除了以往对公共事业的大投入外，2012 年开始投巨资建设的现代化横店人民医院、横店客运中心、横店通用机场等大型基础项目，就是社团经济在经济新常态背景下的新奉献。可以说，坚持了社团经济这一条，这一优势就不会失去。

2、由于横店社团经济与横店农民、农业、农村的须臾不可分的血肉联系，社团经济将解决横店区域内的三农问题视为自己的天然责任。

首先，使横店单一农业经济形态转变为多种经济形态。冲破单一的农业经济就要发展乡村工业。如何发展？政府包办，政企不分不行；光鼓励个体私营发展也不行，那样毕竟形不成巨大的规模和带动力。因此，只有横店社团经济的辐射带动，才让横店农村发展工业、服务业走出新路。2015 年，横店的经济结构已经实现了根本性的改变，全镇 90% 以上的劳动力从事工业或第三产业，农业产值只占社会总产值的 1%，二三产业分别占 48% 和 51%，单一的农业经济已经全面转变为一、二、三产业全面兴旺的复合型经济，特别是三产超过 50%，产业结构历史性进入了"三二一"时代，标志着横店进入后工业化时代，横店转型升级步伐加快，产业结构调整持续深化，在资源、环境、劳动力成本等硬约束倒逼下，走出了一条发展新路。

其次，用社团经济主导农村经济。现在，横店社团经济企业吸纳了全镇 70% 以上的劳动力，社团经济对横店经济起着决定性作用。正是由于社团经济的主导作用，横店高科技产业和外向型经济才得以迅速发展，社区经济不断繁荣，人民生活不断提高。

第三，以现代工业带动现代农业。农民要奔小康，如果没有工业现代化为之创造条件、积累资金，光靠农业自身发展，那是不行的。横店社团经济走的就是一条以现代工业带动现代农业的路子，横店集团每年都以相当数额的工业利润通过各种方式反哺农业，主要用于农田水利建设、农业综合服务体系建设和新农技、新农艺的推广应用上。同时，支持横店镇里办起了农业新技术工程公司、农业综合服务公司和种养业开发公司。横店镇不但工业发达，农业也是东阳市先进集体。全镇农业产值稳健增长，传统农业正在向现代化农业转变。

今后，在破解三农问题基础上，社团经济将承载横店人民的梦想，向着中康，迈向大康，建设美丽横店，过上幸福美好生活。

3、实现农村城镇化、信息化、生态化。在横店这样一个地狭人稠的丘陵地区，农民要富，农业要强，农村要美，只有实行城镇化。国际上，城镇化水平的高低是衡量一个国家发达程度的重要方面。但是由于中国地广人众的特点，中国的城市化不可能通过农村人口向有限的大城市集中的途径来实现，只能走依靠农民自身的发展，按城市文明来塑造农村文明，建设好小城镇，进而向中小城市发展的道路。横店从过去的穷山村变为如今全国的"明星镇""浙江省小城市改革试点镇"，走的就是这条路。在这个过程中，社团经济有着其独特的优势和功能作用。

如前所述，社团经济象征着"横店区域上空的太阳和月亮，给横店人民带来光和热"，社团经济是着眼于整个社团的发展和社区的整体发展。在横店，社团经济企业的分布就是横店镇的辖区，企业发展了，带动了社区发展；社区发展了，企业才能更好地发展。社会的需求就是自身的需求，城镇建设也是自身建设，因此，把城镇建设和社会事业的发展作为社团经济义不容辞的责任。现在，横店已经形成了社会、经济、文化互为推动，整体发展的格局，横店已完全具备现代化小城市条件。2012 年开始，横店被省政府列为全省 36 个小城市培育试点镇，之后连续四年考核，横店均名列考核榜首位。

4、辐射带动周边贫困乡村。横店社团经济的迅速发展，对周边地区产生了强烈的影响力和吸引力。同时也具备了辐射和带动周边贫困乡村的能力。社团经济的宗旨是走共同富裕道路，先富带后富，共走富裕路，是先富者责无旁贷的社会责任。为此，横店集团和镇政府主动要求上级，先后多次要求将周边农村并进横店区划，现在的横店已经从 1984 年的 39 个村 40 平方公里扩展为现在的 122 个村 120 多平方公里。为给这些新并进来的乡村创造迅速腾飞的条件，集团配合政府出资进行交通、电力、通信等基础设施建设，把工业和文化产业伸向后并进来农村，实现合并一乡、带动一方。实践证明，这是迅速改变农村贫困地区面貌的极为有效的途径。这也是社团经济强大的功能作用和优势所在。

十、横店社团经济深化改革之路初探

为什么要深化社团经济改革？

深化改革的目的，是为了有利于完善社团经济制度，有利于社团经济综合实力进一步增强，有利于社团经济员工进一步提高生活水平，有利于带动更广大区域百姓共同富裕。

徐文荣认为，横店社团经济深化改革必须把握四条原则。

企业产权不可能只有一种固定的模式，必须由企业根据形势的要求，自我革新。可以说，与时俱进的改革是永远的命题。

但横店社团经济需要怎样的改革？是全面私有化，还是部分私有化？

横店九龙文化博览园之金龙龙身内景

存量资产、增量资产如何区别对待？该把握怎样的原则？要清醒认识到，"四个有利于"（有利于完善社团经济制度，有利于社团经济综合实力进一步增强，有利于社团经济员工进一步提高生活水平，有利于带动更广大区域百姓共同富裕）是社团经济改革的出发点，也是改革的目的所在。因此，必须把握以下四原则：

第一条，坚持公有制为主体，坚持社团经济的主体主导地位不动摇。不管怎样改革，社团经济的主体地位不能改变，否则就不叫公有制经济了。大的方面，从我国社会主义经济制度来说，不管公有制的实现形式，即具体的产权制度怎么变化，公有制性质及其主体地位不能变，因为这是社会主义性质所决定的，要不就别打社会主义这面旗子。同样，横店改革后可以有多种所有制形式，但社团经济的主体和主导地位不能动摇。否则，就是地动山摇。

理论界有种倾向，似乎产权制度改革非要把产权界定到人头上才算明晰，才算彻底，否则就是"产权虚置"，"产权模糊"，就是"人人有份，谁都没份"，"产权悬空"。这是对原有的全民所有制、集体所有制的一种矫枉过正。进一步说，这是一种全面私有化的主张，是应当坚决反对的。同理，横店也必须坚决反对全面私有化的主张，保证社团经济公有制的主体主导地位。这是关涉横店长远发展的根本一条。

第二条，坚持有利于社团经济综合实力的增强，有利于激发干部员工干事创业活力。社团经济改革是为了发展生产力，获得比过去更快更好的发展，破除各种不利于社团经济实力增强的方方面面。解放思想，大胆创新，调动干部员工积极性，使干事创业的泉源涌流，活力迸发。只有社团经济实力不断增强，干部员工创业激情充分涌流，收入不断提升，才是成功的改革，否则就是为改革而改革，是无效的改革。也只有这样见实见效的改革，才是受干部员工欢迎，社区百姓拥护的改革。

第三条，坚持走共同富裕的道路，坚持社团经济为"三农"服务的宗旨。要共同富，而不要少数富，当然这个共同富裕不是"共产风"，不是"一平二调"，也不是搞平均主义的"大锅饭"，而是创造和提供平等的竞争机会，通过公平的市场竞争，使一部分经营有方、诚实劳动的企业和个人先富起来，然后引导和带动其他企业和其他人，最终走向共同富裕。要防止利用产权制度改革将大量的社会财富向少数人手上集中，也要防止借口产权改革无偿侵占他人他组织的资产。社团经济的完善和不断创新，还要从有利于农民富裕化、农村城市化、农业现代化这三个有利于出发，不断丰富社团经济的内涵，不断优化社团所有制结构，不断改进社团经济运作方式。

第四，社团经济改革要循序渐进，要掌握好稳定和发展的关系，掌握好时机和节奏。发展是基础，稳定是前提，改革是保证，要统筹兼顾，不可偏废。要将社团经济改革的力度和干部员工可承受的程度结合起来，掌握好时机和节奏。一是要坚持企业生产经营的稳定，员工人心的稳定，社区老百姓心态的稳定。二是经济要发展，不能专门停下经济发展来搞产权制度改革，避免争论，避免出现企业内的对立，产权制度改革只能促进而不能影响经济的发展。三是排除行政干预，积极、主动、自主地推进和深化产权制度改革。政府可以引导、服务，但不要命令、干涉，更不要强行推广某一种"模式"。

与逐渐完善的市场经济体制相适应的新的产权制度的形成和完善是一个渐进的过程，也是一个动态的过程，可以说，也是一个没有终点的过程。这是因为，如前所述，我国从市场经济体制的确立到市场经济体制的建立和完善是一个长期的过程。产权制度改革本身是一种深层次的、基础性的改革。基础性，是说它是市场经济体制建立的基本前提之一；深层次，是说它的变化之深、牵涉之广，是一般表层改革难以比拟的，其难度、阻力也是一般改革难以比拟的。产权制度与市场体系存在着相辅相成的互动作用。产权制度的改革推动市场体系的形成；市场体系的不断完善又促进产权制度改革的深入和不断完善。市场体系的完善是长期的。因而产权制度改革也只能是渐进的。

总的一条：社团经济的大旗要永远高举，任何时候、任何人都不能动摇。谁反对社团经济，横店人民就要打倒他，谁动摇社团经济根基，横店人民也要反对他。

对于具体如何改革，徐文荣在 2002 年 3 月横店集团干部会上提出"存量资产不量化，增量资产逐步加大量化力度"的方案，随即开始调研，谋划落实。

为推进改革进度，2004 年 11 月，徐文荣在横店社团经济会员企业代表大会上说，横店以共创、共有、共富、共享为宗旨的社团经济已闻名全国，促进了经济的快速发展，带来了人民的富裕和社区的繁荣。横店集团所做的一切都是为老百姓着想，让老百姓富起来，支持当地政府为老百姓办实事，做好事。他强调，既要深化企业改革，逐步实现增量资产量化，又要保持社团经济大旗不倒。并说，这次改革是根据上级的要求，为适应形势发展的需要，并从横店的实际出发，进行了充分的考虑，经与镇政府研究后，提出了改革的总体思路。通过改革，将进一步促进横店集团做大做强，进一步促进社团经济更好地为老百姓做好事，为社区的发展做出更大的贡献。横店集团控股有限公司总裁徐永安在大会上也作了重要讲话。他说，资产量化是一项重大的改革，一定要按照联合会的总体要求，认真做好清产核资，提出方案，经批准后，成熟一批，量化一批。在资产量化过程中，要求下属公司统一思想，按章办事，严禁攀比，保持生产经营的各项工作稳定正常开展。2015 年开始，根据"存量资产不量化，增量资产逐步加大量化力度"的原则，徐永安在东磁股份、普洛药业等上市公司推行了以增量资产部分量化的企业骨干持股计划。

"存量资产不量化，增量资产逐步加大量化力度"的改革方案，从理论上分析，这样几点值得肯定：

首先，既坚持社团经济主体和主导地位，又有利于提高员工分配，使员工更快富起来。存量资产是指共有资产，增量资产指的是前期固定资产投资产生的增值和生产经营中的增值部分，逐步加大量化力度体现为增值部分在分配比例上的变化。随着企业的发展，水涨船高，分配比例更多地向员工倾斜，但存量也在动态中滚动增值，从而保证了集体力量的不断增强和员工的多得。从这个角度看，社团经济共有制也就毫无疑问地能够坚持。

其次，有利于激发干部员工工作责任感、积极性、创造力。这是无疑义的了。因为增量部分是靠由干部员工自己创造才能所得，不创造或亏损就无所得，这样就激发了干部员工工作积极性、创造性。前面讲过，重要的是激发骨干团队的干劲和创造性。当然，其中又涉及一个能够反映干部员工贡献大小和所分得股份多少之间的正向关系的评价激励体系。

再者，随着增量资产的分配，干部员工对企业更为关心，对领导层的监督也会自然加强，这样，可以减少企业领导层贪腐、渎职和不作为的风险。

但是，这个方案也会遇到一些难题，主要表现在：

一是操作比较难。增量由存量而来。存量资产的界定和时间节点是个难题。流动资产容易统计，固定资产的减损和增值往往伴随很多因素，很难客观统计，还有无形资产就更难计算。轻率而动，扩大增量资产分配，容易造成社团资产的流失。反之，分配少了，积极性调动不起来。

二是容易摆不平。比如在某个时间节点上，一个工作了30年的老员工刚退休却在增量资产改革中没份，一个刚进厂的新员工却分得了股份。这明显不公平。还有，某些老企业增量资产可能十分有限，但某些好行业、新企业每年增量资产可能很大，这样不同企业员工分到手的增量资产可能悬殊，互相之间很容易攀比、争论，造成社团经济企业间行业间的矛盾。或者，某企业倒闭，为之工作多年的员工根本分不到增量，但这个企业过去可能是个利润大户，为社团经济出了不少力，等等。以上列举的情况是实际存在的。原本不分，大家相安无事没有这些矛盾，一分，分出矛盾，影响团结，影响发展。这和改革初衷相背离。

三是容易引起红眼病。过去各级政府对横店共有经济发展很支持，增量资产一分到私人，政府官员想不通，对企业支持无疑会减弱；同样，横店社区群众对集团企业在土地等问题上的支持也会减弱，甚至引起反感反对情绪。社团经济内部也很容易引起红眼病。这些红眼病，皆不利于横店集团进一步发展。

四是易引起两极悬殊。社团经济宗旨之一就是共同富裕。增量资产分配的悬殊，容易引起两极分化，和社团经济宗旨相违背。所以，把握好分配数量上的度，使骨干有干劲，广大干部员工能接受，政府、社会能理解并继续支持，这是非常重要的。

基于以上原因，横店集团对"存量资产不量化，增量资产逐步加大量化力度"改革一直非常慎重。

避开在所有制问题上进行改革之外，可否通过机制的完善以去除社团所有制的流弊呢？

横店集团采取了以下一些办法：

一是实行依法依规治企和强化执行力建设。法，是指国家的法律，规，既指国家的规定，也指社团经济内部的规定。社团经济内部规定在国家法律范围内并且要严于国家法律。目的是代表社团经济最高层对各社团成员企业进行监督。监督内容包括对社团经济最高层决定事项的执行情况、本企业生产经营情况、投资情况、基建、安全、环保、企业文化等些方面，称之为对社团经济决定的执行力。

徐永安接掌横店集团后，十分注意从徐文荣的威权恩德治企转变为依法依规治企，出台了系列内部管理规定，包括颁布更为具体可操作的内部大法《管理手册》，统一任命企业董事会成员，统一任命企业负责人，统一委派财务负责人，严格执行力建设，每年专项定期考核，在制度建设上取得了很大成效。这样做的好处，是可以有效掌控社团经济企业整体局面，克服山头主义，对企业一把手的监督也随之加强。

二是从体制机制上进一步加强社团经济最高层的权威。通过集团总部《管理手册》进一步明确集团总部作为社团经济的最高权力机关和决策机构；坚持对外多级法人，对内一级法人的体制；下属企业由集团作为占控股地位的出资人，企业董事会成员社团高层占多数；实行以产业为中心的垂直交叉蜂窝式整合管理；集团设立纪检监察部门专门负责对下属企业的监督检查等。

这样做，很大程度上加强了代表社团经济的集团总部对企业的掌控，但也易出现一些干预下属企业正常经营的问题，影响了下属企业积极性的发挥。

由于只是注重从上到下的监管，缺少企业内部基层员工最直接监督的体制机制，而且由于集团总部上层监管人员人数的有限、工作的繁杂，还是难免出现漏洞。所以，如何发挥基层员工对本企业管理层以及全体社团员工对集团高层的监督，是一个值得探讨深思的问题。

十一、徐文荣创立横店社团经济的时代和历史意义

徐文荣创立的社团经济和社团经济理论，是他作为企业思想家、战略家的最集中体现，对横店的发展和老百姓的共同富裕，起到了决定性作用，具有重大的现实意义和深远的历史意义。

横店社团经济的确立，奠定了横店经济社会的性质。社会主义国家的主要特征，就是解放和发展生产力，公有制经济占主导地位，实行人民民主专政，实现人民的共同富裕。对横店而言，1990 年横店集团成立，但当时还是传统的集体所有制，到 1993 年社团经济所有制确立，横店才迎来了社团共有经济占主体和主导。横店社团经济的主要特征，是共有、民营、主导、驱动，是为着破解三农，实现横店老百姓共同富裕的目标。也

横店迎宾大道

就是说，横店是坚持走社会主义道路，坚持共产主义理想信念的典范，并以卓越的成就，处在了时代的前沿。16世纪空想社会主义者康帕内拉将带社会主义性质的人类理想社会称为"太阳城"，横店在社会主义市场经济条件下创造了横店这个"东方太阳城"。

社团经济为横店经济的发展繁荣提供了基础保证。作为萌生于计划经济夹缝中的社团经济，竟逐在市场经济波涛中，迅速发展壮大，一路的奋斗，造就了社团经济强大的生命力、创造力和自我革新、自我修复能力。徐文荣为社团经济定下的诸如一定要拥护社团经济、企业家首先是战略家、依法依规治企、以人为本、企业养生法等的一系列原则和规章制度，为社团经济长远发展提供了基本保证。占主体主导地位的社团经济的发展繁荣，以其带动驱动的方式，为横店经济的全面发展繁荣提供了可靠保证。

社团经济为横店人民的共同富裕提供了保障。过上共同富裕的美好生活，是人类社会的共同期盼，也是最响亮的口号。社团经济的共有性质，社团经济的经营管理方式和分配方式，都决定了不搞两极分化，只能是共同富裕道路。

社团经济为横店各项事业的发展，为横店的长治久安，提供了保证，是"横店模式"的核心所在。社团经济和徐文荣做社会企业家的理论和实践密不可分。

徐文荣无法改变中国，但他用他的思想和行动影响了中国。徐文荣无法改变岁月，但他影响和改变了横店的历史和未来。徐文荣和他的社团经济创造了横店新的历史，塑造了横店新的未来。

第四章　文化力理论

　　"开发文化力，促进生产力，提高经济效益"，是徐文荣关于文化力
理论的重要论述。在文化力理论指导下，徐文荣大力发展横店文化产业和
文化事业，建设文化横店，发展繁荣横店文化经济，开辟了横店发展的崭
新局面。

一、文化力是推动生产力发展的内在驱动力

　　今天，文化在经济社会发展中的地位和作用越来越突出，文化深深
熔铸于社会生产力之中，影响着社会发展的各个方面。文化凝结在人的活
动而产生的文化力，尤为引得人们的注意。当国内对文化力研究刚起步的
1990 年代初，徐文荣就在一次研讨会上对我国文化力理论研究专家、中
宣部理论局副局长贾春峰说："文化力，很重要"。贾春峰问，怎么个重
要法？徐文荣稍作思考后回答："开发文化力，促进生产力，提高经济效

益"。文化力直接地作用于社会生产力的发展，为社会经济发展服务，这就是文化力的重要。

徐文荣是如何认识、理解文化力的？

徐文荣认为，文化力，简单讲就是文化的力量，进一步说，就是人类创造的文化凝结在人的活动当中而产生的力量，是文化和人的结合的力量，是人在文化内因催动下的主观能动的力量。可以说，之所以为人，就是因为人有文化，拥有不断发展进步的文化力。这一点是其它生物不具备的。并且，文化力具有与人类社会相始终的恒久性，也具有无所不在的普遍性。文化力具有积极和消极两面性，这也是无可置疑的。

徐文荣是怎样认识文化力的重要呢？

他认为，文化力是推动生产力发展的内在驱动力，是一种内生动力。主要体现在以下几方面：

其一，文化力为生产力发展提供精神动力。我们知道，生产力是人们进行生产活动的能力，是人们进行物质生产和精神生产的基本物质基础条件。构成生产力的基本要素是：以生产工具为主的劳动资料，生产过程中的劳动对象，具有一定生产经验与劳动技能的劳动者。在历史上任何一个社会，生产力都是推动社会发展的内在动力。作为生产力三要素中的劳动者，是具体、生动的最灵活因素，并且是受特定文化力驱使支配的。所以无疑义的，文化力为社会生产力的发展，提供了最生动、最直接的内在精神动力。同时因为文化力具有积极和消极两重性，作为思想的引导，必得向着积极方面，向有利于生产力发展的方向，而不是相反。徐文荣深谙其中的道理，所以，十分重视培育和发挥文化力的正向作用。

其二，为经济发展提供行为规范，优化经济发展环境。任何一种经济形态的存在，必得相应规范作为保障。文化是一种自觉。在特定的经济形态下，什么可为，什么不可为，许多时候全靠自身文化的约束。文化力就是这样的一种内心约束的规范。个人如此，大众如此，放之区域、社会也如此，这样人文化之，就营造优化了区域、社会的经济发展环境。缺乏文化自觉，则消极地走向行为规范的反面，日常所见的假冒伪劣坑蒙拐骗，则是正向文化力的缺失和良知的蒙蔽。

其三，推动经济增长方式的变革。一方面，劳动者是生产力三要素中最活跃的因素，也是推动生产力发展和社会变革的根本性因素。文化力的积极向上驱动着人向往着更美好的物质和精神生活，引导着人们去创造发现，去拥有蓝天白云美好的环境和平等自由的生活。又一方面，劳动者文化力水平的高低，决定了认识和改造世界的能力。伟人说过，在一个文盲充斥的国度，是建设不了社会主义的。培育每个成员高水平的文化力，是推动经济增长方式变革的决定性因素。横店的对员工文化力培育的重视，徐文荣是早就鞭辟入里地指了出来并一直努力在做。

其四，提升物质产品的品质和附加值。物质产品由劳动者生产，劳动者的积极和消极两重性，对产品质量分别产生不同后果，这是广为人知的。生产资料、劳动对象确定后，由心态不同的员工来生产，直接关系产品质量产量，关系企业信誉，关系企业效益，关系企业存亡。所以，抓好文化力培育，对提升产品、服务质量和附加值，都是极为重要的。

其五，文化力本身成为经济增长的要素。为什么这么说呢？目前，建立在文化力基础上的文化产业和文化经济，正在猛烈地把文化的固有市场和产业属性挖掘出来。从近些年来中央全会的决议和报告（主要体现在党的十七届六中全会《中共中央关于深化文化体制改革，推动社会主义文化大发展大繁荣若干重大问题的决定》和党的十八大报告），到国企民企在文化产业上的积极实践探索，到老百姓的享受到文化产业发展的好处，以及文化产业以前所未有的姿态发展，这些都是大量生动的事实。文化本身已经成为一种劳动和生产对象。或抽象、或具体的文化内容，通过生产环节，已经变为实实在在的文化产品、文化服务，通过市场商品交换，以供给国内老百姓消费或出口国外，拉动着国民经济的增长，成为国民财富的重要组成部分。纵观当今世界，一国文化产品、文化服务的水平，不但已成为国家软实力的主要标志，而且也成为了硬实力的一部分。可以肯定地说，凡是文化产业、文化经济发达的国家，就是世界上的发达国家。凡是文化产业欠发达，文化经济凋敝的国家，也就是世界上的落后国家。

徐文荣是慧眼先具，很早就深邃地从文化力中看到文化产业和文化经济潜在的巨大机遇，又看到了横店特定的自然和人文环境以及横店集团具有抓住这种机遇的可能。经过持之以恒的努力，两者的合一便绽放出最绚丽的影视文化之花。这在外人是感到突兀，而敢想敢闯的横店人又显得是那样的自然。总之，徐文荣对文化力的思想认识和实际操作，都付之以极大的精力。文化力一直是横店发展的内在的也是外在的持久的驱动力。

二、开发文化力 促进生产力 提高经济效益

前文说到，文化力是文化凝结在人的活动中而产生的力量。这个表述似乎很抽象。文化看不见摸不着，但又是无时无刻不发生作用的。徐文荣是怎样开发了文化力，又怎样促进了生产力发展，提高经济效益呢？

（一）开发文化力

我们先来看徐文荣是如何具体地结合横店实际培育和开发的。

1. 徐文荣吸收和开发横店历史上的优秀文化基因。横店所处浙江中部的东阳是"婺之望县"，建县历史已有 1800 多年。东阳所归辖的金华又称为南方"小邹鲁"，是个历史文化底蕴深厚的地区。东阳横店有着优秀的文化基因。首先是横店所处地理环境的相对封闭偏僻，土地浇薄，人均耕地不足半亩，历史上一度刀兵盗贼，水旱饥荒。客观和历史条件练就了东阳横店人勤劳、智慧、正直、善良、简朴的品格。这一品格，至今在东阳人身上都可看得出来。其次，历史上浙东学派的影响。主要是南宋及稍后时期理学家朱熹、吕祖谦、陈亮、叶适、许谦的学术思想，这些当时的思想家和学者，通过在横店附件的石洞书院、友成书院、八华书院等书院讲经传道，对当地百姓的思想文化产生了重要影响。主要表现为求实致用，讲究实效，反对空谈，注重义利双行，主张农工商并重，反对重农轻商，兴学重教，重视人才等。第三，地理条件自然环境的不足，磨砺了东阳横

横店秦淮夜色美如画

店人的精神和智慧，以工求生的意识得到萌发和逐步强化，靠功夫手艺吃饭赚钱，成为东阳人当然也是横店人的选择，历经弥久而愈发光大，到改革开放后获得全国"建筑之乡"、"百工之乡"美誉。到21世纪之后凭着东阳人的创新实干愈加发达，2014年，东阳已经成为全国建安产值最高的县市，东阳的木雕红木家具集散中心成为全国最大集散地之一，并且在东阳召开了世界手工艺大会，产生了广泛影响。第四，是教育之乡。靠功夫手艺吃饭赚钱是辛苦出路，靠读书更是东阳人推崇的最大最好的出路。且一直是苦读书的传统，吃便于携带耐久的霉干菜，出生东阳横店的科学家严济慈叫霉干菜为博士菜，这种苦读书精神就叫"霉干菜精神"。其原因也在于过去东阳耕地少资源少在本土生活难的实际，为谋出路，用没有办法的办法，是逆向自身求法。这样就形成了注重自我提高、自我超越和尊师重教的传统。于是，注重自身学习，尊重知识和人才，成为了一种自觉。（历史上元末明初宋濂所作《送东阳马生序》，可视为东阳莘莘学子刻苦求学的历史佐证。）当代东阳出了严济慈、李正武、潘建伟等 10 多位两院院士，1984 年《光明日报》头版说东阳是"百名博士汇一市，千名教授同故乡"，到 2014 年变成了"千名博士汇一市，万名教授同故乡"。可谓人才辈出，教育发达，全国闻名。徐文荣是土生土长的东阳人，3 岁时随父母逃避日本鬼子的灾难从东阳北乡迁到南乡横店，自然是东阳文化熏陶的。他滋润着东阳传统文化中爱国、勤劳、不服输、智慧、善良、正直的品格，这些品格，在他一生所作所为中得到了充分的体现。

2. 培育和开发社团经济文化。这是徐文荣开发文化力的重点和着力点。

徐文荣倡导、培育、开发的横店社团经济文化具有如下两大突出特点：一是"拼命三郎"精神。社团经济共创是前提，从极端困难条件下创办缫丝厂开始，徐文荣就打出了这种精神，且一直来秉承着这种精神，直至徐文荣年老，这种精神须臾不离。横店的巨大进步，离不开这种精神的内在驱动。这种精神，是横店集团的精神，社团经济文化的精髓，也将是徐文荣留给后人的宝贵精神财富。从更广范围说，"拼命三郎"精神也成为了横店精神。二是共同富裕思想。社团经济的目标，是大家共同富裕，徐文荣说："要好大家好，要富大家富"，"只有共同富裕，才能天下太平"。共富思想是社团经济文化的精髓之一。这种思想，就是要抛弃专门利己主义，要把企业发展和国家、社区、百姓利益统一起来，要把经济效益和社会效益、生态效益兼顾起来。徐文荣说，有钱要多为社会做奉献，帮助老百姓富起来，而不是吃喝嫖赌，做社会的寄生虫和享乐者。这共富的思想，既源自社团经济特定的发展过程和历史条件，也源出于徐文荣当年"文革"遭批斗，外出躲避期间所受农民庇护的报恩心理，当然主要的还是他博大的胸怀和对人民炽热的情怀。在共富思想感召下，社团经济有一股强大的向心力、凝聚力。集团员工虽没有个人明确股份，但都把自己当作企业的主人，把社团经济当作靠山，充满着奉献精神。1995年提出的"我为社团经济献终身，社团经济为我保一生"，就是广大员工的共同精神支柱。

"拼命三郎"精神和共同富裕思想，是在特定的社团经济条件下的社团文化的两大特点。

3. 发展教育，提高文化素质，提升创新求变的能力。一方面，徐文荣认为要提高文化力，首先要重视文化教育。教育水平低，文化基础差，就谈不上有高的文化力，当然也就谈不上发展高水平的文化产业。——这就要办教育。我国的民办教育在1990年代还刚起步，经济方面原因是老百姓收入水平还达不到，承办者要贴钱。但徐文荣不为所动，除出资支持国家办的横店小学、初中外，还投巨资创办了高水平的幼儿园、技校、高中、横店大学（2007年开始转型，更名为浙江横店影视职业科技学院）。

他说，"我办学校的目的，不是赚大钱，而是为了培育下一代。""办横店高中、大学，让那些初中毕业生不管成绩好坏，就是分数不够的学生，也都可以让他们进高中读书。这样读3年，扫了高中的盲，考不上大学的，到横店大学再读3年，就更加提高一步"。横店整体文化素质的提高，提供了培育开发文化力的扎实根基。又一方面，体现为徐文荣的尊师重教，重视知识和人才，在实际工作中，重视知识的力量，运用知识创新求变，在竞争中立于不败之地。

4. 以上率下，言传身教。榜样的力量是巨大的。领头人徐文荣严格地从自身做起，自律自励，他将爱国、敬业、拼搏、正直、奉献、善良、简朴的品格融入日常言行之中，成为自觉，无论如何富贵，也从不奢侈，无论握有多大的权力，也从不谋私，无论多么亲近，也从不枉法。堂堂正正做人，一心为百姓谋福。以自身人格魅力，教育影响周围的人，使周围的人自觉形成良好习惯，营造干事创业、风清气正氛围。这些行为规范逐渐化为用文字表述的横店集团的言行规范。有道是，己身正，不令而从。徐文荣、徐文浩、厉大金、何锦寿、许锡荣、翁留女、项昌仁等老一辈创业者的崇高风范，为集团后来者提供了高标准参照，让后来者内心产生出强烈的责任感和驱动力。

以底蕴深厚、内涵丰富的横店本地文化为根基，以先进高尚的社团文化为方向，以文化素质教育为提升的手段，以高要求的自身言行为标杆，铸成了富有横店特色的文化力，这就是：爱国、敬业、拼搏、正直、善良、博大、求新、自律、自励。它的内涵十分丰富，它的正向激励作用十分明显，它的驱动力十分强大。

（二）开发企业文化力

企业的文化力，是指企业生存发展过程中各种文化因素所起的作用。它包括思想观念、文化传统、文化知识、科学技术、规章制度等很多方面。有些是看得见、摸得着的企业文化硬件，有的是看不见、摸不着的企业文化氛围。更多的情况是这两种文化现象融为一体，浸透在企业方方面面，对企业行为产生重要的影响。

现在一般的理解，企业文化力表现为企业精神文化、企业制度文化和企业物质文化三个层次，代表着企业整体文化的不同层面，同时又互相制约、互相渗透、互相影响，三者密不可分。企业精神文化是基础，它是企业精神、管理哲学、经营思想等的综合反映，以文化氛围的感染、渗透和引导作用对员工产生影响。这种文化的传播主要靠员工的自觉行动。企业制度文化是把企业精神文化内容用规章制度的形式固定下来，使之成为硬性的管理手段，对企业及员工行为加以规范。这种文化的传播主要靠企业推动。企业物质文化是企业精神文化和制度文化的综合反映，以商品的质量、功能、售后服务等实实在在的东西，向人们展示企业的价值观念、管理手段等企业文化的所有内涵。这种文化的传播主要靠社会的评价。无论是哪个层次的企业文化，作为企业文化力的一部分，都可以转化为现实的生产力。为什么这样说呢？

因为人是文化力的最主要的载体，文化力基本上是通过人的文化素质和知识能力表现出来的。文化力本身就是以知识为基础、以科学技术为动力的。它不是机械的生产力，而是活跃的生产力。马克思不是说过"人是生产力中最活跃的因素"吗？这种活跃因素，就表现在人的思维、精神、知识、技术、能力等方面，是主动性、积极性、创造性的力量源泉。这些因素正是文化力的基本内涵。

这些年来，横店一直强调开发文化力，促进生产力。实际是把文化力作为企业发展的重要动力，构建起属于横店自身的企业文化，并把这种文化贯穿到广大员工的思想行为中去，进而提高企业的文化品位，对内增强凝聚力，对外增强竞争力，从而将文化效应转化为经济效益。事实表明，企业文化力不是为好看的，而是要管用的，是能够产生经济效益的。这个效益，有些是直接表现出来的，比如高科技、新工艺，能有效地提高产品的质量和数量，直接产生利润。有些是间接的，比如良好的企业形象和商标品牌，可以提高产品的销售量和价格，同样能够产生效益。所以，不要把文化力看成是虚的东西，它是实实在在的企业能源，可以推动企业的快速发展。试想，现代企业发展靠人才，没有人才就没有高科技和科学管理，没有科技和科学管理，就没有竞争力，最后只能被市场淘汰。所以，没有人才的企业是办不好的。那么，人才的特征又是什么呢？他的特征不是体力，而是智力和能力，还可以加上进取精神，这些才是企业的核心生产力。其他生产力要素，如资金、原料、厂房、设备，包括普通员工等，通过人才（包括科技人才和管理人才等）的作用而发挥出作用，创造出企业产品、市场和社会财富。以企业精神来说，一个员工有没有积极性，其劳动效率和效果是不一样的，当然也就直接影响了劳动生产率。比如，同样两个计件工人，一个人总想着完成任务就可以拿到工钱，因此急着赶数量，就不那么重视质量了，结果质检时有很多不合格产品，他不得不再加班加点，虽然补足了数量，可也被扣掉了不少原料损失的工钱。另一个人总想着要把活干漂亮，争取当个劳动模范，因此他一丝不苟地干好每一个计件，天长日久练出了好技术，不仅每次都超额完成任务，还经常得到奖励和表扬。由此可见，一个人的思想和精神面貌对生产活动是有重要影响的，一个企业员工队伍的士气对企业的发展具有非常大的影响。按照"精神也可以变物质"的原理，企业文化力自然也是企业生产力。所以，要开发文化力，发展生产力。一个人缺少什么，就想得到什么；一个企业缺乏什么，就渴望弥补什么。横店集团是在农村里土生土长起来的，所以才被称为乡镇企业。这乡镇企业是农民办的。农民本来就没有多少文化，是硬着头皮闯出来的。因此，早期的企业文化含量是不高的。这个含量包括职工队伍的素质、产品的科技含量、经营管理方法的科学性等，说穿了，就是企业的综合素质不高。这种情况下，在计划经济和短缺经济时代，横店人凭着一种"拼命三郎"精神和企业灵活的运行机制，赚了不少钱，企业也得到了迅速发展。但是随着市场经济的逐步建立和完善，国有企业开放搞活，市场竞争日益激烈，日子越来越不好过，也逐步认识到人才和科技的极端重要性。从花钱引进人才，输送出去培养人才，下大力气进行技改投入，到后来不惜重金买高科技项目，目的只有一个，就是提高企业素质，增强竞争实力。

　　这个目的达到了没有呢？现在可以肯定地说是达到了。经过十几年、二十几年的不懈努力，横店集团就地取材，培养了不少技术人员和管理骨干，建立起比较稳定的人才队伍，承担起技术改造和向高科技进军的历史重任，使企业较早地完成了由劳动密集型向科技密集型转变的过程，代表着企业的文化氛围，它是现代企业文明的具体表现形式。众所周知，一个有特色的企业，不能没有自己的特色文化；一种高尚的文化氛围，也必将造就一系列高尚的企业行为。多年来，横店在文化力开发上，下了很多工夫，花了很多本钱，也取得了很大的成绩，使横店集团不仅实现了物质文明效益和精神文明效益的内在统一，也促进和带动外部社区两个文明建设。这种内部和外部的两个文明成果，都对企业的持续、健康、快速发展提供了新的动力源、新的生机与活力。社会在不断进步，经济在持续发展，企业文化也要不断创新，这是时代进步的潮流，也是我们企业发展的客观需要。横店集团是文化力的倡导者和实践者，也是把横店建成文化乐园的倡导者和实践者。我们要不断创新企业文化，用先进的文化和先进的生产力去推动我们的企业更好地发展，才能赚更多的钱，创造更多的社会财富，更好地为横店人民造福。

（三）促进生产力

文化力是推动经济发展的内在驱动力，具体表现为提供精神动力，提供行为规范等方面。这里，主要讲讲社会生产力所包括的文化生产力，也就是文化力体现在生产中的力量。

根据马克思的生产力理论，生产力包括生产资料、劳动对象和劳动者三要素，按主体性质的不同分自然生产力和社会生产力。当文化力融入生产消费过程，与经济、科技相互融合、渗透，就形成具有崭新功能的文化生产力。文化生产力，是指人们围绕满足人类自身的精神需求，把人类自身的思想、意志和情感作为生产资料和劳动对象，生产文化产品、提供文化服务和创造社会财富的能力。即生产文化产品、提供文化服务的一种能力。

文化生产力具有以下几个主要特征：一是文化内容主导。在人类生产力发展不同阶段，起主导作用的生产力是不一样的。农业经济阶段是自然力，工业经济阶段是资本和机器，文化（知识）经济阶段，则是人文精神和知识、技术的有机结合。作为文化经济的基础立足点，文化生产力的核心要素包括人的智力、科学、生产管理、劳动组织、文化资源、自然资源等。但构成文化生产力的内在要素，起主导作用和最明显特征的是文化。

二是文化本身成为劳动对象。一般来说，文化在生产力要素构成中是作为劳动者素质、科技水平的面目出现的，而不是单独构成某项要素。作为文化生产力，文化本身即成为具体的或抽象的劳动对象，其劳动成果也一般表现为具体的或抽象的文化产品和文化服务。文化在这里展开了巨大的空间，产生着巨大的社会和经济效果。比如，张艺谋来横店影视城拍的一部大片《英雄》，这是一个文化产品，就产生了巨大票房收入和轰动的社会效果。

三是包蕴人文精神。文化生产力内在地包涵了知识经济，并在经济系统中充满了文化因素。不仅有科学、技术等智力因素，也有理想、信念、价值观念等精神因素，不仅包含科学精神，还体现人文精神。当然，这也可说是文化生产力的应有之义。从另一个角度看，随着文化经济的发展，文化在社会生产方式中的作用将日益突出。

四是强调不同文化间的差异性。在文化生产力的发展过程中，文化作为重要的生产要素和劳动对象本身，必须强调在市场上的独特性，强调不同文化间的差异性，以赢得市场的青睐。当然，文化的多元和融合也在所难免，不同的文化都会因时因地而变。这是毋庸置疑的。

五是发展的可持续性。生产力中文化要素的增多，意味着经济增长方式的转变，精神产品和消费的增加，意味着人的精神需求的不断提升，这直接地表现着社会物质生产的极大提高。人文素质和科学素质相融合，意味着劳动者素质的全面发展。对文化资源的开发利用，意味着人类资源观的重大进步。

从以上可看出，文化生产力不仅是社会生产力的重要组成部分，而且应该成为社会生产力的主导力量。如此，才能在资源、环境制约日益加重的情况下，走出可持续发展的新常态，才能使人民在享有丰富的物质生活和丰富的精神生活的同时，享有蓝天白云清新空气。

随着现代生产力由物质要素主导型转向智力要素主导型，文化因素在生产力中的作用也由辅助地位上升到主导地位，文化越来越成为生产力中的核心要素。

当然，文化生产力还应当包括文化生产的溢出效应。文化生产力的发展对政治、经济、社会、生态产生积极或消极的影响。对此，徐文荣是有清醒认识的。

（四）提高经济效益

徐文荣认为，开发文化力的目的，是提高经济效益，带富老百姓。

文化力既为经济发展提供精神动力，从而提高生产效率，进而提高经济效益的作用是毋庸置疑的。又由于文化力对社会生产力发展的可持续性，其在社会效益、生态效益上的正向作用，也是毋庸置疑的。特别是文化产业由于其内涵的丰富性，外延的广泛性，所以其辐射带富作用，相比于其他产业，是最显著、最理想的产业。

有关资料显示，文化的产业化是由生产力水平和社会消费需要所决定的，是社会化大生产和市场开放化的必然要求。在文化日益走向世界一体化和产业化过程中，文化已成为世界范围内的超级利润产业。英国的艺术业规模已达 170 亿美元，相当于本国汽车工业。日本的娱乐业经营收入超过本国汽车工业产值。美国的视听产品是仅次于航天航空的第二大出口产品。在许多发达国家，文化产业已成为支柱产业之一。

从以上所述又可以知道，文化生产力在当代已经成为综合国力的构成要素之一。在计划经济年代，文化产业尚算不上独立的产业形态，只有在市场经济条件下，文化产业和文化事业才构成文化生产力的两大方面。

联合国教科文组织关于文化产业的定义如下：文化产业就是按照工业标准，生产、再生产、储存以及分配文化产品和服务的一系列活动。

近些年来，我国的文化产业已经发生了重大转变，越来越成为第三产业中最富现代意义、与高科技尤其数字技术发展结合最紧密的产业，并且愈来愈深刻地影响和改变着传统文化产业的面貌。同时，文化产业并不是一个孤零零的存在，她的需要形成一个上下左右互联互通的整体，就是一个巨大的"产业集群"。它们以文化为基础和条件，融合高新科技，采用大规模复制技术，履行最广泛传播的功能，经商业动机的刺激和经济链条的中介，迅速向各相关领域产业渗透，形成上下左右互联互通的产业集群。

我们可以这样理解，在行业门类上，把文化娱乐业、新闻出版、广播影视、音像、网络及计算机服务、旅游、教育等看做文化产业的主体的同时，把传统的文学、戏剧、音乐、美术、摄影、舞蹈、电影电视创作甚至工业与建筑设计，以及艺术博览场馆、图书馆等看作文化产业的核心行业。

从横店的实践可以看出，文化产业的市场化能力至关重要。树立充分的市场意识，挖掘文化产品内涵和产品的文化内涵，通过合适的表现手段和渠道传播给公众，与公众形成文化价值观的共鸣，这是文化产品顺畅流通，扩大消费，占领更大市场份额的良好方式，当然也是突显文化产业地位、提高产业竞争力的有效途径。2015年受到热捧的横店投资的动画片《大圣归来》就是明证之一。横店影视文化旅游业的发展繁荣，印证了徐文荣推动的文化产业的市场能力。

从宏观上看，我国的文化产业根植于中国这块肥沃的土壤，处在人类信息科技迅猛发展的时代，面对世界经济一体化，政治格局多角化，以源远流长的中华传统文化的独特优势，我国文化产业大有可为。在以习近平同志为核心的党中央领导下，实现文化大国、文化强国，让中华文化走向世界，向全球传递中华价值观，推动世界和平发展繁荣，也是中国梦的内容之一。徐文荣看到了文化产业的诱人前景和巨大作用，毅然决然地将文化产业定位为发展重点。

三、发展文化产业 繁荣文化经济

过去，在横店这么个偏僻的几乎没有什么优势的地方，徐文荣凭什么搞文化产业，又是怎样无中生有的把文化产业发展起来的？他又发展了文化产业的哪些方面？文化产业给横店带来了哪些深刻变化？这些都是大家所关心的。

先来看徐文荣凭什么发展文化产业。

以现在时间看过去问题，还是要回到当时的具体环境条件看。下面我们分别从外部和内部两方面来看。

先看当时外部宏观环境条件，一是改革开放以来，党和政府从不断满足老百姓日益增长的物质和精神文化需求出发，致力经济、文化事业发展。1992年邓小平南巡讲话引发的改革开放新热潮，为徐文荣1993年决定搞文化产业吹来了春风。进一步结合到横店实际，一直以来，徐文荣所带领的横店集团积极拥护党和政府的方针政策，反过来，各级党和政府也十分支持横店集团的发展，在项目、土地、资金等方面给予横店各种支持。这是横店发展文化产业的最重要的外部条件。如果没有党和政府改革开放政

来横店"玩疯"的游客

策的大环境，徐文荣要在偏僻的横店发展文化产业是不可想象的。

二是基层百姓的支持，说确切一点是横店农民的支持。这是最直接的支持。这种支持主要体现在享受到徐文荣办工厂发展经济的好处的横店农民，十分信赖徐文荣，乐于将荒山、荒坡、荒滩、荒沟的"四荒"地"这张白纸"拿出来，"画世界上最美最好的画"。这是徐文荣办文化产业所不可缺少的。没有土地，以土地为支撑的影视拍摄基地就没法办起来。

三是特定条件下历史剧大片的兴起。上世纪八十年代末以来，国内历史剧大片兴起，催生了国内一批仿古影视拍摄基地。拍《红楼梦》催生了河北正定的大观园，拍《三国演义》催生了无锡的"三国城"，同样，拍《鸦片战争》催生了横店的"广州街"，拍《荆轲刺秦王》催生了横店的"秦王宫"，拍《清明上河图》催生了横店的"清明上河图"，陈凯歌要拍未拍的一部戏，又催生了横店的"明清宫苑"。历史剧拍摄的不同场景需求，推动了横店打造上至先秦、两汉，下至民国、当代的各个历史时期的场景。

四是国内老百姓收入水平达到一定阶段后有急迫的旅游需求。这也是徐文荣办文化产业不可缺少的。在老百姓温饱尚未解决的时候，根本不可能外出花钱旅游，景再好也没什么收入，只有在改革开放十多年老百姓衣食无忧腰包渐鼓之后，外出旅游的热情才迅速迸发出来，刚开始时几乎达到了对什么景都很好奇都要去看的急迫心态。徐文荣是看准了这个大势。

五是当时横店所在东阳周边甚至浙江省范围内没什么仿古景区，横店人造景观（自古以来建筑本是人造，难道天造？），没有什么同类型的竞争，完全可以吸引周边乃至较远地方的老百姓前来。

再从内部条件方面看，首先是社团经济的优势。1993年集团的综合实力已经比较强大，能集中力量办大事了。1993年提出的社团经济"共创、共有、共富、共享"宗旨本身，就要求企业肩负社会责任。还有，社团经济的民营优势，可以自主决定办大事，而不像国企要上面层层审批同意。正是有了社团经济的综合实力优势、宗旨导向和自主权，才有可能投巨资建设影视旅游基地。有人估计，至今横店影视旅游基地和相关设施的投资已达200亿元以上。可以想象，如果没有社团经济的强大力量，没有社团经济宗旨的导向，是不可能投资，即使勉强建起来了，初期单靠某几个景区收入是撑不过成长期迎来丰富回收期的光明前景。所以说，社团经济优势，是徐文荣发展文化产业最大的优势，是其他乡镇企业和国企所没有的。

二是横店本地的文化优势。如前所说，横店所在的东阳，历史上就是出人才的地方，是闻名全国的"百工之乡"，建筑、木雕是这里的传统。仿古建筑的设计、建造、装饰由聪明的东阳人完成，完全得心应手。历史记载清朝皇帝修建紫禁城，就专门征集了东阳木雕竹编工匠，直至近些年北京故宫维修广发英雄榜，中榜的还是东阳人。所以，在横店建各个历史时期、各个国家的拍摄场景，不管有多难，总能圆满完成，博得建筑专家、导演、制景、演员、游客的普遍称赞。再说，横店集团辖下就有古典园林建筑公司和生态绿化公司，为修建仿古建筑和古代园林提供了很大便利。

大环境的有利，党和政府的支持，历史剧大片的兴起，社团经济的优势，东阳人的聪明，老百姓的支持，加上影视界朋友的帮助，浙江块状经济的率先发展和较发达的市场经济，土地、资金、技术等要素的具备，这些就是徐文荣搞文化产业的大的有利条件。

那么，徐文荣是怎样发展起文化产业，特别是影视文化旅游业的呢？

归纳一下，主要是通过以下七个方面来实现的。

第一，是宏观上抓得准。文化产业有戏剧、出版、广播影视、音像、娱乐、旅游等等诸多的门类。当然，徐文荣不能样样都做，当时横店有限的资源必须投在最有前途最有可能的门类上。这也是考验一个企业家的战略眼光。徐文荣说的企业家首先是战略家，就表现在这些方面。综合考量之后，徐文荣选择了影视文化旅游业。并确定互相之间的关系：影视为表，旅游为里，文化为魂。形成规模，专业化管理。以影视带动旅游，以旅游带富百姓。这时，地理位置相对偏僻反而是好事，几乎完整享受了影视旅游带来的服务业的好处。

第二，做实做真。选准"道"之后，接下来就是"术"。一般来说，影视拍摄的道具，包括房屋、布景等基本上都是假的，戏拍完了也就处理了。但，徐文荣不这么做，他是做就做真，因为真才能长久利用，真也才出得来效果。他初期所要求的"真"，主要是外形的像和场景存在的持久性，能满足长时期影视剧拍摄和游客游览的需要。广州街、秦王宫、清明上河图、明清宫苑大体就是这么做的。但在2003年以后，他开始追求外像内真，"既有面子，又有里子"。真材实料精工细作，可以传之百世的精品工程，华夏文化园、瑶台胜境等就是。

第三，做全面。不但小而全，样样有，而且大而全，形成全产业链和产业集群。分开看：各历史朝代的建筑全。秦汉建筑、唐宋建筑、明清建筑、民国建筑、现代建筑，不但国内，还有许多典型西洋建筑，都力求基本齐备。各种场景全。有宫殿、官衙、军营、寺庙、民居、广场、街市、水面等，拍摄所需各种场景，可说应有尽有。各项配套全。经过近20年的发展，横店已形成了较完整的影视产业服务链，包括影视剧本创作，群众演员组织，拍摄设备租赁，服饰道具制作，现场拍摄服务，后期制作，审片，发行，甚至放映，入驻横店影视文化产业实验区的影视企业已达600多家，艺人工作室近200家。配套的还有规范的投融资服务，以及政府的大力支持。服务行业全。除了影视产业的各环节配套，服务行业也兴旺发达。宾馆、饭店、娱乐行业有 3000 多家。横店镇到 2014 年已有 2 万张宾馆床位。配套功能的齐全给剧组和游客带来很大方便，既给剧组极大地节省成本，又使老百姓获益。

四是做大基础上做强。首先，总体面积大，国家影视文化产业实验区将现在横店周边马宅、千祥、南马等镇 365 平方公里都属于影视文化产业实验区规划范围，这就突破了地域的局限，施展空间开阔了。其次，单个景区规模大，基本由"四荒地"上建起来的景区，少也有 500 来亩，最大是 2012 年动工兴建的圆明新园，占地 6120 亩，总投资达 300 亿元。每个景区可看的东西多，稍仔细点就得转上一天，横店所有景区玩遍，起码十天半月。这就给剧组选景提供了广阔的空间，丰富的内容使得游客不虚此行。正因为景区规模大，可看的东西多，今后改造回旋的余地大，所以横店总能常来常新。有这个作为基础，自然就在与同类型人造景观的竞争中胜出，且越做越强了。

五是做新。首先，是搞新东西。仿古的看惯了，就搞从来没看到过的，华夏文化园内的儒释道三塔围绕高 119 米的中华文化塔，是全世界没有的新东西、好东西。其次，变古为新。圆明园是清朝皇家御园，也是一座旷世名园，1860 年被英法联军一把火烧掉，现在没有了，大家都想看，徐文荣在横店建设圆明新园，汲取圆明园精华又进行了创新，是变古为新。再次，不断推出新花样。立足中华文化，结合景区所处历史朝代，推出"秀"场。如梦幻谷的梦幻太极表演，清明上河图的汴梁一梦等等。第四，文化

横店梦幻谷景区之大型演艺秀《梦幻太极》

横店圆明新园大型水秀"梦幻圆明"

科技融合创新游乐新项目。2013 年，横店被中宣部等国家四部委认定为全国文化科技融合示范基地。360°环幕影院、4D 动感电影、虚拟现实演示、模拟高科技战争演示、梦幻飞毯、梦幻谷等，都是高新科技娱乐产品。"梦幻圆明"大型高科技水秀采用集合了超级多媒体水幕投影、建筑投影、近百米世界最大的 LED 影像、激光阵、探照群、火墙、火炮、火焰、烟花、雾森……用世界最前沿的高科技手段，表达最中国的传统文化元素。

六是做深。徐文荣搞影视文化旅游，不是浅尝辄止，而是深在文化。影视文化、历史文化、军事文化、政治文化、民族文化、西方文化、传统文化、现代文化。徐文荣曾作过统计，横店拥有一定规模水平的文化种类达 45 种之多。文化已成为横店影视旅游产业的内在核心要素和闪亮名片。横店已是名副其实的文化名城。

七是做快。许多人都记得横店首个影视基地"广州街"的"快"。为了抢时间，近 200 处建筑，上百亩水面，建筑面积 6 万多平米的"广州街"，从拍板建设到开机拍摄，只用了短短 3 个来月。当时被媒体称为比深圳速度还快的"横店速度"。"广州街"建好后的三四年里，横店迅速大规模展开了秦王宫、清明上河图等基地建设，并迅速完成。设想如果当初一个一个慢慢搞，肯定就没有今天的成就。慢慢来，规模效应出不来，效益被时间拖垮，后果就完全可能和全国许多人造景观一样处于亏损或者倒闭状态。在这件事情上的决策快、行动快正是徐文荣的高明之处。

八是做活。房屋建筑是死的，有了文化，有了人的活动，就活了。首先是旅游体验上搞活，从一般景区的观光型转变到参与体验型、互动型。其次是节目搞活。《英雄》场景再现，民间杂耍，比武招亲，"暴雨山洪""梦幻太极""地道战打日寇"，战地野营，总有一样适合你，要不喜欢都难。再是经营上搞活。当许多影视拍摄景区沉浸在靠收场租过日子的时候，2000 年，徐文荣却向新闻界宣布横店免收影视剧组场租费！闻得消息的国内剧组纷纷前来，港台和国外剧组不断前来取景合作。横店从此在激烈竞争中以出其不意胜出，走上了影视旅游文化产业康庄大道。2004 年横店成为全国首家影视产业实验区，2012 年，横店又被浙江省委省政府批准为省内首家影视文化产业实验区。现在横店已成为全球最大规模的影视实景拍摄基地。

以上是徐文荣在横店搞影视旅游文化产业的经验，当然还有其他的抓手和经验。从中也可看出徐文荣是一个大文化人，善于自觉站在战略高度，用大手笔做大文章，用全面、系统、周到的眼光来考量每个文化元素，因地制宜，进行最迅捷、最优化配置，最终打造出天下无双的世界横店。

横店的文化产业，无论影视，还是旅游，其目的，都是为了发展繁荣文化经济，带富老百姓。

从文化经济的角度，我们看徐文荣是如何重视文化产业价值链建设。

徐文荣看准了文化产业价值链长、关联度高、产业增值潜力大、老百姓赚钱受益机会多这个特点，大力发展文化产业价值链建设。

我们来分析一下徐文荣搞影视拍摄基地的产业关联。为明晰起见，我们将其分成后向产业关联和前向产业关联两大部分。先说影视拍摄基地的后向产业关联。1. 从物质技术价值关联角度，影视拍摄基地催生了为影视拍摄服务的相关行业，有服装、道具制作业，制景业，拍摄器材租赁业。影视拍摄完成之后，需要后期制作，这就又需要高科技数字技术产业、衍生品开发等。可以看出，后向产业关联很多，价值很大。2. 从文化价值关联角度，影视拍摄基地带动了群众演员表演业、"横漂一族"、广告传媒业、演艺业。影视片在后期制作之后，需要审片，发行，后产品开发，到电影院线，直到放映业。除了审片外的其他环节，都存在着巨大的产业空间。3. 影视拍摄基地又衍生带动了其他行业产业，如旅游业、宾馆业、饮食业、交通业、零售业、休闲业、游乐业、旅游地产业、印刷业、其他服务业等。

从影视拍摄基地的前向产业关联来看，1. 从物质技术价值关联角度，需要建筑装潢业、雕塑业、木工木雕业、石雕业、油漆彩绘业、古玩艺术品业、生态绿化工程业等行业来支持。2. 从文化价值关联角度看，需要文化产业策划创意业、文化产业规划设计业、剧本策划创作业、导演演员培育业、影视职业教育业等行业来服务。3. 前向关联同样衍生带动了饮食、休闲等服务业。

通过以上粗略分析，我们看出，影视拍摄基地的产业关联带动了近30种行业产业，产业联动效应十分明显。所以，才会有1元钱的文化产业投资，联动带来衍生10元、100元的收益；1元钱的门票收入，带来5—7元的其他产业收入。徐文荣对此深信不疑，对文化产业的种种好处，深刻领悟。

广州街香港街景区

但是，这些产业联动并不是天上掉下来的，而是需要用心努力去做才有的，前期甚至还难免要亏损。徐文荣是如何做的呢？

——为又好又快建设影视拍摄基地，徐文荣组建了建设公司、装潢公司、绿化工程公司，经过多年的实践锤炼，横店的建筑技艺特别是古建筑技艺集成已经完全达到国内一流水准。国内权威古建专家看了横店的众多景区后，认为是目前国内古建领域的最高水平，横店施工队伍的技艺是一流的，比如，真材实料、精心打造的圆明新园实验基地瑶台胜境，完全可以媲美过去的圆明园和北京遗存的皇家建筑。

——为培育影视拍摄服务业，徐文荣专门划出了占地 24 万平方米的现代化多功能场馆，作为影视拍摄服务业的集散地和摄影棚；政策方面，徐文荣为横店争取到了首个"国家级影视产业实验区"和"浙江省横店影视文化产业实验区"的荣誉，和随之而来的一系列优惠政策。经过努力，

来横店旅游观看表演的观众

截至2015年6月，入区企业已达600多家，艺人工作室近200家。2015年，接待影视剧组171个，入区企业上缴税费15.07亿元，游客达1800万人次，位列全国前茅。

——为发展宾馆业，提高接待能力，徐文荣投资数十亿元建起了贵宾楼、度假村、国贸大厦、旅游大厦等星级宾馆饭店10余家，能接待近万人；为扶持农民开宾馆，2000年徐文荣出台了系列优惠政策，其中包括给开宾馆的农民每张床位每年补贴500元人民币。经过徐文荣的带动扶持，现在横店宾馆床位已达2万多个。由于客源有保证，横店宾馆业生意兴隆，基本满足了目前的游客需求。横店圆明新园开业迅速带来了旅游新热潮，其中包括一部分港澳台和国外游客。徐文荣又开始着手建设了一批星级宾馆设施。

除了影视拍摄基地的产业关联带动，徐文荣近些年又站在大文化的高点，频出新招。

——发展红色游、华夏文化游、山水文化游、高科技文化游。带动学校、机关企事业单位来横店开展拓展训练、军训、野战训练、防空防震训练。带动道家文化、儒家文化、佛家文化的旅游和相关服务业的发展。带动古玩艺术品市场。带动建筑、旅游地产、苗木培植业的发展。带动现代动漫产业、高科技数字技术业的发展，与高科技人才的集聚。

大文化的高点，新兴旅游方式的推动，文化产业的多项循环关联，产业集群的建设完善，使横店文化经济欣欣向荣。横店已形成了从剧本创作到影视制作、审片、发行、后产品开发一条龙的完整的影视产业链。现在的横店"天天有戏"，每天至少 20 个以上剧组，最多时候达 57 多个剧组同时在横店各拍摄基地拍戏。据统计，自 1996 年以来，横店共接待了近 2000 个中外剧组，共计拍摄 4 万多部集。徐文荣搞文化产业给横店解决了就业，改善了民生。据统计，横店镇本地 4.6 万劳动力人口中，以影视旅游文化产业为主导的第三产业就业人口为 40%，达 1.8 万余人。由于影视旅游产业就业参与性强，门槛低，就业年龄相对延长。统计显示，横店超过劳动力年龄段但继续就业人数达到 5000 人以上，出现了就业率超过 100% 的奇特现象。这里的老百姓说："在横店只要不是懒汉，都可以找到工作做"。横店目前有外来人口 10 多万人，多数从事影视、餐饮、商贸等服务性行业，直接从事影视道具制作、器材租赁人员 3000 多人。横店演员公会注册的从艺人员近 2 万人，2014 年作为群众演员参加影视剧拍摄达 30 多万人次。文化产业的极大带动，使关系百姓的民生问题得到极大提高。横店集团和四共委的员工社保、医保已做到应保尽保。农村大病统筹率达 100%，特困户实现最低生活保障，五保户全部集体供养。自 2003 年以来，徐文荣还给全镇 12000 多名老年人实行免费游览各景区，每年发放 300 至 500 元不等的生活补贴。文化产业带富百姓的另一显著特征是促进共同富裕，构建"橄榄型社会"。2015 年，横店农民（居民）人均收入 4 万元，是全国农民人均收入的 3 倍多，城镇居民收入接近一些经济发达城市，早些年横店年收入 6.5 万至 30 万的农民家庭占 80% 左右，中产阶层占有绝大优势。

现在，横店经济发展，社会和谐，各项事业欣欣向荣。

文化产业给横店带来了世界知名度，同时，也给子孙后代留下了一份丰厚的历史文化遗产。过去的横店，无人知晓；现在的横店，国内外大片纷纷在此拍摄，名导、明星接踵而来，享有了世界知名度。这都直接得益于以影视旅游为主体的文化产业。横店老百姓说，徐文荣搞文化产业带来的好处说不尽道不完，子孙后代都享福。他们把徐文荣和他创立的横店集团、横店四共委称为"菩萨庙宇"。

横店文化产业的发展，还把握了这么一条，就是坚持把社会效益放在首位，社会效益和经济效益相统一，坚持中华文化主流价值观，推动文化产业跨越式发展。同步构建现代文化产业体系，形成社团共有制为主体、多种所有制共同发展的文化产业格局，大力推进文化科技融合，创新经营管理，扩大文化消费，形成横店"磁场效应"。

四、发展文化事业 造福广大百姓

文化产业和文化事业是文化建设之双翼。文化产业的发展反映着文化事业的发展程度。如果没有发达的文化产业，文化事业的发展就会缺乏动力、缺乏资金，民族文化的竞争力、影响力也会遭到削弱。同样，没有高度发达的文化事业为基础，没有原创性的文化成果和大量的知识产权，文化产业不可能发展。

徐文荣在重视文化产业发展的同时，十分重视文化事业发展，把满足横店老百姓基本文化需求作为文化建设的基本任务。在政府规划引导下，出钱投资文化基础设施建设，完善公共文化服务网络，让横店老百姓广泛享有免费的基本公共文化服务，注重横店农村和城镇的城乡文化一体化发展，推动文化事业的全面发展进步。

支持社会文化事业的发展，文化为民、文化惠民是徐文荣大办文化、办大文化的基本出发点。徐文荣创立的社团经济的一项重要职责是"企业办社会"。所谓"办社会"的一个主要方面，就是兴办公益文化事业。

事实也如此，横店的公益文化事业，主要是由社团经济出资办的。1995年，横店集团投巨资兴建了体育馆、影剧院、游泳馆、运动场、歌舞厅、图书馆等公益性文化设施，建起了各级各类学校，给富裕起来的横店老百姓一个好的文化环境，也使外来人才更安心在横店工作。

在出资兴办文化硬件设施的同时，徐文荣还十分支持各类文化艺术团体。10多年来，一直资助浙江婺剧团，使婺剧这朵民族戏曲奇葩在市场经济大潮中挺立不倒，经久不衰。还资助浙江省有关艺术团体，2001年以浙江横店艺术团名义到美国参加国际儿童节汇演，这是国内派出的唯一一个代表团，深受美国各界和在美侨胞的欢迎。在美汇演和慰问侨胞演出一个月，传播了中国传统文化，促进了中美文化交流和友谊。

为解决老百姓看电影难，徐文荣还出资成立了演出放映公司。从2001年开始免费为社区、农村送电影送文化，在全横店设立了26个固定放映点，每年每个点免费放映120场，截至2014年底，横店演出放映公司共送电影下乡4万多场次，观众1000多万人次。观众评价："徐文荣免费让我们看电影，既丰富了文化生活，又能及时了解党的方针政策和国内外形势，并学到了许多做人的道理。"外来民工说："以前业余生活很枯燥，现在不用愁了，吃了晚饭就可以去看电影学文化。"村居干部则反映："自从有了免费看电影，聚众赌博、滋事斗殴现象基本绝迹，社会安定，人民安居乐业。"免费电影送百姓，把精神食粮送到群众心坎上，把欢乐送到千家万户，为此，多次受到国家、省有关领导赞扬，2006 年被文化部授予"优秀农村电影放映队"光荣称号，央视等各大媒体也相继报道。为了让革命老区的老百姓有电影看，徐文荣还开展"横店送电影进革命老区活动"，派出 6 支流动放映队，遍及赣闽苏皖浙沪等 15 个省 30 个地区的 75 个县市，免费放映电影 2050 场，幻灯宣传 2000 多场次，观众达 100 多万人次。

适应中老年观众胃口，从 2000 年开始，徐文荣出资陆续请了安徽黄梅戏剧团、浙江京剧团、浙江越剧团等 241 个戏曲团体年节期间来横店表演，横店老百姓包括外来务工人员全部免费观看。到 2012 年，徐文荣专门出资建设了"综艺大观园"四个舞台，分别演出魔术杂技、古装戏曲、合唱现代歌曲、舞蹈等，特别是古装戏曲舞台，有近 700 个位置，每周古装戏演出 8 场，几年来，在横店演出各类古装戏近 1200 场，观众每年达 100 万人次。

徐文荣还十分注意培养自己的文艺表演团体。横店演出放映公司表演人才济济，创作了一大批群众喜闻乐见的节目。《牵牛记》、《山窝飞出金凤凰》、《八仙游横店》等作品，贴近实际，贴近生活，贴近群众，深受老百姓喜爱。现在横店的 30 多个大景区，每天上演近 30 台演艺秀，横店成为了"大秀场"这些演员上班时为游客表演，需要时则免费为老百姓表演。徐文荣还连续 5 次出巨资资助全国摄影大赛，给全国摄影爱好者提供了比试技艺的宽阔舞台。

举办大型歌唱晚会，是徐文荣奉献给老百姓的一道精神大餐。"同唱一首歌"、"百年歌声"等央视大型歌唱晚会，都曾光临横店。

举办中国农民旅游节，是徐文荣为亿万农民献上的厚礼。至今已在横店举办了八届。举办期间，万众欢腾，徐文荣花钱请来了各地文艺表演团体、各类民间绝活，免费为观众表演，还有横店本地老百姓自发组织的文艺表演，大规模的踩街……整个横店是欢乐的海洋！

有人作过估计，自 1995 年以来，徐文荣所领导的社团经济花在公益文化事业上的钱至少在 15 亿元以上，但徐文荣毫不吝啬，他认为，物质上富起来的农民只有精神也富起来，才算真正富，才算是过上美满幸福的生活。

五、文化创新

创新是一个民族的灵魂，是一个国家兴旺发达的不竭动力，同时也是文化发展的必然要求。文化创新，是文化自身发展的内在动力，也推动着社会实践的创新。文化创新能够促进民族传统文化的繁荣，增强她的生命力。只有在实践中不断创新，民族传统文化才能焕发生机、历久弥新，能充满活力、日益丰富。

文化创新怎么创？徐文荣认为，文化创新，一方面要着眼于文化的继承，"取其精华，去其糟粕"，"推陈出新"，这是文化创新必然要经历的过程。离开文化传统，空谈文化创新，其创新，就会失去根基；又一方面，体现时代精神，是文化创新的重要追求。表现在为传统文化注入时代精神的努力中。这样的创新，是优秀传统文化的时代传承，历史的基因投胎于现代的根子。这种创新，是应有的科学的创新。对那些两足悬空的文化创新论者，是绝妙的讽刺。对那些鄙夷自己民族文化的媚外者，也是沉重一击。徐文荣是一个坚定的爱国者。他对祖国民族传统文化的热爱和发展繁荣祖国文化的希望，从来没有犹豫过，始终充满炽热情怀。

当然，徐文荣也绝不固步自封，夜郎自大。他觉得不同民族文化之间的交流、借鉴与融合，也是文化创新必然要经历的过程。实现文化创新，需要博采众长，不同文化之间取长补短；在文化互联互通互鉴基础上，推出融汇各种文化特质的新文化。比如徐文荣 2012 年开始创建的横店圆明新园，就融会了中华传统文化和世界多元文化，同时以我为主、为我所用，体现了文化多样性。横店圆明新园也就具有了世界性的基本特征。

纵观徐文荣的文化之路，他是靠敢想、敢干和创新走出来的。

为了文化创新，徐文荣是想尽了办法。他曾经作过一首打油诗，头两句叫"项目难找，创业艰难"。怎样办文化？怎样办既适合横店，又有竞争力的文化项目呢。

缺少文化，嫁接文化。徐文荣利用横店西南面的荒山荒坡嫁接红色文化，依据当年红军长征路线建起了红军长征博览城，党的一大至七大会址，古城延安、西柏坡等重点反映抗日战争、解放战争的中国革命战争博览城，搞起了红红火火的红色旅游。利用横店美丽的登龙山，嫁接了佛教文化，建起了龙山佛境，利用登龙山顶部的悬崖峭壁，建起了悬空寺。多年来，徐文荣创新思维，巧妙利用横店的山山水水，嫁接适合横店特点的文化，

横店明清民居博览城景区

创造了多个新景区。

缺少文化可以移植文化。"古为今用，洋为中用"，"拿来主义"，徐文荣熟练运用到了文化项目选择上。看准了，就敢于"拿来"，这是徐文荣搞文化的又一特点。横店明清民居博览城里 120 余幢原汁原味的古建筑，分别来自浙江、江西、安徽、福建农村。前些年，看到了分散江南各地古民居的破败状况，徐文荣心急如焚，他火速派出专门人员，到各地收购濒临倒坍或有火患之虞但有保存价值的古民居，无论梁柱砖瓦，包括天井里的鹅卵石，一个不落实行整体搬迁异地重建。这是一项真正艰苦的文化复建工程。徐文荣要求极高，好在横店的能工巧匠严格按照徐文荣的要求，不怕辛苦，不漏过一个细节，原原本本做到了。这些来自各地的古民居，代表了不同的民俗文化和建筑文化。徽派建筑和婺派建筑，各呈特色，木雕砖雕石雕，竞相媲美，彩绘水墨，交相辉映。各古居间小桥流水，又植之以牡丹芙蓉等四时花卉，胜似陶渊明笔下的桃花源，故取名以"桃花源"。从 1995 年异地搬迁重建瑞霭堂、瑞芝堂开始，徐文荣用了近 10 年时间完成了这项对于保护民间文化遗产具有重大意义的伟大工程。这样大规模的集中保护，全国、全世界也绝无仅有，只有大胆的徐文荣，才有如此魄力、如此能力去做。中国文史界老前辈罗哲文、王道成等专家看后，给予非常高的评价，认为徐文荣对保护我国江南古民居作出了杰出贡献。除了移植重建了规模宏大的明清民居博览城，徐文荣还通过合作、购买、租赁等方法，建起了全国规模最大的国防科技教育园。

徐文荣还始终坚持一条，文化可以创新和创造。许多一般人以为不可能和不敢想象的文化工程，徐文荣做到了。华夏文化园，就是徐文荣策划的一项前无古人的浩大文化百年工程。园内十景都别具创意。融历史性、艺术性、知识性、观赏性、娱乐性和参与性为一体，是独一无二的华夏文化大型主题公园。核心部分的华夏文化塔景区，由象征儒、释、道的三座66米高的外环塔与中央高119米的华夏文化塔组合而成，构成三塔鼎立，簇拥一塔雄起之势，预示三教合一乃华夏民族文化之精华。其创意、其构思、其造型、其规模、其建筑风格，举世无双，令人叹为观止。弘扬龙文化的九龙文化博览园、给人以欢乐和遐想的合欢谷，都是徐文荣文化创新的重要实践。

现在，这些景区都是横店文化经济之树上的灿烂之花。年逾八旬的他，仍然以青年人的激情活力，带领大家创新创造，给世界一个个惊喜。

六、可资借鉴的横店经验

首先，要敢于想象，先有想象才可能去创造奇迹。经济活动是人的活动，经济奇迹靠人创造，人在经济活动中具有决定性作用。因此在经济活动中要树立"事在人为"的信心和勇气，始终坚持以人为本，发挥人的主动性、创造性。"人是要有点精神的"。横店就是在文化产业"荒漠"基础上，通过徐文荣的敢想、敢试、敢干、敢闯，成功克服先天文化资源不足的困难，创造了令人叹服的文化奇迹。这是想象创造奇迹的最生动的案例。

资源丰富与否并非决定经济发展快慢的唯一因素，没有资源，通过发挥人的主观能动性，可以创造资源，同样可以走上可持续发展大道。资源贫乏地区如此，资源禀赋地区也应如此。横店就是原先文化资源匮乏地区通过想象创造走上文化资源丰富地区的成功典型。

其次，系统集成和创新同样重要。创新，是一个企业生存发展的灵魂，是企业的永久命题，但点的局部的创新必须和整体有机联系起来。徐文荣是一个胸怀全局的人，经过他的巧妙大手，构建了由许多创新的点和面构成的完整的文化产业链条，这是有机的系统集成。它具有整体优势和内部必然联系，有很强的抗风险能力。

做到系统集成，要求有很强的宏观统筹能力和实践能力。要善于将散落的珠子串成一条项链，将荆条和鲜花编织成美丽的花冠。点的创新只有依附于整体系统才有耀眼的光芒，才有持久的生命力。近年来，很多地方学横店文化产业学不像的一个重要原因，就是缺乏系统集成的思想，急于求成，只是一般地在点或面上片面下功夫。

第三，经济发展一定要照顾到当地最广大老百姓的利益，且能保持长远持续发展。老百姓喜欢和拥护能给他们带来实惠的产业。横店的文化产业，是变"四荒地"为"宝地"，给广大老百姓直接带来就业、致富、环境美化等好处，所以老百姓普遍都自发自愿地拥护，都积极主动为发展让路。因为他们明白，文化产业到哪里，哪里就富，哪里就好。相反，如果一个企业经济效益再好，但和当地老百姓利益关系不大，也没能尽到企业的社会责任，老百姓怎么会真心拥护呢？

对老百姓负责，对子孙后代负责。片面追求经济发展，忽视环保、资源节约，只顾眼前不顾长远的做法，必然会遭到广大老百姓的反对。而横店的文化产业，极大美化、优化区域生态，子孙后代都享福，这是对老百姓的最大负责。

第四，要积极发挥体制、机制优势，注重战略战术研究与运用。体制机制说到底，是为发展服务，保守呆板僵化的体制机制，不服务于发展甚至阻碍发展，那就必须改革不适应新形势的体制机制。国家如此，企业亦如此。徐文荣创立的以"四共"为宗旨的市场型公有制经济，就是为社团员工、为横店最广大老百姓利益服务的体制机制模式，它体现了民主集中制的优势，能在瞬息万变的市场经济条件下，快速决策，快速见之于行动。

注重战略战术研究。文化产业由于投资大、回收周期长，风险较高，非重视战略战术不可。徐文荣搞文化产业的每一步，都十分重视战略战术问题，也可谓如履薄冰，历尽艰辛，终于换得了今日的辉煌。

第五，重视企业家的作用。历史唯物主义者认为，人民群众是历史的创造者，但英雄领袖人物在历史发展进程中具有特殊地位和重要作用，在某些时候起的是关键性作用。一个伟大的企业家对企业的作用同样如此。横店的发展就是明证。像徐文荣这样一心为老百姓，经过反复实践检验，历史形成的享有崇高威望的企业家，就得到了党政领导和广大群众的广泛尊重。企业家们历经了人生巅峰境界，往往比常人站得高看得远，各级党和政府要本着实事求是精神，予以大力支持。从更广的角度看，全社会都要创造企业家成长的环境，要理解、尊重企业家，给他们以创造创新的自由。

要富大家富，以人为本，创新创造，这就是徐文荣搞文化产业的最重要的经验。

七、世界横店的文化道路

2012年元旦，徐文荣为《横店集团报》题词："从做大文化产业开始，努力创造一个世界横店。"徐文荣的题词，站在历史的高度，给横店指明了前进方向。

1. 问题的提出

世界横店，是徐文荣自1975年创业以来，随着企业发展壮大所依次经历的东阳横店、浙江横店、中国横店、国际化横店的最高阶段，同时也是当今全球经济一体化、文化融合日益加深的大背景下，横店集团向更高目标发展的必然选择。

一个地区要世界知名，并非易事。纵观有世界知名度的地区和城市，无不因其有饮誉全球的特色产业和文化。比如香港，以金融和旅游购物知名，澳门、美国拉斯维加斯以博彩业著名，美国好莱坞、印度宝莱坞以影视文化扬名，梵蒂冈、耶路撒冷以宗教文化闻名，等等。同样，横店要有世界知名度，非有在全世界叫得响的特色产业和文化不可。徐文荣提出的将横店建设成为中华文化面向世界的集中展示地，弘扬主流价值观，彰显中华精神，以影视文化为龙头，向高科技发展，全力打造影视文化、旅游文化、宗教慈善文化、古玩收藏文化、工艺美术文化、会展文化等六大文化中心，不断扩大影响，成为国家级文化产业综合新区，无疑是具有战略意义的。

2. 中华文化是横店走向国际化的法宝

徐文荣说，中华文化是世界最古老的文明之一，是世界上延续时间最长且从未中断的文明，以中华文明为代表的东方智慧越来越受到当今世界关注。一个汇聚中华文化、致力于弘扬和传承中华文化，展现堂堂中华文明古国气派，具有强烈民族性和时代性的文化高地和旅游胜地，肯定会引起世界的关注。横店就应该是这样一个地方。

一般地说，人们提起中华文化，首先想到的是悠久的中国历史，即所谓文史不分家；提起中国历史，一般会想到的是各朝代的建筑。建筑是凝固的历史，是具象的文化，是一目了然、不需要"翻译"的文化。建筑和典籍、风俗、文化遗存（主要指历代文化艺术品）一起，是历史文化传承的主要载体。在建筑之中，又以宫殿、庙宇和民居为核心。横店各景区的仿古建筑无不围绕这个核心。因此，可以很大程度上说，横店目前所拥有的撷取中国历朝历代文化精华的建筑，和徐文荣近些年大范围、大投入、大批量收集起来的历朝历代文化艺术品，无疑是优秀中华文化的重要载体，是凝固了的一段段中国历史。

文化需要传播，电影、电视、互联网是文化传播最直接、最生动、最广泛的载体。横店所汇聚着的中华文化，正可以通过影视互联网媒介，向全国、全世界传播。影视与中华文化的结合,是创造世界横店的一个最便利、最直接的推手。从这个意义上说,横店相比于其他地区,更容易被世界知晓和接受。这样,横店也就完全可以成为中华文化走向世界的一个代表。

以中华文化(包括传统文化、现代文化、高科技文化、吸收融合世界先进文明成果等的总和)为灵魂的主题公园,是传播中华文化的有效载体。横店影视城各景区在服务拍摄的同时,克服单纯走马观花看建筑的单调,以所在朝代为背景,推出了一系列精彩的演艺节目,如《神往华夏》、《梦幻太极》、《梦回秦汉》等等,让游客在愉悦、惊奇中深度体验中华传统文化、当代国人创造智慧和高科技的魅力。这样一种抛弃教条、呆板的而代之以富有中国特色、中国气派的轻松、愉悦的旅游方式,更易为各国老百姓所接受。

3. 全球化视野下横店文化产业的发展方向

徐文荣认为,通过走发展文化产业的道路,实现世界横店目标,必须要有全球化的文化视野。从横店文化产业现有基础条件出发,应在以下方面予以重点考虑。

(1)进一步加大体现中华文化内涵的历朝历代建筑、文化艺术品的建设、保护、收集力度。各朝代建筑不满足于影视拍摄所需的形似,更要求神似,做到魂体相符,体现出中华文化的精髓。从中华文明历史延续来说,横店在2014年前已建设有秦汉、宋、元、明、清、民国等主要历史阶段的建筑,但春秋战国、唐以及反映清末民初特定历史阶段的的建筑,

横店大型演艺秀《汴梁一梦》

横店还不完整。因此，横店影视城又新建了专用于影视拍摄的春秋战国和
唐代的建筑，弥补了这两个历史阶段的空白，"上海滩"也即将建成。现
在，一部近乎完整的中国历史建筑群将很大程度上在横店展现，再配以各
朝代的文化艺术品、文化典籍、各朝代风俗人情实物资料等，在各朝代景
区专门开辟场地形象生动、全景式展出该朝代的政治、历史、科技、文化
内容，体现出中华民族历史悠久，文化灿烂，勤劳智慧，爱好和平，自强
不息的精神，做到魂体相符，使游客不但身临其境，而且可以更直观、更
全面地了解中国历史，领悟历史精神。这样，横店将更加名副其实地成为
中华文化的集中展示地，也将使竞争对手更加难以匹敌。

（2）进一步扩大国内外影响力，强化横店影视文化旅游的独特模式。目前世界各国都在寻求发展影视和文化产业的独特模式，谁的模式领先，谁就占据战略优势，谁就可以占领旅游市场。注重开发既富有中华文化内质又富有时代气息的具有吸引力的旅游产品，从传统观光游为主转变到参与体验休闲游为主，以"互联网＋"对接"影视＋"，引领新业态，重视产业链和产业集群建设，正是横店在做和要继续做的事。因为实际上，没有富有特色的旅游产品注入影视拍摄基地，拍摄基地也就没有多少活力和吸引力，游客来看了一次，就很难再来第二次。横店旅游产品的开发，主要应是以景区特定年代为背景，设计出精彩的情景剧，借用高科技手段，激扬起静态建筑物上附着的文化，以新奇、惊奇、刺激的体验来吸引游客，让游客遭遇一场难忘的历史穿越、情感释放、怪诞搞笑和有所启悟。横店影视城目前开发的《汴梁一梦》、《金粉恋歌》、《八旗马战》、《怒海争风》、《大话飞鸿》、《紫金大典》、《梦幻太极》等10多台精彩主题演出，和圆明新园内亚洲最大的高科技水秀《梦幻圆明》，都以景区特定历史文化为背景，通过反映那朝那代情景剧甚至离奇怪诞的穿越剧，实现旅游的新体验，使游客发出"原来可以这样旅游"的感叹。特别是梦幻谷景区，游客成为主动的参与者，实现了在平时生活中难以实现的文化体验，经过惊险刺激的心理感受，释放了精神压力，身心得到轻松。这样的旅游目的地，谁不愿意来呢？

引领世界旅游发展趋势，突出中华文化核心，遵循影视拍摄和旅游双赢的原则，实现游客从单纯观光到深度体验，从旅游到旅行，从看景到健康休闲，从旁观者到参与者的转变，是横店景区从以拍摄为主到各方兼顾的文化主题公园的华丽转身，使横店整体上成为最佳旅游目的地。创意无止境，横店今后还应继续朝着这个方向创造创新，吸引国内和世界游客。

（3）横店旅游产品的开发，还应更加注重表现人类共同的情感与主题。人类共同的情感和主题是跨国界、跨阶级、跨文化的，更少政治色彩，容易被接受。如面对大自然的灾难巨变：火山爆发、地震、暴雨山洪、飓风等场景给人们的心理感受和极度体验，引发人们对生死、人与自然和谐相处等人类共同命题的思考，升华生命的体悟。横店开发的《梦幻太极》中全球最大的火山爆发和灾难场景"暴雨山洪"之所以经久不衰，正是因为表现了大自然的神奇威力所激起的人们共同的感受。

4. 世界横店（国际化横店）道路上面临的文化机遇

世界横店道路上面临的文化机遇，主要表现为影视旅游的国际化。习近平总书记指出，旅游是综合性产业，是拉动经济发展的重要动力。旅游是传播文明、交流文化、增进友谊的桥梁，是衡量人民生活水平的一个重要指标。影视旅游，则是一个以创意内容为核心的产业。由资本、编导、演员和其他专业人员及场地器材等要素形成的影视创意产品，是整个影视产业的基础。影视创意产品影响大、置入元素丰富，感染力强，往往对其他产业具有强烈的辐射性影响，最直接的包括音像、演艺、休闲、旅游、游戏、服装、饮食和其他娱乐行业。影视产业的经济效益和社会效益远远超过其直接的产品消费收入。

目前，横店正在进入"影视+"、"旅游+"新时代。这两个双+，是指充分发挥影视和旅游业的拉动力、整合力和提升力，为相关行业和领域发展提供影视旅游平台，插上影视旅游翅膀，催生新业态，提升相关行业和领域的发展水平与综合价值。在此过程中，影视业、旅游业自身也将极大拓展发展空间，实现提质增效升级。在此重大机遇面前，横店人应以充分的认识和准备，迎接"影视+"、"旅游+"新时代，促进横店从影视旅游大镇向影视旅游强城迈进。

"影视+"、"旅游+"，是开启世界横店影视旅游名城的金钥匙。过去一段时期，横店人对影视旅游的认识还停留在简单的消费层面。实际上，影视旅游不仅仅是消费，还包括增强游客幸福感、提升健康水平、促进社会和谐，同时可以优化区域布局、统筹横店城乡发展、促进新型城镇化功能建设，让中华文化走向世界，增强中华文化国际影响力。

我们要看到，我国已成为旅游大国。改革开放以来，旅游已经从少数人的奢侈消费方式发展成为大众化、经常性的消费方式。国内旅游从1984年约2亿人次增长到2014年的36亿人次，增长17倍。入境游客从1978年的180.92万人次增长到2014年的1.28亿人次，增长近70倍。出境旅游1998年为843万人次，而2014年突破1个亿，增长10.8倍。旅游业已经从外事接待型事业发展成为全民参与的民生产业和综合性的现代产业。根据世界旅游业理事会测算，2014年，我国旅游业直接、间接和引致创造的GDP占全国GDP总量的9.4%。

　　2014 年横店三产服务业占比则达到 51%，接待剧组 178 个，接待游客 1375 万人次，旅游收入超过 100 亿元。横店以影视旅游为主的服务业，已经占据半壁江山，在横店区域经济发展中占有举足轻重的地位。可是，横店影视旅游业大而不强也比较突出。一到黄金周、节假日，横店景区景点游人爆棚，而平日则相对比较冷清；目前收入主要依靠门票，由影视旅游关联的休闲、健康、娱乐、体育、购物等产业带动还比较有限；面临国内同质化竞争较突出，总体可持续能力还不够强。与此直接相关的，是横店城镇基础设施总体落后，难以满足国际国内高档次游客需求。国际旅游发展规律是，一个国家或地区人均 GDP 超过 5000 美元后，旅游进入大众化普遍消费阶段。目前我国人均 GDP 超过 7000 美元，并以每年相当的比例增长，所以未来 30 年将是我国旅游业发展黄金期。国际旅游市场上，由于我国政治稳定，社会安定，拥有诸多世界文化遗产和像横店这样的新兴旅游基地，整体物价水平较低，加上国际间文化交流的频繁，中国旅游市场对国外游客，具有很强的吸引力。徐文荣说，综合以上国际国内因素，可以肯定地说，今后 30 年，是横店打造影视旅游强城、迈向国际化的黄金期。

　　"影视 +"、"旅游 +"是开启国际横店影视旅游名城大门的钥匙。同"互联网 +"一样，"影视 +"、"旅游 +"具有"搭建平台，提升价值，促进共享，提高效率"的功能。互联网以其无处不在的技术力量，全面深刻地改变世界；影视、旅游则以其强劲的市场力量、美好生活追求动力及人文交流优势，给世界带来深刻影响。

横店九龙大峡谷景区

"影视＋"、"旅游＋"有如下特征：其一，"影视＋"、"旅游＋"由需求拉动、市场推动，为所"＋"各方搭建巨大的供需对接平台。其二，"影视＋"、"旅游＋"创造价值、放大价值，不是简单机械的相加，而是有机融合，放大效果。其三，影视旅游是人本经济，"影视＋"、"旅游＋"的核心是人的发展，是可以广泛参与、广泛受益、广泛分享的过程，能够激发全社会的创造活力。其四，影视旅游无边界，具有天然的开放性、动态性，其对象、内容、方式多种多样且不断拓展丰富。经济社会越发展进步，"影视＋"、"旅游＋"就越丰富多彩，国际化程度也就越高。

"影视＋"、"旅游＋"是横店今后创新发展的重要方向，也是横店国际化道路的重要渠道。培育横店国际化影视旅游名城，关键是做好做足"影视＋"、"旅游＋"这篇大文章。当前，国家层面为"影视＋"、"旅游＋"创造了条件。横店也具备了很多有利的现实条件。下一个阶段，通过实施"影视＋"、"旅游＋"，横店影视旅游业必将经历一个大调整、大变革、大跨越的过程，进而实现从数量增长到质效提升、从粗放经营到集约细化发展的大转变，成为国内首屈一指、国际知名的影视旅游名城。

"影视＋"打造新业态，基本是"影视＋旅游"，还包括影视与东阳木雕、乡村山水、古民居农家乐、养生休闲、服装服饰、影视衍生品等的联姻，既提升影视水平，又丰富影视内涵。

以"影视＋旅游"为基本模式，再逐渐地走向主题公园，"旅游＋"就成为和"影视＋"并进的模式，并且以"旅游＋"的多样性，极大地扩大着横店影视文化旅游的内涵，具有着无比的商机。具体包括休闲度假、文化旅游、乡村旅游、商务旅游（嫁接义乌国际商贸城）、考察旅游、养老旅游、健康旅游、体育运动、音乐美术、国内国际民间民俗文化交流等等，这是今后横店旅游投资、旅游消费的新热点、新亮点，也是横店旅游转型升级的新动力、提高旅游品质的新载体，同时也将打造新的生活方式，提高人们的幸福指数。

世界横店，需要影视旅游作为先导和载体。影视旅游必将成为推动横店和国内外民间交往、促进民众感情交流的重要方式。实际上，旅游业本身是一种超越地域、国界、阶层、种族、宗教和文明的业态，在增进世界各国民众的交流、交往和理解、认同上，可以发挥独特作用。

横店，作为中国传统文化和现代文化集聚融合地和传播者，顺应"互联网+"趋势，借助"影视+"、"旅游+"手段，讲好中国故事，扩大中华文化影响，为建设和平发展、合作共赢的世界秩序，作出努力。

美国好莱坞，是美国文化的传播者。中国横店，理当是中华文化的转播者。这是要实现世界横店必须确立的一个基本指导思想。在这点上，做到不犹豫、不观望、不动摇，从过去的无意识到现在的有意识，从自发到自觉，从个别行为到整体的意识行动。

面向世界，敞开胸襟，旗帜鲜明地以中华文化为横店文化产业的灵魂，弘扬中华文化主流价值观，彰显中华民族精神。大力吸收世界文明成果，包容互鉴，各美其美，美美与共。以"互联网+"对接"影视+"、"旅游+"，有勇气引领世界旅游业的潮流，打响全球旅游的横店品牌。以博大精深的中华文化为泉源，以影视科技为弘扬的手段，以游客体验、主题演出、健康休闲为兴旺旅游的奥秘，不断提升文化业态，建立发达的产业链和产业集群，完善基础设施和服务功能建设，提升城市文明程度和现代化水平。同时，加快释迦摩尼第二故乡横店中尼佛教文化园、横店布达拉宫、横店龙王宫文化园、五万亩森林公园等新景区、新项目规划建设，推动国际化的会展业、健康休闲中心、东阳木雕等文化创意产业的飞跃发展。横店，将以无可抵挡的独特魅力，吸引着世界五大洲的宾客。

第五章　企业养生法理论

企业养生法，是徐文荣在长期企业经营管理实践中总结出来的，具有实用性、创新性的企业经营管理理论，是徐文荣作为平民思想家和国家级企业经营大师对企业经营管理理论的一大贡献。

一、什么叫企业养生法

要了解企业养生法，先要了解什么是企业。企业，是以盈利为目的从事商品和劳务生产经营的经济组织。也可以说，企业是通过资源积聚、整合、消耗和产出盈利的部门。企业是现代社会中人们从事商品生产和商品经营的重要组织形式。我们大多数人是靠着企业才有饭吃，企业的兴衰荣辱与我们平民百姓的快乐忧愁息息相关。

徐文荣认为，企业和人一样，是有生命的。企业生命，就是企业在社会上存在的过程。这是一个组织的生命，不是活生生的生物的生命。这样一个组织的生命，它自身有一套生存机制和运动规律，并且与整个社会体系息息相通。这一生命体，虽然不似人体那样的精密灵活，却也由企业价值取向、资源运作方式、经营目标、管理手段等组合而成，和人一样，也有生老病死的问题。

何谓生？就是具备规定的条件（主要是人力资源、财物资源、土地房产资源等），并经过社会管理部门批准，颁发了营业执照之类的证件，可以对外营业准备赚钱了。这就是企业的生。

何谓老？这里的所指是，企业机体机能衰退了，过气了，不适应新时代了。当然也可以指企业老牌，历史长久。但，企业的老和人体的老，是既相类似又有区别的。人体的老，指的是人体自然年龄原因衰老。但，企业却可以长命百岁，基业长青。

何谓病？就是企业的肌体出现了问题，表现在生产销售、经营管理运转不灵了，生病了，像人一样要治病了。

何谓死？就是由于病因或灾祸所致，企业活力停止，不能运转了，被社会管理部门注销，判决它死亡了。

纵观看历史，横向看世界，但凡企业顺应时势，经营得法，无病健身，有病及时就医，就可以成为百年企业、老牌企业。也就是说，懂得养生治病，企业可以长命百岁。

何谓养生？"养生"一词，最早见于《黄帝内经·灵枢·本神》："故智者之养生也，必顺四时而适寒暑，和喜怒而安居处，节阴阳而调刚柔，如是则僻邪不至，长生久视。"

人体养生，是指通过各种方法滋养生命，增强体质，预防疾病，从而达到延年益寿的一种生活和医事活动。所谓养，即保养、调养、颐养之意；所谓生，就是生命、生存、生长的意思。人体养生，以传统中医理论为指导，遵循阴阳五行生化收藏之变化规律，对人体进行科学调养，保持生命健康活力。精神养生，是指通过怡养心神，调摄情志，调剂生活的方法，从而达到保养身体，减少疾病，增进健康，延年益寿的目的。养生是中华民族传统文化的一个有机组成部分，是先民在长期的生活实践中总结生命经验的结果。其指导思想是东方文明整体观。

人健康长寿要养生，企业要基业长青，也必须养生，即企业养生。企业养生，这是借鉴人体养生原理，根据企业生命体结构、功能作用、活动机理，而采用的旨在增强企业生机活力的理论方法体系，——这就叫企业养生法。

徐文荣认为，企业养生法不是某一具体的企业管理方式，而是着眼提高企业内涵品质的整体通用理念和实践模式。

企业养生法的基本原理，徐文荣概括为以下几点：

一是企业保养原理。企业生命体质是由企业资源状况所决定的。企业资源盈亏，直接决定企业体质的强弱。像人的体质也需时时保养，才能体质健康，进而充满旺盛的活力一样，企业的健康，也来自日常之保养。所以，保养原理是企业养生法的基本依据。

二是企业调养原理。企业是一部复杂机器，由众多部门、环节、职能构成，企业理念精神、内部结构、外在联系等都需协调统一，把分散的变成集中的，把部分的变为整体的。企业养生法包括了调整机能、理顺关系的内容，使之变成协调完整的企业统一体。

三是代谢原理。任何一种生物体，都有新陈代谢问题。企业的新陈代谢，表现在企业内部资源与自身成长需要的相关变化规律。社会是发展变化的，企业也要不断成长完善。在这种情况下，企业自身的新陈代谢 是必然发生的事情。如果企业不能适势变化，不能改革淘汰陈旧落后的思想、体制、方法、制度，企业便难以有所创新、焕发生机，企业也就难有发展后劲。所以，调节机制，吐故纳新，呼吸新鲜空气，输入新鲜血液， 排除阻碍企业发展的思想观念、方法、制度，把不利因素转化为有利因素，是企业发展必不可少的，也是企业养生法的构成原理。

四是顺时摄养的原则。古人说，"天人相应"。人的生命活动是遵循自然界的客观规律而进行的，如果人能掌握其规律，主动地采取各种养生措施适应其变化，就能避邪防病，保健延年。这就要求人体顺应四时阴阳消长节律进行养生，从而使人体生理活动与自然界变化周期同步，保持机体内外环境的协调统一。企业是社会中的经济组织，企业的发展，离不开社会环境的调适融通。按照矛盾对立统一规律，调整企业理念与行为，找到适合自身生存发展的最佳位置，在为社会奉献财富、服务的同时，也得到社会的理解、支持、保护和赞誉，这也是企业养生的使命。

五是潜能显化原理。人体是一部精美绝伦的机器，潜藏着无比丰富的资源以及认识、征服、改造自然与社会的无穷力量。但是，这种力量是潜在的一般不可能全部发挥出来。只有使潜在能量转化为显在能量，才能发挥应有的社会作用。企业也是这样，很多潜能并没有发挥出来，潜能闲置造成的停滞浪费，是企业落于人后的重要原因。企业养生法，就是要把企业蕴含的潜能，源源不断地挖掘出来，为自身和社会发展作出更大的贡献。

企业养生法，是作为平民思想家、战略家的徐文荣在长期企业经营管理实践中总结出来的，具有实用性、创新性的企业经营管理理论。这一理论的最大特点，是将企业视作生命有机体，以中华传统文化为指导，借鉴中医理论及养生方法，探索企业保持旺盛生命力的途径，达到"有病治病，无病健身"，促进企业稳健发展的目的。

这一理论，采用拟人化手法，将企业的人才比拟成人的大脑，资金比拟成人的血液，质量比拟成人的心脏，营销比拟成人的拳脚，企业形象比拟成人的信誉，形成完整的企业生命体结构，并采用具有针对性的养生办法和整体性的修炼。

人体养生有其基本原则，企业养生，也必然要遵循一些原则。那么，徐文荣提出了企业养生的哪些基本原则呢？

二、企业养生的基本原则

徐文荣的企业养生法来源于中华传统文化中的人体养生原理和原则。徐文荣对优秀中华传统文化有很深的造诣，对传统人体养生也有很深的理解和把握。他认为，要理解企业养生法，必须先认识和理解人体养生。

1. 人体养生的基本原则

一是顺时养生原则。说白点，就是该吃饭吃饭，该睡觉睡觉，该生小孩生小孩。古人讲饮食有节，起居有时，就是这个道理。人活着要适应这个自然规律，不要反着来。这是我国传统经典《黄帝内经》确立的一条基本原则。人是大自然造化的最精致的生命体。既来自自然界，人体自身具有与自然变化规律基本上相适应的能力，我们掌握其规律，主动地采取各种养生措施适应其变化，就能避邪防病，保健延年。如《素问·四气调神大论》即提出"春夏养阳，秋冬养阴，以从其根。"这种"顺时摄养"的原则，就是顺应四时阴阳消长节律进行养生，使人体生理活动与自然界变化周期同步，保持机体内外环境的协调统一。如与天道反着来，该吃饭不吃，该睡觉不睡，就要生病折寿。这是无疑的。

二是重视精神调养原则。分两个层面：一个层面，避免不良刺激。主要包含两方面的内容：其一，尽量地避免外界环境不良刺激对人体的影响。一个优美的自然环境，良好的社会环境，和睦幸福的家庭氛围等，有利于精神的调养。因而，要积极创建这种环境和氛围，尽量避免来自自然环境、社会环境、家庭因素等方面的不良刺激。其二，要积极地治疗躯体性疾患，防止其内源性因素的不良刺激。躯体疾患既可给患者造成痛苦等不良刺激，重病或久病常易形成患者的精神负担，其内源性刺激还可产生异常的情志变化，加重病情，影响康复，遂致早衰。第二个层面，提高自我心理调摄能力。过激、过久的情志刺激，只有在超越人的心理调节范围时才能成为致病因素。人的心理调节能力，首先与人的"志意和"密切相关。亦即《灵枢》所说的："志意和则精神专直，魂魄不散，悔怒不起，五脏不受邪矣。"具体言之，"志意和"与人群中个体的气质、性别、年龄、经历、文化思想修养等密切相关，通过经验认识及思想活动过程来转移情绪情感反应，消除其不良刺激，保持良好的心境。

三是房事有节原则。男女两性的性生活是先天赋予的本能，是人类种族延续所必须的，而且男女从青春发育期开始就自然地产生性行为的欲望，这是肾中精气充盈的表现。性生活适当，不但有利于个人的健康，同时对民族的繁衍昌盛，社会和家庭的安定和睦都有重要意义，所以历代医家未有不重视性生活者。自古以来，人们皆主张男大当婚，女大当嫁，说明性生活是必须的，是顺应自然的。如果成年之后，没有适当的性生活，不但生理上得不到满足，日久易酿成疾病；而且在心理上由于所欲不遂，隐曲难伸，易形成气机郁滞之证。古代医籍中每有论及寡妇、鳏夫之病者，认为肝失疏泄者居多，其缘故即在于此。但也由于性生活要消耗肾精，因此必须节制。肾中精气是人生命活动的原动力，全身阴阳之根本，过于消耗，必致亏虚，往往导致性机能减退，全身虚弱，甚至早衰，故肾精不可不惜。

四是注意形体锻炼原则。也就是我们经常说的生命在于运动。形体的锻炼，不仅可以促进气血的流畅，使人体筋骨劲强，肌肉发达结实，脏腑功能健旺，增强体质，还能以"动"济"静"，调节人的精神情志活动，促进人的身心健康。因而，运动养生是养生活动中的一个重要的内容。对于形体的锻炼，一般要求运动量适度，做到"形劳而不倦"。并且要求循序渐进，持之以恒，方能收到动形以养生的功效。

五是谨和五味原则。"食能排邪而安脏腑，悦情爽志以资气血。"（《备急千金要方》）前人十分重视饮食养生。食养，亦需遵循一定的原则：（1）辨饮食之宜忌。《金匮要略》曾经指出："凡饮食滋味以养于生，食之有妨，反能为害。……若得宜则益体，害则成疾，以此致危。"说明饮食与人体健康之间存在着宜与忌、利与害的辩证关系。因而，辩饮食之宜忌是食养的原则之一。一般说来，体质偏热者，进食宜凉而忌温；体质偏寒者，进食宜温而忌凉；平体之人，宜进平衡饮食而忌偏。（2）平衡膳食。安身之本必资于食，而机体对于营养物质的需求则是多方面的。含有多种丰富营养的饮食可以促进机体的生长发育，可以推迟衰老的发生，可以减少因衰老而招致的多种疾病，因而，要求食养中膳食的调配尽可能地全面、合理、互补，即平衡膳食的原则。《素问》说："毒药攻邪，五谷为养，五果为助，五畜为益，五菜为充，气味合而服之，以补益精气。"

六是防止病邪侵害原则。慎避外邪，是寓于养生学中的一条重要原则。主要体现在三个方面：其一是"虚邪贼风，避之有时。"（《素问上古天真论篇》）其二是要注意"避其毒气"，以防止其致病和"染易"。其三是实施药物预防等。采用药物预防传染病及某些疾病的发生与流行，这也是防病养生活动中重要的一环。

以上是人体养生必须坚持的六项原则。那么企业养生须坚持哪些原则呢？

2. 企业养生的基本原则

徐文荣认为，借鉴人体养生原则，企业养生也须遵循以下六条原则。

一是顺势而为原则。这一原则参照人体养生第一条顺时养生原则。具体说，就是企业的经营活动，要看准大势，紧密地联系现实，服务于现实，不要脱离实际，不要逆势而动。这里的势，大的方面，是世界大势，国家形势，地区局势，行业态势；小的方面，是企业内部情况，企业资源状况，企业周边境况。先客观后主观，先外部再内部。先看清外部社会需求，再看企业内部条件，找出两者的结合点，企业才能生产出适销对路的产品或服务。比如，上世纪九十年代，徐文荣看到旅游业是世界性的未来热门产业，影视和旅游的紧密关系，又看到横店的自然环境条件和内部集团实力，于是决策投资影视文化旅游产业。由于是顺势而为，应时而作，于是冲天而出，取得了横店影视文化旅游产业的巨大成功。反之，企业逆势而动，就非垮台不可。比如，BB机在上世纪九十年代中期是热门货，生产和经营企业都很赚钱，那时候手机也才刚刚兴起，一时间BB机风头盖过手机，如果看不准大势，看不到手机功能的日益强大和价格的平民化，还是坚持发展BB机业务，那企业肯定要关门。还有，以前的照相机需要胶片，随着数码相机的出现，胶片相机和胶片将很快被数码相机取代，如果看不到这一大势，不是转向研发数码相机，还是坚持生产胶片相机和胶片，像日本的富士、柯尼卡、中国的乐凯等厂家，难免被淘汰。这样的例子比比皆是。顺势而为原则，从更高层次上说，就是实事求是原则。办企业要紧密联系实际，提供社会需要的产品和服务。所以，不管企业规模大小，顺时而动，顺势而为，是企业养生第一位的。

二是以人为本原则。这一条参照人体养生第二条重视精神调养原则。精神思想是人体的主宰，人是企业的主宰，企业养生必须坚持以人为本。何谓以人为本？《管子》一书"霸言"篇中，记述了管仲对齐桓公陈述霸王之业的言论。其中有一段这样说："夫霸王之所始也，以人为本。本理则国固，本乱则国危。"《书经》则说："民为邦本，本固邦宁。" 本是"根本"的本，它与"末"相对。以人为本，就是说，与神、与物相比，人更重要、更根本，不能本末倒置，不能舍本求末。以人为本与以民为本，意思完全相同。以人为本的管理要以人的全面发展为核心，人的发展是企业发展和社会发展的前提。人是发展的根本目的，也是发展的根本动力，一切为了人，一切依靠人，二者的统一构成以人为本的完整内容。与之相反的是以物为本，将物放在第一位，它和以人为本所代表的是两种不同的发展观。在企业经营管理中以人为本就是坚持人是最基本的要素。以人为本的再一层意思，就是要重视企业文化建设。因为人受大脑支配，大脑又受思想意识、文化观念的指挥。企业坚持以人为本，就要注重企业文化，树立企业高尚的宗旨理念，引导员工树立正确的世界观、人生观、价值观，就要坚持"先做人，后做事，做好事"的人生信条，就要有"先天下之忧而忧，后天下之乐而乐"的襟怀。

扩开去，从我国发展大局讲，以人为本，就是以实现人的全面发展为目标，从人民群众的根本利益出发谋发展、促发展，不断满足人民群众日益增长的物质文化需要，切实保障人民群众的经济、政治和文化权益，让发展的成果惠及全体人民。人类生活的世界是由自然、人、社会三个部分构成的，以人为本，从根本上说就是要寻求人与自然、人与社会、人与人之间关系的总体性协同发展。

三是做力所能及的事。这是借鉴人体养生房事有节的原则。房事过度，则肾精过耗，必至亏虚，人体早衰早亡。对于企业养生而言，则是要根据现有条件与可能，做力所能及的事，不做力所不逮、高不可攀的事。企业常见的一种毛病是头脑发热，一味贪大，梦想通过几年就步入全国甚至世界五百强。其结果短线资金作长线投入，借高利贷投入，不计后果投入，并且四面出击，兼并重组，到处找项目投资。这种情况，国家银根宽松时还好些，一旦国家实行紧缩政策，贷不到款了，加上高利贷催逼，往往逼得人跳楼，企业倒闭是难免的事。虽然这些企业也不乏好项目在运作，但由于过度消耗实力，企业弱小亏虚，根本就没能力来做这些事。这样的例子，在2015年全球经济形势不明朗的情况下，国内各地屡有发生，连小小的东阳也发生了多起。当然，这样提法也不是要保守，不是按部就班。徐文荣曾说："跳起来摘桃子"。就是企业经营在底线思维基础上，要敢于提出新目标，而且这个目标不是遥不可及，而是通过拼命奋斗，最终可以达到的目标。徐文荣提出的这一条，对于年轻气盛的企业经营者，应该是十分有益的。

四是注重日常经营管理。这是借鉴了人体养生须注意形体锻炼的原则。通过形体锻炼，可使人气血流畅，筋骨劲强，肌肉发达，脏腑健旺，身体健康。企业要生机勃发，兴旺发达，则必须注重日常的经营管理。经营是对着内部和外部的资源的整合，为着企业利益最大化的目的；管理，主要

徐文荣谈企业理论

是针对经营过程中有关事物发展状态的把握、指挥、协调和控制，以确保目标的实现。通过经营管理，可以清楚了解企业资源状况，可以培养相关人才，可以发现和解决企业中存在的这样那样的问题，可以最大限度地挖掘发挥资源效用，增强企业的生命活力。企业是靠着科学有效的经营管理才能达成目标。企业缺乏经营管理，犹如人缺乏锻炼，肌体机能就要萎缩、退化，就要生病，就难以完成自己的目标。古话说，人的力气是练出来，不是懒出来的。同样，企业的活力也是靠勤奋的经营管理出来，不是突然从天上掉下来或用到就有的。

五是处理好企业与员工、社会和国家的关系。这是借鉴人体养生的谨和五味、注重饮食养生的原则。直观看，企业要消耗原料，生产出产品。放开说，就是企业在生产经营过程中，牵涉到员工、客户、周围老百姓、地方政府、国家等各方面的关系，既用到人力资源，也要用到自然资源。企业必须处理好这些关系。处理得好，这些关系能为企业所用，助力于企业发展。处理不好，这些关系就成为企业的制约，甚至企业都无法在这环境中生存。企业只有在日常经营中，多关心员工，多为地方政府交税，多为给周边百姓带来利益好处，同时，不违反国家政策法规，注意环保，注意资源节约，这样各方面关系都照顾到了，企业才有生存的良好环境，企业养生才不会成为一句空话。实际上，这也是老生常谈的话，照理都应该懂得，但总有许许多多的企业，由于没能把握住，处理不好这几者之间的关系，最终被迫迁出该地或关门了事。徐文荣一直以来在这方面做出了典范和表率，表现在无论员工还是老百姓，无论地方政府还是国家层面，几乎没有说他不好的。所以，这虽是一个老生常谈的问题，但企业养生是必须重视的。

六是依法治企和以德治企相结合，预防各种风险灾害。这一条是借鉴了人体养生要防止病邪侵害的原则。据统计，人体自然死亡大概只占10%不到，绝大多数是因病因祸死亡。企业从理论上讲是可以永续经营的，所以企业的死亡，就是因病因祸。企业由于牵涉到方方面面，各式人等，又直接和金钱打交道，是很容易得病的。司马迁说，"天下熙熙，皆为利来；天下攘攘，皆为利往"。追名逐利，本为人之常情。但如果没有法制规章的边界，没有道德规范的约束，企业就会乱套。所以，一定要依法治企和以德治企。以峻法断乱行，以厚德正人心。法德兼用，达到治病防病，保持企业生机活力。这主要是针对企业内部而言。

对外部突来的灾祸，则要常怀忧患之心，做到底线思维，注意防范和规避。俗话说，"手中有粮，心中不慌"。防备着最坏的结果，朝着最好的目标努力。企业经营难免碰到诸如贸易壁垒、汇率波动、政局动荡、供应商倒闭、市场突变等，或地震水灾等自然灾害，对这些往往不可预料的灾祸，只有平时早有防备，准备着出现最坏的情况，才足以应付，而不惊慌失措，关门歇业了事。这种突发事变，不但小企业，甚至许多大企业，由于无备而患来，结果一夜之间倒闭，其教训不可谓不深刻。徐文荣阅尽世事沧桑，稳坐钓鱼台，每每遇着凶险的环境，总能化险为夷，成功渡过。他将这一条列为企业养生重要原则之一，是对企业经营者的重要警示。

以上六条原则，都来自于徐文荣借鉴人体养生得出企业养生的智慧和经验总结。他就是依循着这些原则，保持着横店基业长青。

三、人才是企业的大脑

徐文荣认为，在企业所有资源中，人才最重要。人才是企业的大脑。大脑是人的中枢，也是人的核心器官。在人的所有脏器中大脑处于主导的地位，支配着人的思维、情感、行为，决定着人的生存质量和价值，决定着人的能力和贡献大小。企业也有大脑，它决定着企业的存在理由、发展方向，所取得的成就，以及具体的行为方式。企业的大脑就是人才。

企业大脑所指的人才，所指的是一个人才群体，不但指的是企业的一把手，而且也指在企业生产经营过程中发挥主导、主要作用的人才群体。只有这个群体，才决定企业的存在理由和发展方向。

这个人才群体，是那些在岗位工作中表现出色，德才兼备的人，也是有一技之长的实用人才，不仅指有学历、有职称的人，更是指有真本事，能为企业做贡献出大力的人。

徐文荣认为，企业大脑的养生，就是要做到以人为本。首先，要重视人才，以人才为企业的根本。企业经营者往往发生的毛病是，口头重视人才，实际重视不够，认识不到，甚至见物不见人。经营者缺乏宽阔的胸襟，对人才求全责备。不重视人才，人才也必弃它而去，这样的企业就没有什么前途和希望。

徐文荣认为，人才的标准，是能解决实际问题、做出实际业绩。不管文凭高低，资格浅老，本地外地，有无背景，洋人才土人才都要一概使用，举贤不避亲，任人不避嫌，疑人要用，用人要疑。以实践为检验人才的唯一标准，"是驴是马拉出来溜溜"，只有在实践中得到检验的才是人才。

对人才一定要大胆使用，不要放着不用，放着不用，对企业是一种资源浪费，对人才本身也不利于他的进步。人的大脑越开发使用越聪明好用，企业的大脑也如此。只有开发使用好企业大脑，企业才能健康发展。将人才作为企业第一位的因素。因此，爱惜人才，培养人才，就要给人才提供发挥才华的平台。否则，人才留不住。

徐文荣认为，人力资源投资是投入最少，收益最高的一项投资。采用各种办法手段，大胆引进所需人才和培养本地人才。事实往往是引进所需人才在先，培养本地人才在后。如何引进所需人才，徐文荣的经验是以"给三高，求三高"姿态，以"三请诸葛亮"的诚恳，求得握瑾怀玉之士。徐文荣总结的企业人才养生法有"请、买、纳、租、育"五字方针。

只有将以人为本作为企业大脑养生的根本手段，采取各种有利于人才培育、成长、锻炼的方法手段，才是推动企业兴旺发达的根本保证。

四、资金是企业的血液

资金对于企业来说，等同于血液对于人体，须臾不可离。人体的血液，依赖于良好的造血功能和血液循环。造血功能障碍或者血液循环障碍，都可能导致人体疾病，乃至人的死亡。同理，资金是维持企业正常生产经营活动的物质基础。企业资金"造血功能"和"循环功能"良好，就能正常运转，反之，企业就瘫痪，久之则死亡。

企业资金的养生，依照人的血液养生方法，主要有以下几项："造血功能"和"血液循环"两大方面入手。

企业良好的"造血功能"，主要从（1）技术创新，先人一步开发适销对路的新产品，赚得超额利润；（2）提高产品科技含量以提高产品销售价，增加利润率；（3）创新管理方法，加强生产销售全过程的流程管理，加强人员培训，降低能耗，提高成品率，减少生产成本，增强市场竞争力；（4）培育品牌，赢得附加利润。（5）通过改造包装上市，获得现金流。（6）

通过资源整合，赚取额外利润。良好的"造血功能"，还包括开展资本经营，低成本并购一些关联企业，通过改造、包装，迅速增大企业资产，获得新鲜"血液"。还包括通过"负债经营"，以良好的信誉和经营，借钱生钱，等等。

企业良好的"血液循环"，主要有以下几项：加强生产、销售流程管理，堵塞漏洞，提高资金流速；加强存货管理，减少资金积压；忠实履行契约，及时回笼货款；以及加强财务人员的责任心、法纪教育，等等。

要有充盈的血液，企业必须坚持以提高经济效益为中心，使企业从规模扩张、粗放经营向集约经营和效益型转变，通过对企业资源的合理配置，以最小的投入，获取最大的产出；必须适时地研究提出增收节支方案；必须重视技术革新和设备改造；必须创造物美价廉的产品和新颖高效的服务；必须千方百计地调动员工的积极性和创造热情；必须压缩各种非生产性开支，积极扩大再生产；必须加强各项基础管理，降低成本，提高资金设备的利润率；增收节支，把钱用在刀刃上。

企业气血充盈了，才能生存得好，才能处惊不变，才能有能力开办新企业，发展新项目，打开局面，谋划新前景。

五、质量是企业的心脏

企业靠产品和服务参与市场竞争，同样的产品，质量好的受青睐，质量差的遭淘汰，这是市场竞争的一般规律。质量，是决定企业兴衰成败的关键因素。质量就好比人的心脏。心脏的好坏直接关系人的生命质量。心脏的时刻跳动和产品质量的保证是同理的。

如同心脏是人体最重要的器官一样，质量虽不是企业内的某个组织机构，但却是企业肌体健康的核心标志。质量也是最好的市场通行证，没有好的质量，企业在市场上寸步难行。

要抓好企业质量，必须抓好企业肌体各系统、各环节的健康。徐文荣认为主要从以下三方面入手。

首先是观念。要有一个统一的靠质量生存的思想基础。这就包括各个层面的干部员工，都要树立质量意识，并将此意识变成自己的自觉行为。

其次是管理。质量是企业永恒的主题。管理在保证和提高产品质量上具有十分重要的作用。严格按标准生产，是保证产品质量的基本要求。达到标准的就是合格品，达不到的就是次品。合格的可以进入市场，不合格的不能进入市场。多年来，在徐文荣的严格要求下，横店企业一直以管理严格著称。各子孙公司都通过了国际质量体系认证，在管理标准和管理方法上与国际接轨，提高了企业管理水平，也提高了产品质量，为横店产品走俏国际市场铺平了道路。任何时候不放松管理，保证质量，应是企业家永恒的主题。

再次是科技和文化。科技和文化作为先进生产力的代表，不仅具体反映在产品本身的科技文化含量上，也反映在生产这件产品的设备和方法上。这些科技文化因素，既关系产品自身科技文化含量，也有助于提高产品的质量和外在形象，帮助产品占领市场。包括不断坚持科技创新，努力提高产品科技含量，应用先进设备工艺，不断提高员工的科学文化水平和技术水平。加强企业文化建设，塑造企业形象。同时，提高员工收入水平，改善工作、生活环境条件。只有人的素质和企业素质全面提高了，才能真正把产品质量抓上去，企业才有健康和旺盛生命力的心脏，企业才有长久的生命力。这里，文化也是先进生产力的判断，可说是徐文荣的一个理论创新，具体已在《文化力理论》一章中论述。

六、营销是企业的拳脚

人的手脚四肢是受大脑指挥，完成大脑指令的重要器官。拳脚利索，生命力就旺盛。拳脚不利索，人就缺乏生命活力。企业营销，是完成企业经营目标任务的重要手段。营销做得好，企业就生机勃勃。营销做不好，企业就会陷于困顿。从这个意义上说，营销好比是企业的拳脚。

横店集团创业之初，是在夹缝中发展起来的，靠的是灵活的经营机制和"四千精神"（走千山万水，说千言万语，想千方百计，历千辛万苦），集中就体现在营销工作中。虽然那时是短缺经济，东西不愁销，但同时还是计划经济，国家没有给指标，原料采购和产品销售都要靠自己，虽有市场潜力，但困难是很大的。就在这样的环境起步，横店企业逐渐建立了自己的营销员队伍，摸索出了许多营销规律和策略办法，企业自然赚了很多钱，促进了企业的进一步发展。

随着社会发展，在市场经济条件下，计划经济时代的单纯推销企业产品的企业营销概念过时了，代之以市场的全方位营销观念。营销和企业生产经营的结合更加紧密，在互联网时代，营销更是和每个员工都联系在一起，可以说正迎来全员营销时代。

徐文荣指导下的营销战略，特色鲜明，就是首先十分注重于企业形象即横店集团形象、品牌的建设和宣传，重视企业文化建设，许多客户正因为认可横店集团品牌，所以自觉地认可了集团的产品。其次，是注重营销人员队伍建设，因为客户往往是从营销员身上直接感受到企业形象的。

企业拳脚的养生，徐文荣主要从增强拳脚的活动能力和制定正确的营销策略两大方面入手的。

增强拳脚的活动能力，就是培育和建设一支思想和业务过硬的营销队伍。严把营销员队伍素质关，建立营销人员招聘审查备案制度，即集团下属企业招聘的营销人员，都要经过总部法纪委审查，发现招聘对象有劣迹的，不予批准；符合招聘条件的，要求家庭和亲友进行信用担保和财产担保，促其增强责任心，保证企业经营活动的安全可靠。制定按营销业绩兑现奖金的政策，下不保底，上不封顶，保障和调动营销人员积极性和创造性。同时，每年要集中组织营销人员培训，既介绍产品知识，也讲解法律法规，还进行一些营销成败案例分析。现在横店集团的营销人员 70% 以上具有大专以上文化水平，一些高科技企业都是本科生。他们在开拓市场中的良好表现，为企业赢来订单，也为集团提升了声誉和形象。

在营销策略方面，大的方面，主要考虑国际市场、国内市场，欧美发达国家市场、广大发展中国家市场，大企业客户、中小企业客户，老客户、

横店文荣医院

新客户等等方面。在 1998 年亚洲金融危机之前，主要以国际市场特别是欧美市场的大企业客户为营销重点，当时集团下属的磁性材料 20% 销在国内，80% 销往国外。金融危机之后特别是 2001 年美国"9•11"恐怖袭击之后，国内市场和广大发展中国家占比逐渐上升，中小企业和新客户明显增多。根据国际国内形势的变化，及时调整营销方向和重点。形成了丰富的营销策略和方法，为企业未来发展提供了经验。

七、信誉是企业的形象

人的形象是由身材、肤色、脸型、气质、衣冠等决定着的。其中又以脸最为重要。俗话说"相由心生"。人的内心的念头、思想决定着人的行为，同时也决定着面相。是慈是悲，是凶是狠，全由人造。同理，企业的形象是由企业自身的思想和行为所决定的。这些念头、想法和行为的积累，就成为企业的信誉。

企业的念头、思想最根本的是来源于企业经营者的思想，来自于经营者的做人理念。徐文荣的人生格言是"先做人，后做事，做好事"；"干，就要是一流的"的标追求；"义利双行"的义利观；"说实话，办实事，求实效"的作风；以及"拼命三郎"的精神，"创一流企业，造人间天堂"的企业发展目标。"要富大家富，要好大家好，这才是一个企业家成功的标志"。徐文荣高尚的人生思想理念和道德情操，通过自身日积月累的经营活动，转化为企业文化，转化为企业的行为，成为横店集团信誉的最根本来源。所以，有什么样的企业经营者，就有什么样的企业。这是一句得到反复验证的真理。

当然，企业信誉与经营者毕竟还有区别。企业信誉还要从企业形象建设、处理上下左右关系、处理好与政府、新闻媒体、金融机构的关系等方面作努力。怎么样处理这些关系呢？首先要将企业的核心理念外化为企业形象，通过爱护员工，诚信经营，支持公益慈善事业，带富百姓，美化环境，正面宣传，照章纳税，遵纪守法等大量具体的行为，来塑造企业良好信誉。横店集团和横店四共委多年来一直用心为员工谋福利，为老百姓做好事善事，为党和政府排忧解难，为社会做出表率。

八、企业养生创辉煌

徐文荣认为，企业养生的根本目的在于保持企业生命系统的正常运转，同时无中生有，激发新能量，创造新辉煌。主要从以下几方面入手。

养生机。就是通过建立科学的企业内部管理体制和灵活高效的运行机制，使企业焕发生机和活力。徐文荣所领导的横店集团之所以生机勃勃，就在于根据实际工作不断调整横店集团的体制机制，"常变常新"。在徐文荣那里，没有因循守旧，总能通过机构和人事的调整，最大限度地激发

横店集团 2010 年颁奖晚会

组织和个人的生机活力。

生机，是创造的先机。企业生机勃勃，就可以无中生有，产生奥妙无穷的变化。就可以一生二，二生三，而至无穷。徐文荣当初创办缫丝厂，并以此为母鸡，一生二，二生三，而至500多家企业，创立了横店集团。这就是企业养生机的重要意义。

养生气。就是通过培育良好的企业文化和企业精神，使企业展现出积极进取的精神风貌。横店的企业文化是以共创共有共富共享为宗旨的社团经济文化，其内核是创造和奉献。拼搏向上、永不服输的"拼命三郎"精神是横店的企业精神。横店的企业文化和企业精神指向，是塑造人的奋斗精神和奉献精神，通过激发人的创造力而改变世界。

生气，说到底，是一种精神面貌，特别是面对困难时的勇气。徐文荣所养成的横店集团、横店四共委的生气，是一种排山倒海的气势。一直以来，横店面临的困难是何等的巨大，但又何曾挡得住这种气势。气贯如虹，是指正义的精神直上高空，充满彩虹。形容精神极其崇高，气概极其豪壮。徐文荣养成的横店的气势就可以如此形容。

养生息。就是通过企业对内外资源的开发利用，创造经济效益，增强企业实力。人和社会需要休养生息，企业的健康发展也需要休养生息。对企业而言，主要是创效益、多积累，集聚能量，为更大发展准备条件。主要表现在合理高效利用企业资源，开源节流，创造效益，储备人、财、物资源，凡事量力而行，不搞超过企业能力的投资，不办超过企业能力的事，不搞竭泽而渔。现实中，许多的破产倒闭企业都是因为没有注意休养生息，高投资高负债导致的。

生息，是生存、繁殖和生长。徐文荣为横店今后的发展积累了大量的财物资源、技术资源、土地资源和社会资源，为横店集团基业长青提供了优裕条件。

养生态。就是创造有利于企业发展的内外部环境。企业作为社会经济组织，一刻也离不开社会环境。政府、银行、周边百姓、客户、员工等等，这些都属于企业的生态范畴，哪个方面解决不好，都会影响企业的顺利发展。因此，企业对外部环境的影响必须是正效应的。如污染企业给环境造成负效应，轻则停产整顿，重则关门歇业。企业要有统筹内外环境的观念，处理好各方面的关系，在造福社会环境的同时，为自身发展创造便利的条件。

横店集团近 40 年来的发展证明，统筹内外环境，幸福员工，造福社会，产生正效应，是企业事事顺、路路通的根本原因。

养生色。就是通过保养、塑造良好的企业形象，提高企业知名度和信誉度，保持企业生机活力。好比人的形象，是人健康、气质、衣着等综合因素组合而成，企业形象则是实力、品牌、信誉、企业文化、社会贡献等综合因素构成的。只有企业各个系统都健康运转保持生机活力，企业才能生气勃勃。一个面黄肌瘦的病人，无论怎么化妆都无法呈现生机勃勃的外形，企业也如此，只有靠内外兼治，真正内外健康才行。

徐文荣的企业养生法，是实践经验的科学总结，是企业经营管理实际和中华传统养生文化的有机结合。1996 年，徐文荣提出企业养生法理论，整理成《徐文荣的企业养生法》一书。该书当年就获得金华市企业管理现代化成果一等奖、浙江省企业管理现代化成果一等奖。1996 年年底，光明日报社等单位在北京人民大会堂召开全国企业管理创新研讨会，徐文荣在会上做了"企业养生法"专题报告，得到王光英等领导同志和诸多专家学者、企业家的高度肯定和赞扬。

　　自 1996 年提出企业养生法以来，徐文荣不但付之长期经营实践，还不断总结完善提炼，使之更易懂易学。在会见客人时，常掰着手指将企业养生理论和客人分享。

第六章　三农问题理论

一、历史视野下的横店三农问题

横店原本是一个小山村，改革开放前，横店是东阳县横店人民公社的驻地。横店属于浙江中部半山区半丘陵地区，一座像斗笠的八面山，一条东向西流的南江，是横店的最大地貌特征。横店山多荒坡多河滩多，河滩多来自历史上南江泛滥的遗迹。流经横店的南江属钱塘江水系，是婺江的重要源头之一，它发源于大磐山，流经横店的山锦头、中湖田、湖头陆、荆浦、花厅、上湖田、任湖田等 15 个村，总长 7550 米，总落差 12.97 米。由于源短流急，季节性强，历史上的南江多次改道、冲刷、淤积，形成许多河滩。这些河滩上，各种杂树杂草丛生，年久成为荒滩。在横店域内，虽也间或有几块好田地，但基本上是熔岩质荒山荒坡连绵不断，由于土质不好，不适宜作物生长，许多山坡连树木都长不起来，成为草木不生的秃山。山上基本没有可利用的矿物资源和生态资源，是名副其实的穷山。

改革开放前的横店公社，总面积 39.7 平方公里，人口 2.4 万，人均耕地不足半亩。由于人均耕地少和经常受到水旱灾害的侵袭，横店一个正劳力生产队劳作一天只有 2 毛 8 分钱，辛苦一年分到的只有 300 斤粮食。横店农民长期过着吃不饱穿不暖的生活。横店公社的所在地横店村虽是四邻八方的小集市，但只有一块市基，一条小街，也没有什么店铺，一切都是那么的简陋穷困。横店的农民除了外出做点手艺赚钱，也没有其他经济来路。自古留下来的民谣，颇能反映出横店的旧时状况，"开门望见八面山，薄粥三餐度饥寒"；"宁肯出外去闯荡，有囡不嫁横店郎"；"南江是条烂肚肠，不下雨来河底干，下过大雨就泛滥，晴天一身灰，雨天沾泥浆"。可以说，过去的横店农村破烂，农业落后，农民困难，比起当时全国农村有过之而无不及，在沿海半山区具有典型性。

这就是横店 1975 年前的基本写照。

但是，横店也有自己悠久的历史。根据现存的历史资料，在新石器时期，横店就有土著先民生活。1954 年 4 月。在东磐公路横店段施工中，曾发掘出石斧、石锛、石镞为主的新石器文化时期磨制的石器达 8 畚箕之多（现存浙江省博物馆）。1988 年，在同一地段附近出土夹砂红陶、夹砂灰陶的器物残件。这些迹象说明，4000 多年前的八面山周围已经有土著先民的活动，而且可以肯定地说，在原始社会向奴隶社会过渡时期，也就是大禹建立夏朝之前，八面山的土著先民已有群居的遗迹。1983 年文物普查，在方岩山（横店光田商周古墓遗址）出土了以石斧为主，还有少量石镞、石环等新时期文化时期的磨制石器。制作原料以青石为主，少量是砂质岩。这些都是重要的文物证据。

横店流传至今的民间传说，也能说明这个问题。早先八面山四周曾因水患成湖（在现今横店仍有诸如湖口、任湖田等许多个带湖的地名），横店先民去会稽请来大禹治水，大禹用疏泄办法使水患解除。横店世世代代的老百姓为了纪念大禹治水，就在八面山顶造了禹王庙，香火延续至今。所以，八面山也叫禹山，大禹建立夏朝，八面山也叫夏山。可供考证的是，横店这个小盆地的西南有个叫金鸡弄的地方，山体岩石上有烟熏火燎痕迹，后人猜测，这里就是当年大禹疏泄水患的出口，当时没有铁器，只有用火烧然后浇水的办法使岩石崩裂，缺口得以打开，水患得到治理。以上史迹和出土文物表明，在大禹建立夏朝之前，亦即距今4000多年前，横店就已经有先民生存繁衍。

要说横店的历史，又必得说到禹山西麓的历史文化名村夏厉墅。唐贞观二年（628）厉文才擢容州刺史兼岭南都督，因雅好山水，不久便辞职还乡，选了地形俊美，地势平坦，田野广阔，阳光充足，又有荆溪环绕的禹山西麓修建了田园宅墅。唐至德二年（757），其孙厉乾耀舍东阳县南宅居为寺，移至禹山西麓定居，遂以山之名，合厉之姓称夏厉墅。厉姓至今在横店夏厉墅居住近1400年，繁衍出不少东阳历史上卓越的人才，为横店的历史文化增添了光彩。历史上夏厉墅厉氏所做三件事对横店产生重大影响。第一件是修建都督堰。《浙江水利志·金华府·东阳都督堰》载：厉文才退归故里后修渠引南江水，渠以官名曰都督堰。渠分东西流，灌溉横店土地数千亩，造福桑梓。岁月流逝，沧海桑田，到近代，都督堰也逐渐失去了作用，基本上被埋没了。第二件，明朝万历年间（1573—1620），厉思恩看到邻近集市中牙侩恣意横行，借租抽敛，敲诈乡民，甚感心痛，乃慷慨解囊，购置土地做市基，创设衡店义市。"税粮自行交纳，绝不分派"。衡，为均衡、公平之义。这也是横店地名的由来，只是不知何时"衡店"变成了"横店"。第三件，是清朝光绪年间，厉大常出资兴建三合院楼屋一幢 13 间，改夏厉墅义塾为义学。光绪二十三年（1897），义学改为禹阳两等小学堂，辛亥后改为国民学校，当年徐文荣就在这里完成高小学习。这所学校，对当地人文开化，起到了不小作用。

再来看横店的行政区划沿革。历史上，横店的行政区划变动也较频繁，据史籍记载，宋咸平四年（1001）设立乘骢乡（意取当年厉文才乘皇上赐马回乡），民国三十三年（1944）设立横店镇。新中国成立后，将横店镇管辖的区域分为东溪、西溪、禹阳、横店四个乡，1952 年横店乡又改为横店镇，1956 年又将横店镇与原来 3 个乡合在一起成立横店乡，1958 年成立政企合一的人民公社，横店并入湖溪人民公社，1959 年分设横店人民公社，后又并回湖溪公社，1961 年又按 1956 年横店乡的范围改建横店人民公社，直到 1983 年又改称为横店乡。1985 年 2 月，横店乡改为建制镇，1986 年改为直属镇。此时总面积 39.7 平方公里，耕地 1.2 万亩，总人口 2.24 万。1992 年，附近屏岩乡并入横店镇后，使总面积达到59 平方公里，耕地 1.9 万亩，总人口 3.9 万，这是横店第一次扩镇。第二次扩镇在 1995 年，又把相邻的南马、大联、湖溪 3 个乡镇的 48 个行政村划入横店镇，使横店扩大到了 108 个行政村，区域面积扩大到了 97 平方公里，人口也从 3 万多人增加到了 6 万多。第三次扩镇是在 2006 年，南市街道的马山前、富贤塘、五官塘、金马、联盟 5 个行政村划归横店镇，人口 4500 人左右。后面还有两次委托管理，第一次是 2007 年，南马镇的官桥、柏塔、仁棠、路西、中兴联、荷栖泽 6 个村 8500 余人委托横店镇管理，2013 年南市街道环龙村 1200 余人委托横店镇管理。截至 2015 年，横店区域面积 121 平方公里，下辖 10 个社区（94 个小区）、18 个行政村，户籍人口 8.9 万，外来人口 9.5 万。

横店虽处江南，雨水丰沛，但总体来看土地硗薄，"清道光以来，生之者寡，食之者众，山秃地瘠，人多地少"的矛盾便已十分突出。1988 年的普查数据，东阳市人均耕地面积仅 0.55 亩。横店三面环山，一面临水，地少人多，人均耕地则不到半亩。

在相当长的历史时期，东阳横店人过着以耕织为事，胼手胝足，但求温饱的生活。剥削、压迫、战乱、灾荒、外敌入侵和生态的失衡，不时带来灾难和困扰。然而，东阳"只有穷人，没有庸人"。勤劳、俭朴、顽强、刚毅的东阳人，在长期的奋斗中，创造出了辉煌的人文历史。

二、三农问题的历史回顾

中国是一个地广人众的文明古国，也是一个农民大国，农业资源禀赋丰富，勤劳的农民精耕细作，自古以来农业发达，历史上以农民为主力创造了中华民族灿烂的农耕文明，这是值得每一个中国人骄傲的。所以，大可不要因上代为农民就自卑羞耻，话说回来，谁的上代不曾是茹毛饮血呢？

但是在走向现代化的进程中，农业人口众多、人均农业资源贫乏、小农意识浓厚就成为了一种负担。英国通过"羊吃人"的"圈地运动"减少了农民，增加了产业工人，发展了资本主义，但中国农业立国的文化传统、各地差异极大的地理环境条件和近代鸦片战争以来所处的西方列强虎视眈眈、弱肉强食的时代背景，决定了不能走、也走不上英法美等资本主义国家的老路。

解放前，农民是中国新民主革命的主力军，是共产党依靠的主要力量。解放后，"三农"问题一直是人民共和国领导人关注的重点。特别在新世纪前后，党中央认为，农民问题不仅是中国革命和建设的根本问题，也是中国改革和发展的根本问题。农民关乎中国的现代化，关乎中国的前途命运。党的十八大后，以习近平同志为核心的中央领导集体更加重视"三农"问题。自古以来生养在中国大地上的农民跟上现代化的步伐，在实现"中国梦""两个一百年目标"中同步前进不落伍，更好实现"农业强、农村美、农民富"，是全党工作的重中之重。

（一）中国封建社会阶段的农业、农民和农村社会

中国有长达2000多年的封建社会，一家一户精耕细作的小农经济得

到了空前发展，农业生产技术得到了普遍提高。汉代犁臂的发明和二牛一人犁耕法的应用使牛耕得到推广；漕渠、白渠、坎儿井和王景治理黄河推动了农业发展。汉代开始用煤作燃料冶铁；丝绸远销欧洲，开辟了陆上"丝绸之路"，获得"丝国"称号。三国时期发明翻车，江南得到开发。北魏推行均田制。隋唐时期曲辕犁发明，筒车出现，均田制一度盛行，农业经济繁荣，海上丝绸之路发达。两宋时期，农业租佃关系的发展推动了农业生产的繁荣；江南成为全国经济重心。到明清时期，农耕经济高度发展，私营手工业取代官营手工业占据主导地位，资本主义萌芽出现。商人群体形成，但重农抑商的传统，限制了向现代工业发展。到了清乾隆时期开始实行"海禁"政策，闭关锁国，使中国落后于西方世界。

　　在封建社会，地主阶级成为统治阶级，地主阶级与农民阶级之间的矛盾是封建社会的主要矛盾。封建社会形成的自然经济是以土地为基础，农业与手工业结合，以家庭为生产单位，具有自我封闭性、独立性，以满足自身需要为主的经济结构。在中国封建社会，地主占有土地，把土地租佃给无地少地农民，由农民自行开发与耕种，缴纳地租。农民们名义上有独立的人身自由，但实际由于各种原因，农民往往为"君臣""三纲五常"等宗法思想所束缚，很少有自由。地主统治阶级的苛求无度，总逼得农民走投无路，于是官逼民反，民不得不反。中国2000多年封建社会，是一部农民血泪史，也是一部反抗、起义、斗争的历史。农民起义成为改朝换代最有力的武器。自十八世纪西方工业革命以来，也就是我国封建社会后期开始，东西方社会发展速度产生巨大差异。在根本上动摇封建统治的，就是对其生产关系的破坏，农民起义、资产阶级民主革命都是旨在改变封建土地所有制，从而改变整个封建制度的阶级斗争。

（二）20 世纪的农民、农业、农村问题

20 世纪的农民，在历史的发展中扮演了重要角色。20 世纪的农民问题，贯穿了这 100 年的每一个阶段。

以新中国成立为界，把 20 世纪分为两个大的阶段，在新中国成立前，无论是在孙中山领导的旧民主主义革命时期，还是中国共产党领导的新民主主义时期，农民问题主要是土地问题，或者说，主要表现为土地问题。建国后到改革开放这一个阶段，农民问题主要是农业问题，或者说，主要表现为农业问题。改革开放后到世纪末，直至到新世纪的相当一个时期，农民问题则主要表现为农业、农村和农民问题，特别是在农业进入新阶段后，"三农"问题主要表现为农民问题。

20 世纪初，孙中山领导的民主革命，开创了反帝反封建的新纪元。他提出了"驱除鞑虏，恢复中华，创立民国，平均地权"的十六字纲领，后进一步概括为三民主义，即民族主义、民权主义、民生主义。其中民生主义的重要内涵就是平均地权。

1921 年 7 月，中国共产党成立，书写了人类历史的新篇章。解决农民问题的历史责任，自然就落到了共产党人身上。中国共产党人在早期的革命实践中，认识到农民问题是中国革命的中心问题。从 1925 年起，毛泽东转而以主要精力领导农民运动。他在总结农民运动经验的基础上，精确地指出：农民问题实质上是一个贫农问题；贫农问题实质上是一个土地问题。正是由于充分认识到了土地对于农民的意义，中国共产党人始终把解决农民的土地问题作为民主革命的一项重要内容，在多次中央会议上，作出了一个又一个关于土地问题的决议、文件、法律等，在有限的范围内，结合当时的历史条件，对符合中国国情的土地制度进行了有益的探索。也正是由于"耕者有其田"等颇具号召力的主张，才赢得了广大农民的支持和拥护。农民不仅始终是工人阶级可靠的同盟军，还成为革命军队的主体力量，为中国革命的胜利作出了重大贡献。

1949年10月新中国诞生后，其中主要的一项就是进行土地改革，通过了《中华人民共和国土地改革法》，一个不仅是中国历史上，还是世界历史上规模最大的土地改革运动，在全国轰轰烈烈地开展起来。到1953年春，中国内地的土地改革基本完成。

新中国的建立，要求我们党的工作重心由军事斗争转向经济建设。一个重要指导思想就是：集中力量发展重工业，建立国家工业化和国防现代化的初步基础，使我国尽快从落后的农业国变为先进的工业国。在这种思想指导下，建国初期，我国出台了一系列倾向于工业，特别是重工业，倾向于城市的制度安排。这其中最典型的就是农产品的统派统购制度和城市户籍制度。农产品的统派购又称统购统销，它是在建国初年农业生产力低下和保证工业与城市需要的大背景下提出来的。1953年开始实行。主要内容是：国家向有剩余农产品的国营农场、集体生产单位和农户实行统购，在国家下达的统购数量指标范围内的农产品，都必须按国家规定统购价格收购；对非农业人口等所需的农产品实行统销政策。统购统销政策优待了城市和工业，削弱和亏待了农村和农民，形成了典型的二元社会结构。

改革开放后实行包产到户，农业经济迅速增长。1985年，统购统销制度寿终正寝。而这个时期开始实施的户籍制度则人为地限制了城乡联系，这一世界上仅有少数几个国家在实行的户籍制度虽经改革开放的冲击和洗礼，逐渐有所松动，但至今尚未废除。不管是农产品的统购统销，还是户籍制度，形成了事实上的农民要多作奉献。客观上是要从农业和农民那里获得更多的工业积累。这正如毛泽东所说："中国的主要人口是农民，革命靠了农民的援助才取得胜利，国家工业化又要靠农民的援助才能成功。"根据有关专家的研究，从1953年到改革开放前，通过工农业产品的不等价交换，农民为国家工业化提供了7000多亿元的资金积累。可以说，中国的工业化是从农业的母体中孕育出来的。

党的十一届三中全会尖锐地指出了这一点："总的看来，我国农业近20年来的发展速度不快"，"尽管单位面积产量和总产量都有了增长，1978年全国平均每人占有的粮食大体上还只相当于1957年，全国农业人口平均每人全年的收入只有70多元，有近1/4的生产队社员收入在50元以下"。

虽然我国的工业水平有了明显提高，基本上建起了比较完善的工业体系，但是，改革前的中国，基本上仍然是一个农业国家，这不仅因为农村人口多，而且因为农业在国民经济中的比重依然过大。因此，改革开放中首先顺应农民群众的要求和实践，把解决农业问题、发展农业生产放到突出位置。这便引发了全国性的以家庭联产承包责任制为核心的农村改革运动。农村家庭承包经营是一场制度革命，这场自下而上发动的革命，目的是调动农民的生产积极性，解放农村生产力，使农民逐步成为独立的商品生产者和经营者。在提出建立社会主义市场经济之后，把农民逐步培育成市场主体，便成为农村改革的一个重要目标。

农民基本问题的解决，使农业生产不断跃上新的台阶，粮食及其他农产品供应日渐丰富，极大地支持了城市改革和国民经济的发展。同时，农民收入增加，农村经济繁荣，农村迎来了前所未有的好时期。

进入 20 世纪 90 年代以后，农村发展出现了一些新的问题，主要是政策效应消失殆尽，制度创新尚未找到突破口，加上农村干部作风粗暴，农民负担日益加重，农民在改革初期获得的许多权益又被直接或变相地剥夺了。特别是 1998 年以后，农业和农村经济进入了一个新的阶段，农业发展不仅受到资源的约束，而且受到市场的约束。新阶段的最大问题是，农民收入增长缓慢，甚至出现负增长。面对新的阶段，新的问题，专家们试图从城乡分割体制和国民经济全局的角度寻找治本之策，提出了减少农民才能保护农民、减少农民才能致富农民、减少农民才能发展农民的观点，并被决策者所接受。20 世纪 90 年代后半期，城乡分割的户籍制度开始松动，"一国两策"的政策遭到质疑；中央提出了"小城镇大战略"，也出台了关于加快城镇化的决定和政策。一场以农民为主体的农村城镇化、城市化运动，在许多地方的农村轰轰烈烈地展开。这是农民改变自身命运的一场伟大变革，是农民的第二次解放。第一次解放使农民这个"自我"摆脱了压迫和剥削，第二次解放使农民这个"自我"变成了"非我"。

为什么说"三农"问题从根本上说是农民问题？因为农民众多是"三农"一切问题的根源。所以"消灭"农民是解决农民问题的最好方式。农民少了农民问题就小了，解决起来就容易了。这就是新阶段、新时期、新世纪解决农民问题的根本思路。

三、破解横店"三农"问题的三部曲

徐文荣认为，解决横店"三农"问题，是自己责无旁贷的历史责任，无可逃避，无可推卸。他认为，乡镇企业和"三农"是天然血缘关系，血肉不可分。乡镇企业不为"三农"出力，是一种失职。

徐文荣是这么说，也是这么做的。他爱横店农村爱得深沉，所以，横店集团的根一直紧扎在横店，舍不得离开横店到大都市发展。过去经常有省市领导邀请他将横店集团总部迁到大城市，他都不为所动，婉言谢绝。因为如果集团总部迁到大城市，横店老百姓不可能跟过去，对横店镇发展的影响是不言而喻的。

除了认清自身对于解决横店"三农"问题的责任，徐文荣很明白，解决问题需要具体可行的办法措施。这就是徐文荣对横店"三农"问题解决的三部曲。第一步，从农业到工业到第三产业。这是从起决定性作用的生产发展、经济基础方面来说。经济不发展，"三农"问题就无法

解决。第二步，从农民到工人到市民。在经济发展基础之上，实现农民身份的转换，关键表现在人的素质的提高。第三步，从农村到乡镇到城市。这是从整个社会形态来说，实现了千百年来农民理想中的幸福生活。

这个三部曲，不是单行线，而是交叉并行。也即在农业到工业的阶段，大多数农民也就成为工人，几乎同时的，农村社会也在发生变化，向乡镇发展。到以影视文化旅游业为龙头的第三产业的发展繁荣，和同步进行的城镇化建设的加快，农民变成工人后，也就渐然变成了市民。这些变化几乎是无声息的，也不是全体横店农民同步的，但又是大批大批不定时随时发生着的。

这个三部曲，放眼看，和中国社会整体发展变化密切相关，在横店则主要是依循着徐文荣领导下的横店集团的发展。集团发展到什么程度，采取了什么样的发展战略，相应的，对横店"三农"也就产生了什么样的影响。

四、从农业到工业到第三产业

徐文荣认为，农民要摆脱贫困，首先要走出土地，要办企业，搞工业，这叫"无工不富"。

农村的出路在于工业化，有限的土地承包只能解决温饱。如果就农业谈农业，就农村谈农村，没有将"三农"放在全国乃至世界大背景下来施策，认为农民只能围着土地转，那就永远转不出来，只有困守穷城。

那怎么行呢？

徐文荣因此认为农业的出路在于通过工业化和第三产业来减少农民，反哺农业，改造农村。减少农民，使农民人均农业资源增加，农产品销售市场扩大，才能富裕农民。必须用现代化眼光来搞现代农业，以产业化、市场化的方式来组织农业生产经营。

横店农民人均耕地半亩，远少于全国农民人均耕地，虽处于亚热带季风区，雨热条件有利于农业生产，但粮食产量即使再高，或种植再值钱的经济作物，年景好也只能解决温饱，年景不好，就连温饱也难以解决。因此，1984年实现家庭联产承包责任制后，普通的横店农民只能解决温饱，并没有富起来。

1975年，邓小平复出主持中央工作，在全国开展了全面整顿，恢复国民经济，老百姓看到了希望。受尽"文革"折磨的徐文荣受到了极大的鼓舞。尽管当时政策限制并没有取消，但徐文荣觉得机会难得，他抓住了这个难得的机遇，领头创办了横店丝厂。

对横店来说，办丝厂是非常重要的一步，也可以说是历史性的一步，正是因为有了这走出土地的真正的第一步，才有了横店后来翻天覆地的变化。

星星之火，可以燎原。过去指的是革命的光辉历程。横店工业化之路也可借用这句话。丝厂就是星星之火，在徐文荣的引领下，逐渐形成了横店的工业燎原，最后走上了工业化的道路。

工业化，就是用机器体系取代手工劳动的过程。社会要发展，工业化是个必须走的过程。否则就只能停留在农业社会小农经济，过着"鸡犬之声相闻，老死不相往来"的生活。社会经济在工业化阶段的基本任务就是生产手段的彻底改造。放眼世界，所有发达国家都是工业化国家，不发达国家之所以不发达也主要在于工业化水平很低。可以看出，工业化水平与一个地区经济发展的关系是如此密切。正是这一点，我们国家才把工业化作为国家战略至关重要的一步。李克强总理的"新四化"，将工业化列在了头一条。徐文荣较早就认识到"无工不富"这个道理，也就坚决地把横店工业化作为第一步战略目标。

第一，工业化是经济发展的必然阶段。社会物质资料的生产起步于农业，先是自给自足的农作物种植，进而发展到农产品的商品生产和商品交换。然而这一发展过程是有限度的，因为农产品需求弹性小，一旦供给增大，需求保持相对稳定，农业生产的增长将趋于停滞，农产品价格自然会下跌不止。只有工业的发展才能突破增长的瓶颈，实现持续性的经济发展。因此，农业经济时代必然被工业经济时代所替代。这是一般的经济学原理。徐文荣对"无工不富"的认识，正充分印证了这种发展的必然性。

第二，工业化是经济增长的"发动机"。在工业化进程中，工业的增长在带动整个社会经济增长方面起着至关重要的作用。从农村来看，也是这样。农村工业发达，这个地区的经济就有活力，就发达。一个地区工业发展势头强劲，这个地区的经济就增长很快，并且经济整体的发展势头就强劲。如果一个农村地区工业落后，这个地区的经济也必定是落后的，越落后，农民的负担就越重，也就越贫困。所以，说工业化是"发动机"一点不过分。

第三，工业化促使经济结构不断优化。这种变化在横店具体表现在三个方面：一是随着经济社会的发展，老百姓收入水平不断提高，横店劳动力大规模地从农业向工业和第三产业转移。二是工业化的发展，使横店各工业企业创造的工业经济，在整个横店经济总量中所占的比重不断增加，且从当初单一、初级工业加工模式，成长为成熟的、现代化的工业经济体系。三是工业化使工业产业内部结构不断高级化。工业化既是一个地区由落后的农业产业占主导地位，向非农产业占主导地位的转变过程，又是工业产业内部结构不断演进、不断高级化的过程。主要表现在，集团十分重视科技进步，不断采用先进技术改造传统工业，使之适应现代化工业的发展趋势，不断提高技术密集型的新兴工业发展程度及其所占的比重。因此集团的工业产业也不断地从劳动密集型工业结构，向高新技术和知识密集工业结构转变。

横店工业化的路径，通过徐文荣在不同发展阶段提出的不同企业发展战略可以看出：从1975年缫丝厂的"母鸡下蛋孵小鸡"，到1980年代初提出的"靠科技养大鸡"，再到1990年提出"非高科技不上"，到1993年提出的"高科技、外向型、集团化、办社会"，再到2000年提出"工业产业高科技，影视旅游高水平，生态环境高质量，高科农业产业化"，到2001年提出"高科技，多元化，专业化，产业化，连锁化，市场化，国际化，知识化，现代化"，到2002年徐文荣提出"三次创业""打造国际化横店"的目标。徐文荣每一次新的发展战略的提出，都是横店工业化水平的又一次提升。

再来看横店工业所占 GDP 比重。1975 年之前，横店以农业为主，工业、手工业、副业所占比很少，在 5% 以内。1975 年缫丝厂利润即超过全公社农业税总和，到 1980 年时候，工业所占全镇 GDP 比重与农业基本持平，到 1987 年横店作为浙中地区首个工业产值亿元镇时，所占全镇 GDP 比重已经达到 75%，到 1993 年组建全国首家乡镇企业集团横店集团时，所占全镇 GDP 比重已经达到 90%，到 2002 年提出"三次创业"目标时，工业和服务业所占全镇 GDP95%，农业占比在 5% 以内，到 2014 年工业和服务业所占全镇 GDP 比重已经达到 99%，农业占比在 1% 以内。

从工业和服务业企业数量看，横店集团的工业企业从 1975 年的 1 个厂到 1980 年 7 个厂，再到 1984 年的十几个厂，到 1990 年的几十个厂，到 1993 年的上百个，2002 年达到 300 多个，2014 年末达到 400 多个。全镇民营企业也从 1975 年的有限几家到 1995 年的 1500 多家，到 2013 年达到 3000 多家。

从农业、工业和服务业就业人数看，从事工业和服务业的人数从 1975 年的不到 5%，到 1995 年全镇 70% 劳动力在集团或集团相关联的村联户办企业上班，到 2002 年全镇从事工业和第三产业的人数达到 85% 以上，到 2013 年全镇从事工业和第三产业的人数比例达到 95% 以上，从事农业的基本是超过劳动年限的老年人，重要的是除了解决本地人就业，还吸收了包括横漂在内的外来人员近 10 万人。

从横店农民人均收入看，横店农民人均年收入从工业化起步的 1975 年 75 元，到 2000 年的 7500 元，再 2015 年的 40000 余元，超过当年全国农民人均收入 10489 元的 2.6 倍。按家庭年均收入 6.5—30 万元的中产阶层标准，早在 2005 年，横店 80% 以上的家庭已经达到中产阶层标准，2015 年，横店集团职工年人均收入达到 6 万元以上。生活必需品所占收入比重不断降低，"恩格尔系数"少于 0.3，达到中上等富裕程度。

按照工业化发展过程中产业结构呈现出一定的规律性变化，即工业化初期第一产业的比重不断下降，第二产业比重是先上升，后保持稳定，

横店夜景

再持续下降，第三产业比重则是先略微下降，后基本平稳，再持续上升的阶段性特点来看，横店到 1995 年时，就已经达到工业化中期阶段，到 2000 年，横店已达到工业化后期起步阶段，基本实现工业化。到 2006 年即横店影视文化旅游人数超过 500 万人次，当年三产收入在 10 亿元的时候，横店已经处在工业化后期中间阶段，到 2015 年底，横店游客人数达到 1800 万人次，位列全国前列，第三产业收入达 100 亿元，横店已经处在工业化中后期阶段，已经处在相对高度发达的工业化社会。

基于人均 GDP 指标衡量，横店已处于工业化后期阶段，2014 年，横店集团实现营业收入 520 亿元，这里不算横店镇私企民企收入和全镇农业收入，按全镇 8.9 万常住人口计算，平均每人实现营业收入 58.4 万元，按平均汇率计算为 8.6 万美元，按人民币和美元购买力平价计算大致为 15 万美元，已经完全处于工业化后期阶段。但考虑到横店集团有一部分产业在横店区域之外实现，即使剔除这部分，按镇政府公布的 2014 年实现总产值 125 亿计算，也完全达到了工业化后期阶段。

从城市化水平看，由于横店过去社会经济"城乡二元结构"的不平衡性，城市化率一直处于较低水平。2000 年，横店城市化率首次超过 50%，迈入工业化中期的 50%-60% 范围内，但低于工业化后期至少 10 个百分点。到 2014 年，城市化率达到 70% 左右，处于工业化后期范围，且横店城乡由于交通道路的便利化，已经实现城乡一体化。

邓小平说乡镇企业是"异军突起"。农村工业化是中国工业化进程中的重要内容，也是中国农民的伟大创举。广大农民在农村参与工业化的进程，是中国的一种新型的工业化道路。

长期以来，我们国家实行城市搞工业、农村只能搞农业这样一种单一的经济发展政策，造成了所谓的"二元"经济社会格局，城乡割裂，农村长期落后，农民长期贫困。横店在发展乡镇企业之前也是如此。冲破单一的农业经济，就要发展工业，走新型农村工业化道路。如何发展？等靠要、靠政府包办，这不可能，因为国家毕竟财力有限。要想先人一步必须得靠自己；只有个体私营经济的发展也不行，因为农村里自己办厂当老板的能人毕竟是少数，少数人富不算富，共同致富才叫富。横店社团经济所走的农村工业化道路，正是横店经济迅速崛起，不断繁荣，老百姓共同脱贫致富的过程。

为什么横店的工业化能够获得成功，并且更具活力，有着更广阔的发展前景？首先，农村工业是从计划经济体制外生长和发展起来的，没有计划经济留下的历史包袱，没有像城市工业企业那样，违背市场经济规律和社会发展要求，长期由国家包下来所养成的惰性。其次，农村工业企业最初就是由农民自己创办起来的，离农民最近，而农民最能吃苦，为了改变自己的命运也最有积极性。第三，农村工业企业相对于国有企业来说，体制机制上要灵活得多，农村工业企业诞生于残酷的市场竞争中，具有先天的竞争意识，加之又没有"靠山"和"退路"，为了生存和发展，必须努力拼命去干。办企业，拼命干，还哪有干不好的？

随着改革的不断深入和科技进步，横店走上了新型工业化的方向。

1998 年，横店集团在金华召开二次创业研讨会。会上，徐文荣分析指出，由于横店不通火车飞机，交通不便，地下又没有矿产能源，不靠海不靠边，土地资源、水资源和环境容量承载有限，这是很大的制约，横店不可能发展钢铁、机械制造等大工业，而只能发展有自己特色的高尖精工业，比如电子电气工业；也不可能发展大化工，而只能选择性的发展高端制药。横店自1980年开始发展的电子工业磁性材料，凭借起步早，重视科技和集团实力的优势，为横店赢得了"世界磁都"的美誉，但是磁性材料所需原材料和能源煤炭需要从外地运输，导致横店一度大型运输车辆密集，噪音污染严重，高烟囱林立，大量燃煤引发了横店空气粉尘污染。加上大量的村联户办磁性加工企业一度忽视环保，导致磁材加工给横店造成较大污染。从 2011 年开始实施煤改电工程，基本拆除了横店高烟囱，减少了粉尘污染，保护了环境。医药化学工业，虽采取了许多措施，但由于没有引起充分重视和过去处理工艺的不到位，还是不可避免的造成空气和水环境污染。这些污染，不但使横店的环境承载达到某种极限，对横店发展文化产业是极为不利的。徐文荣认识到，横店工业必须朝着高科技、高附加值、污染少的方向，原有的落后工艺必须改进，环保措施必须进一步到位，该关停并转的必须关停并转，并且，整体要朝着服务业和文化产业转型。

徐文荣曾经设想，今后大量的工厂要搬离横店，所留的只是最尖端部分，大量发展起来的是服务业和影视旅游文化产业、金融产业、教育、医疗卫生产业等现代服务业，在信息化基础上实现新型工业化，进一步推进横店城市建设，使横店成为"城在山中，房在林中，林在草中，人在花中"的美丽天堂。

横店工业化基本完成之后，下一阶段意味着经济发展的驱动因素将发生改变，工业化中期阶段的经济增长主要依靠资本投入，而后期阶段就转变到主要依靠技术进步上来。换句话说，横店今后工业的发展，必须源自经济系统的、依靠技术进步的内生驱动，以及顺应环境、资源的倒逼机制。横店工业今后必须走科技含量高、经济效益好、资源节约型、环境友好型、人力资源优势得到充分发挥的的新型工业化道路。要切实把着力点放到转方式调结构上来，推进新型工业化、信息化、城镇化、农业现代化的"新四化"同步发展。

在工业化过程中，随着科学技术进步，新型工业形态不断出现，而每一次科学技术进步形成的新型工业都是对旧工业的扬弃和改造。横店工业同样面临这样的问题和经历了这个过程。创办初期是轻纺针织，到1980年后领先一步发展了电子、化工，到1990年代，发展了电气、医药，开创性发展了影视旅游、教育、医疗服务业，到21世纪之后，发展了新能源产业、节能产业、金融产业等等。可以说，横店过去的每一次转型升级都是成功的。

但是，今天横店所面对的新型工业化是21世纪的信息化基础上的新型工业化。电子电气、医药化学这些都已经属于20世纪的半新工业。横店所面对的是在信息工业基础发展起来的智能工业，一种以人脑智慧、电脑网络和物理设备为基本要素的新型经济结构、增长方式和社会形态。因此，21世纪横店要走的新型工业化应当是智能工业，和建立在绿色发展基础上的循环工业。横店必须坚持以信息化带动工业化，以工业化促进信息化。把信息技术、高新技术渗透到各个产业中去。这是横店新型工业化道路的必然要求。

党的十八大报告提出："坚持走中国特色新型工业化、信息化、城镇化、农业现代化道路，推动信息化和工业化深度融合、工业化和城镇化良性互动、城镇化和农业现代化相互协调，促进工业化、信息化、城镇化、农业现代化同步发展。"党的十八大报告为中国特色新型工业化道路指明了方向。

徐文荣认为，横店要走新型工业化道路，重点要做好：

一是转方式调结构，大力推进产业升级。彻底转变依靠资本推动、高耗能、高污染的发展方式，推进产业结构的优化升级，形成高端电子电气、医药化学为先导，影视文化产业、金融产业等现代服务业全面发展的产业格局。国家要求经济发展要着力转型升级，这是因为改革开放以来工业经济发展依靠大投入、高消耗推动的模式已难以为继。这种发展模式，虽然壮大了经济规模，使中国成为世界制造业大国，但由此带来资源的大量消耗和浪费，环境污染加剧和生态环境的恶化，给人民生产生活和进一步发展造成了极大的困扰和压力，同时也给世界其他国家经济造成了巨大的冲击，加深了贸易摩擦和争端。转型升级就是要求经济发展尤其是工业经济要力争走少投入、多产出、低污染、高效益的发展路子。尽管这一转变很难，但国家战略部署不会改变。在这一大背景下，国家出台了一系列淘汰落后产能、加大污染治理的改革措施。横店所在的浙江也相继出台如"五水共治""三改一拆""低效工业用地清理"等政策措施，具体落实国家总体要求。大力推进信息化，提高自我研发原创能力，并以此改造、振兴传统产业和半新工业，继续投资横店基础设施，全面发展服务业。并以服务业的充分发展，解决产业结构调整中的就业问题。在这一过程中，重点要解决好原有工业的高技术改造。横店的原有工业，大部分是 20 世纪 80 年之后发展起来的，具有一定的科技含量和影响力，在国内相关领域具有一定科技优势和规模优势，为横店经济的发展，解决就业，上交地方税收，起到过重要作用。比如磁性材料，在国际上具有明显优势。但绝不因为目前拥有一定的优势沾沾自喜停步不前，必须朝着高科技、机械化、环保方向加大对现有工业的改组改造，尽快提高水平，发挥更大作用。

二是发展新兴工业。横店原有工业面临着全国乃至全球市场容量有限的问题，比如磁性材料，全球总产能已超 30% 左右，全球产能利用率平均仅 70% 左右。虽然东磁在这个领域的竞争力比较强，产能利用率比同行要高，但多年来平均增幅不高，显然市场竞争已很充分，应用市场已到了增长极限。又比如横店的医药化工产业，2008 年至 2013 年平均增长 16.13%，而同行业全国平均年增长 24.8%，其中，只有普洛得邦制药年增长高达 25%，与全国产业发展速度同步。究其原因，首先医药产业市场容量很大，国内总量超过 2 万亿元，我国经济快速发展背景下，人们对健康的消费需求旺盛，所以给医药企业带来了较长时间的成长空间。未来 3 至 5 年，将是医药行业大洗牌大整合的时期，因为医化企业在转型升级的大要求下，必须解决好污染治理问题。哪个企业能主动掌握治污新技术，舍得投入，并严格自觉地依法经营，哪个企业就能赢得发展先机。横店集团医化产业的目标是与国际标准接轨，到 2020 年医化销售达 100 亿元，利润 10 亿元，上市公司市值 200 亿元。还有横店的照明产业。后者从一开始就紧盯先进技术，努力与国际标准接轨，先后与飞利浦、松下等照明企业合作，近些年在技术、管理上一直走在全国同行前面，销售收入从 2008—2013 年始终保持年均 25.53% 的增幅。照明产业这几年刚好处于节能灯全面取代白炽灯，LED 灯逐渐取代节能灯的时期，加之得邦照明在技术、管理上的超前，因而产生了巨大的发展动力。

总之，无论企业还是政府，在转型升级的大背景下，想要更快更好地发展，一定要认真研究产业链，分析产业宏观大趋势，研究微观小现状。也就是说，横店集团新兴工业着力点应在集团已有产业基础和技术积累之上，依循社会需求，发展包括节能照明、新能源、新材料等产业。

三是坚持实施高科技创新与可持续发展两大战略。科教兴国与可持续发展两大战略是我国的两大国家发展战略，自全面实施以来为我国经济发展作出了突出贡献。而这两大战略也是走好新型工业化道路的两个轮子，缺一不可。科技创新是提高社会生产力和综合国力的战略支撑，必须摆在国家发展全局的核心位置。要坚持走中国特色自主创新道路，以全球视野谋划和推动创新，提高原始创新、集成创新和引进消化吸收再创新能力，更加注重协同创新。科学技术是先进生产力的集中体现和主要标志，必须充分发挥科学技术作为第一生产力的作用。要根据世界科技发展趋势，制定和完善中长期科技发展战略。加强应用研究，优先发展具有自身基础的生命科学、新材料等重点领域。采取向科研院校买、租等手段，大力推进关键技术创新和系统集成，实现技术跨越式发展。鼓励科技创新，在关键领域和若干科技发展前沿掌握核心技术和拥有一批自主知识产权，增强自主创新能力。要以体制创新推进科技创新。推进集团创新体系建设，借助大学和科研机构在创新中的重要作用，进一步使企业成为科研开发投入和技术创新的主体。同时，形成一套促进科技创新和创业的资本运作及人才汇集机制。同时，积极实施人才战略，培养一批高素质劳动者、数以千计的专门人才和一大批拔尖创新人才。为着实现国际化目标，还要大力吸引海外各类专业人才。

四是协调城乡关系，集聚新兴工业要素，推动工业化和城镇化的协调发展。从全国范围看，当初发展乡镇企业，"村村点火、户户冒烟"，对于提高农村工业化水平起到了积极作用，但也付出了很大的代价。主要是由于生产力布局分散，要素集中度过低，无法实现要素效益的最大化，影响了企业的可持续发展。对此，必须转变这种粗放型的发展方式，把城镇建设、乡村建设、项目建设结合起来。横店在这方面的成功经验是，在推进工业化过程中基本上同步地进行城镇化建设，并且随着工业化的推进，各种要素的集聚，加强了工业园区建设，使分散在乡村的工业向横店城区转移。同时，实施"山河工程"，用文化装扮横店山河，沿着"先迁坟，后修路，再造景、造水、造林"的路径，使偏僻的山沟沟变成了旅游胜地，使普通的山地四荒地变成了宝地。同时，通过文化产业的发展，带动了城乡交通、信息通讯、物流等的一体化。用城镇的人气和基础设施带动乡村的发展，通过乡村的文化产业发展带动项目的引进和建设，再通过项目建设促进乡村和城镇的发展。这样的良性互动，既有助于转变经济增长方式，又有助于推动工业化和城镇化的协调发展。

五是以改革创新精神，继续推进横店集团"三次创业"伟大实践。

走新型工业化道路既不是单纯的思路问题，也不是单纯的技术问题，无论是产业结构的优化升级，还是两大战略的实施，必须由两大动力推动，其一，内部动力，就是改革。最为重要的是使集团经济制度和经济政策同新型工业化道路的要求相适应。要走新型工业化道路，必须建立新的激励机制，必须在坚持社团经济为主导地位的前提下，推进产权的适度人格化和经济的自由化。必须进一步加强同科研院所的紧密合作关系，增强企业科技创新的强大动力，最大限度地调动一切先进生产力的积极性和创造力，使集团工业企业和相关产业具有采用信息技术的迫切欲望。为此，要进一步清除仍然存在的体制性障碍，确立按要素分配的分配方式，把动力建立在保护合法财产和知识产权的基础上；必须适当调整分配政策，提高劳动者报酬在集团产值中的比重，进一步激发创业活力。其二，外部动力，就是开放。不但国家有对外开放的问题，作为集团这样的大企业，也有对外开放的问题。从目前的情况看，扩大对外开放的重心已经完全地从引进外资转变为与世界经济接轨。从集团整体来看，从2002

年提出"三次创业""打造国际化横店"目标，一直到现在，集团工业迅速走上转型升级之路，在激烈国内国际竞争中进一步发展壮大，产值销售连创新高。影视文化产业发展成为全球最大的影视实景基地，成为国内文化产业的排头兵。集团进出口公司 2014 年实现贸易出口 53 亿元，还在欧美香港等国家地区设立公司和办事处，这些，都表明集团的对外开放程度进一步提高，目前国际化横店基本形成。

六是处理好资金技术密集型产业和劳动密集型产业的关系。既要发展资金技术密集型产业，提升产业结构，又要发挥比较优势，积极发展劳动密集型产业。同时，处理好虚拟经济和实体经济的关系。虚拟经济是实体经济发展到一定程度的产物，发展虚拟经济要为促进实体经济服务，并防止脱离实体经济过度发展虚拟经济。

横店和全国其他地区的实践证明，在国家政策指引下，大力发展农村工业，促进产业集聚和转型升级，是推进农村现代化、全面建设小康社会的有效途径。在经济新常态背景下，必须走以创新为动力，全面推进知识型、节约型、生态型等鲜明特点的新型工业化道路。夯实工业化在经济社会发展中的主导地位，不断拓宽兴工致富路子，仍然是今后长期的战略任务。

在抓好工业产业升级的同时，还要下大力气，进一步发展以文化产业为龙头的第三产业。这也是三部曲战略的重要组成部分。

徐文荣曾经说过，一项工业技术的寿命最多 30 年，需要不断地更新换代，进行革命。在我手上一共办过 700 多家企业，倒掉的有几百家。

而文化产业，吃的是现成祖宗的饭，虽然很艰难，效益也未必能立竿见影，但这个产业肯定是万万年的。徐文荣认为，今后横店文化产业发展，主要抓好以下几个方面：

一是进一步健全影视拍摄实景基地。横店的春秋战国城和唐城基地竣工后，算是真正拥有了纵贯中华五千年文明史的历朝历代建筑，同时，横店圆明新园内英、法、美、俄、德、意、奥、日等国建筑的建成，基地优势将进一步突出。加上横店圆明新园、梦上海的建成，横店影视文化旅游内涵更加丰富。特别是横店圆明新园，具有世界的知名度，将吸引世界的游客。

二是进一步加强文化科技融合。文化科技融合，将文化赋予"创意"、"创新"内核，向具有时代活力和创新力的新兴文化业态转变，实现文化产业发展方式转变和升级换代，这是文化产业发展的方向。横店文化产业必须把握住这个方向。横店作为由中宣部等四部委联合认定的全国第二批文化科技融合示范基地，是全国获得该荣誉的唯一非地级城市。要充分利用来自全国乃至全球的影视拍摄技术的优势，充分利用横店集团所拥有的高新技术和研发优势以及雄厚的金融资本，通过文化和科技及金融的协同创新，进一步开发文化新产品、新服务和新业态。

三是进一步加强影视文化产业集群建设。

四是大力发展相关文化业态建设。

横店走的就是这样一条路：依靠农村工业化，实现了横店农民的自我解放。之后，通过发展高科技工业，走新型工业化道路；再发展以影视文化旅游为代表的第三产业，富裕了农民，繁荣了经济，彻底改变了横店面貌，有效彻底地解决了横店的三农问题，实现了横店历史性的进步。

五、从农村到乡镇到城市

城市是人类文明的标志，是人们经济、政治和社会生活的中心。城市化的程度是衡量一个国家和地区经济、社会、文化、科技水平的重要标志，也是衡量国家和地区社会组织程度和管理水平的重要标志。城市化是人类进步必然要经过的过程，是人类社会结构变革中的一个重要线索，经过了城市化，标志着国家现代化目标的实现。只有经过城市化的洗礼之后，人类才能迈向更为辉煌的时代。这是已为历史证明了和证明着的。城市化是继工业化以后推动经济社会发展的一个新的重大力量。

城市生活几乎是人人向往的，更是农民的梦想，但是，庞大的农民群体不可能都涌到大城市里，大城市容不下也呆不住。怎么办？只有依靠农民自己来改变，自己来造城。也就是说，要解决"三农"中的农村问题，出路在农民自己来造城。

从农村向城市地区集聚的过程和乡村地区转变为城市地区的过程，叫城市化，一般也叫城镇化。在这个过程中，城市人口占总人口的比重不断上升；农业、工业及第三产业的比重彼此消长，不断变化。城市化水平高，不仅是建立在二、三产业发展的基础上，也是农业现代化的必然结果，因为从现代化农业中富余出来的劳动力必然要进入城市。

徐文荣清楚地看到了从农村到乡镇再到城市的农村城市化的必然趋势，并以清晰的理念和思路，带领乡亲们坚定不移地走在这条通往农村城市化的道路。

徐文荣推动的横店农村城市化，相比于其他地区的城市化路径，拥有四大独有特色。

1. "政府规划引导、集团投资建设"的"政府推动，集团带动，全民参与"的农村城市化之路。这是横店城市化的最大特色，有专家学者称之为继横店社团经济模式之后的"新横店模式"。

其他地方的城市化过程，往往由政府担当着主导和主力的作用，企业遵循着抓好生产经营、照章纳税的职能，一般并不参与城镇化的具体建设过程，这和横店的城镇化过程是极大的区别。在横店农村城市化的这一时期，横店集团和横店镇政府同心协力，紧密配合。政府起着规划引导和服务作用，集团起着主导和主力作用，分工明确，合力并进。

为什么横店集团勇于挑起城镇化建设的重担，相应地也就起着主导和主力的作用呢？主要是由于徐文荣的关于横店集团的宗旨理念决定的。我们已经知道，横店集团坚持的是共创、共有、共富、共享的社团经济宗旨理念。思想决定行动。四共思想，决定了集团将关切老百姓利益的诸如城镇化、老百姓福利、和谐社会建设等作为自己的无可逃避的责任，这是其一。其二，做好事要有实力。横店集团的经济总量自上世纪八十年代后期开始，就以占全镇 60-70% 的份额和辐射带动地位，在全镇占着主导和主体地位。有了实力作支撑，从上世纪八十年代开始，徐文荣领

横店大智禅寺

导下的横店集团就源源不断地投资于城镇建设，包括造桥、修路、建南江防洪堤坝、自来水、信息通讯、环境绿化美化，还有医疗卫生、体育运动场所、教育等等。以至于有人说，在横店，只要你看到的，和感受到的公用设施，几乎都是横店集团和横店四共委出钱建设的。据估算，横店集团和横店四共委投在横店城镇化基础设施上的资金已超过百亿元，占城镇化全部投资的很大比例。因此，从这个角度说，横店集团和横店四共委起着主要作用，也是无可异议了的。其三，主导作用。因为城镇化基础设施建设的目的在很大层面上是为着产业发展和人居改善。因此，基础设施也就向着集团的工业企业和文化产业所在区块发展，比如集团化工园区、电子工业园区的基础设施建设；向着文化产业基地发展，比如通过广州街、明清宫苑、圆明新园、梦上海等景区建设，将道路、绿化等基础设施快速地延伸过去。通过集团开发康庄小区、城市花园、南江名郡等楼盘，自然的，城镇基础设施也就必得过去。所以，自然地集团的投资也就在城市化中起到了主导的作用。近些年，为了进一步加快提升横店城镇化水平，集团还专门设立了城镇化服务中心，和政府对接，解决城镇化过程中的相关问题。

一直以来集团在城镇化中起主导和主力作用，既是责任所在，也是顺势而为。对镇政府而言，主要是做好统筹、规划、服务。横店城市化发展的事实证明这种做法是正确的。有了集团的强力支持，镇政府的各项工作总是走在全市乃至全省、全国的前列。横店镇也因此获得了全国可持续发展实验区、小城镇综合改革镇等国家级实验（试点）等国家级荣誉20余项。这在全国不多见。

二、横店农村城市化是真正的"人的城市化"。

徐文荣认为，人是企业的主体，也是城市的主体，是城市化的出发点和归宿。

前面讲过，横店城市化主要是靠集团力量来主导和推进的。而政府则起着规划引导和服务的作用；由农民徐文荣创办的横店集团又坚持着"四共"宗旨思想，为着全横店老百姓服务的，在这种制度安排下，当然的，横店农民就成为城市化的主体和主角，城市化服务于农民利益也就成为必然。首先，最重要的是，不需要涌向城市，不给城市增加压力，农民身份得到就地转变。他们洗脚上田，变成了工人、商人、个体工商业者或者老板，摆脱了对土地的依附，农民转变为市民；再从经济上看，城市化虽然使横店农民不可避免地失去土地，但失去土地后农民反而获得的更多，　年抵上十年还不止。经济上得到大利，得以自立自强，是获得其他各项权利的基础。其次，横店的城市化进程和文化产业的发展，使广大农业劳动者有真正的择业自由，彻底打破了把农民固定在土地上的人为枷锁，在户籍政策和教育、医疗、社会保障诸方面，享有城市居民同等待遇。再次，在党和政府领导下，在四共宗旨普照下的横店，人们享有平等的政治权利，享有选举与被选举权、监督权、话语权，更容易形成公民社会，使政府的权力真正为民所用，为民谋利。第四，横店的文化传统就是不欺生，不排外，无论外来人和本地人，先来者和后到者都一视同仁，共同劳动，享受劳动成果，共同富裕，走向小康、中康、大康。大家和睦相处，平等友爱，充满和谐民主的气氛，使广大的民众真正成为城市化的主体。

三、以旅游业为导向同时兼具工业化的城市化模式。

这是横店城市化非常突出的特点，也是一条难得的新型城镇化发展之路。旅游产业与其他产业不同，不是一个单一产业，而是一个产业群，由多种产业组成，具有多样性和分散性，包括景点经营、旅行社和旅馆服务业、餐饮服务业、交通业、娱乐业和其他许许多多的经营行业。这些行业同时也为横店居民经营并提供服务。在快速推进城市化的进程中，影视文化产业成为了最主要的推动力。

主要表现为：一是拉开了横店城市的大框架，东西南北的景区构成了横店城市的大轮廓，拉开了城市道路交通、通信等的基础设施建设，使城市框架快速形成。二是相对封闭的环境，使影视剧组和游客的消费更容易留在横店，使围绕景区剧组和游客，发展餐饮、住宿、娱乐等服务业成为可能，农民和许多外来的投资者积极投资于这些方面。客观上也大大促进了城市的形成。三是横店过去一段时间内"景区内是欧洲，景区外是非洲"的状况，要求迅速改变镇区面貌，加大城市建设力度，实现"风貌大提升。"东阳和横店两级政府在这方面一直很用心用力，近些年来，使横店城市基础设施建设有了很大的改观。

当然，在影视旅游业推动城市化的同时，工业化也起着重要的推动作用，这是毋庸置疑的。

横店的以旅游业为导向同时兼具工业化的城市化模式，对全国某些具有旅游潜质的地区具有示范和借鉴意义。在旅游带动城市化建设过程中，大致要把握以下几点：首先，要牢牢把握生态文明建设的大方向，维护建设好吸引游客的亮点。把"绿色发展、循环发展、低碳发展"作为实现城镇化的主导性原则，引导城镇化建设走"美丽"之路，成为宜居、宜业和宜游的"美丽城镇"。其次，要坚持保护和传承地方文化，维持和强化地方个性，把特色文化景区景点塑造作为牵引地方社会经济发展的原动力，并通过文化建设使地方的软实力和硬实力得到同步提升。再次，要规划、组织好产业业态，旅游导向的城镇化发展模式，倡导的是"非工业化"的新型城镇化道路，要以旅游业、文化创意产业、现代服务业等现代新型的实体经济为主体，构建具有鲜明特色的"以人流带动物流、资金流"的新型产业结构，用创新的业态创造出比传统业态更好、更高、更有质量的经济和社会发展绩效。最后，要着力提高旅游产业的经济贡献率和社会贡献度，以旅游产业的高贡献率使其成为支撑地方经济发展的支柱性、主导性产业，同时发挥旅游产业吸纳就业数量大、容纳就业口径宽等优势，使其成为承载地方就业的基础性行业，让旅游业为促进地方经济发展、吸纳地方就业、改善民生和提高人民生活质量做出实实在在的贡献。

从根本上说，横店农村"城市化"是真正"人的城市化"，更贴近服务于人。另一个角度也可以说"城市化"并不等同于"工业化"，而是有多种途径可达到异曲同工之妙，横店通过旅游业的发展，或者也可以如义乌通过商贸业发展，而达成城市化之效果。

四、真正实现城乡一体化。

城乡差别，是指城乡在经济文化水平和社会经济关系上的不同和差异。城乡差别随着社会分工、阶级分化和城市的形成而产生。由于乡村落后于城市的历史原因，两者在生产水平、经济收入、文化水平和生活条件等方面还存在着本质差别。这是自有城乡以来人类社会发展的普遍现象。

因此，消灭城乡差别成为人类的共同理想和社会主义的价值目标。马克思恩格斯认为，只有社会生产力的高度发展，农业、工业、科学技术现代化和城镇化的实现，包括工农差别、城乡差别和脑力劳动与体力劳动的三大差别才将逐步消失。

新中国成立以来，城乡二元结构，一直是我国城市化面临的主要障碍。

"盛世腾龙"横店中国农民旅游节

各种制度设计和安排，多朝着城里人倾斜，造成农民事实上低城里人一等。那么，横店的城市化，还会出现这个问题吗？

从理论上看，城乡一体化，是城市与乡村在一个相互依存的区域范围内结为一体，互补融合、协调发展、共同繁荣的过程。城乡一体化应该看作是消灭城乡差别的重要一步。现在考量城乡一体化的指标体系包括四个：（1）第一产业与第二、第三产业平均利润率。（2）城乡之间物资流和信息流状况。（3）城乡居民收入差异。（4）城乡居民恩格尔系数差异。

横店这四个指标状况如何呢？第一个指标：第一产业与第二、第三产业平均利润率，由于受统计资料的限制和缺乏，没有这方面的第一手资料。但由于横店实际农民人数少而就近消费者庞大的实际，横店农户又绝大多数实现产业化经营和发展高效农业，比如蔬菜基地、瓜果基地、农家乐等，平均利润率十分可观的，可能已经超过二、三产。第二个指标：城乡之间物资流和信息流状况，这在横店是城乡基本无差别的了。横店目前122个小区、村的道路交通、信息通信等都是迅捷有效的，在半小时交通圈内，城乡基本无差别。第三个指标，城乡居民收入差异，2014年镇政府公布的统计数据是农民人均收入27000元，在统计口径上，横店镇乡居民的很多财产性收入等很多隐性收入没有计算在内，如果算上，估计农民人均收入将达35000元。横店农民人均收入已远高于2014年全国农民人均的10489元，比2014年全国城镇居民人均可支配收入28844元仅少不到2000元，算上农民居民财产性收入，也已经高于全国城镇居民水平。城乡收入之比，2011年全国城镇居民人均可支配收入与农村居民人均纯收入之比为3.13：1，横店的城镇居民没有统计数据，在1.5比1左右。第四项指标，反映富裕程度的城乡居民恩格尔系数差异，以国际通用的40%-50%为小康，30%-40%为富裕，低于30%为最富裕来衡量，横店农村的恩格尔系数在30%左右，处于富裕程度，由于横店农村农民蔬菜瓜果的便利生产和自给，城乡居民恩格尔系数差异基本消除，甚至有农村超过城镇的可能。

横店城市化发展方向：

1. 有鲜明特色的现代化小城市

1983 年，中国城镇化道路学术研讨会一致认为中国应该走一条"适合中国国情、具有自己特点的社会主义城镇化道路""各不同地区的城镇化道路也应各具特色"。讨论会总结报告的注意力焦点在"积极恢复和发展小城镇，特别是广大的农村集镇"，小城市"是符合理性的，是有生命力的"。在改革开放以后乡村工业化的现实和"小城镇大战略"的导向，以及既定城乡制度的惯性作用下，这种论断在 20 世纪 80 年代和 90 年代初期几乎独占鳌头。实际上也经历了实践的检验。

2002 年，经批准，横店撤镇设立办事处，名义上作为东阳城区的一部分，纳入城区管理，横店街道办事处为东阳市政府派出机构，似乎纳入城市管理就是城市化了。但由于两地间 18 公里阻隔的距离和许多现实客观的原因，这样的城市化没有给横店带来多少好处，反而有很多不利于横店发展的地方。不久，经浙江省民政厅批准，又恢复了横店镇的建制。

实际上，早在 1999 年，经国务院批准的《浙江省城镇体系规划》，已将横店镇定位为到 2010 年人口超过 10 万的现代化小城市。应该说这个规划是符合横店实际和长远利益的。2010 年，横店列入浙江省首批 27 个小城市培育试点镇之一。省政府对试点镇实施一系列的扶持政策：实施强镇扩权改革，赋予试点镇与县级政府基本相同的经济社会管理权限；自我完善小城市机构设置；合理调整行政区划；强化要素保障机制，试点镇的用地支持保障制度予以优先安排，且支持有条件的试点镇设立村镇银行和小额贷款公司；完善财政管理体制，建立试点镇政策倾斜，设有金库的一级财政体制，实现财力分配向试点镇倾斜；加大税费支持力度，试点镇土地出让净收益市、县留成部分和在试点镇征收的城镇基础设施配套费，全额返还用于试点镇建设。2015 年 3 月，横店镇入选国家中小城市综合改革试点镇规划。

自 2010 年被列为省小城市培育试点镇以来，横店已在城市建设上累计投资 155 亿元，连续四年被列为省小城市培育优秀单位。户籍人口 8.9 万，外来人口 9.5 万，2014 年规模以上企业总产值 181 亿元，完成国地税收入 27.98 亿元。横店镇将发展为功能定位清晰、空间布局合理、经济繁荣发达、服务功能完备、生态环境优美、体制机制灵活、能主动承接大中城市辐射和有效带动周边乡村发展的区域政治、经济、文化和科教中心，扎实推进由"镇"向"城"的跨越，最终发展成为具有现代化工业和影视文化产业的具有鲜明特色的现代化小城市。

2. 低碳环保的绿色城市

从农民爱惜耕地的意识出发，横店在发展之初，就比较自觉地走上了一条保护耕地的路子，但在环保方面，由于知识的缺乏和认识的局限，还是走了一些弯路。起初，还没有发展高科技工业，许多工业项目都不同程度地污染了环境。烟囱是越来越多，烟囱里冒的是黑烟，管道里排的是污水，污水排到溪里，排进南江，长年累月，什么颜色都有，下游老百姓很有意见，环保部门也提出了批评。因此，不得不先污染，后治理。

从 20 世纪 90 年代初开始，集团启动了耗资巨大的"三废"治理工程。集团总部设立了环保部，下属公司分别成立了环保科，基层厂则设有环保组和环保员，并把环保责任书作为一年一度企业承包责任考核的硬指标，形成了疏而不漏的环保监测网络。集团总部组织定期和不定期的检查，督促落实环保治污情况，发现问题及时整改。抓治污动了真格。电镀厂清理污水池不当，造成污染，分管厂长被撤职，并扣发了全年奖金。漂染厂生产调度不当造成污染，责任者受到了开除出厂、永不录用的处罚。集团下属企业作为"三废"一级处理单位，纷纷将治污作为企业头等大事来抓。许多企业通过运行环境管理体系，把环境管理融于企业日常管理当中，企业的环保行为得到了规范，也促进了企业管理水平的提高。不少企业都通过了 ISO14000 环境管理体系认证。集团在做好企业一级处理的基础上，投巨资，建成了横店污水综合处理厂，如此规模的环保工程，在全省镇一级是绝无仅有的。集团对各企业规定了排放口，购进先进的仪器设备，对排污企业进行流量监测，对废水进行定时取样化验，对河流下游水质进行监测。近些年，集团进一步加快工业的转型升级，抓好节能减排，积极响应党和政府要求，落实"五水共治"和"两美横店"建设，使城镇面貌再上一个新台阶。

环境保护不仅在于"控制"，还在于用科学的方法"变废为宝"。比如，横店污水处理厂经过研究试验，将污水处理中产生的大量污泥进行厌氧处理后，是一种很好的有机肥料，可以作为花草成长所需的底肥使用。

现在的横店，工业区、商贸区、文教区、影视旅游区、居民住宅区等俨然有序地构成了一座生态环境城。整个横店城被青山绿水环绕。2010年徐文荣提出"努力奋斗十年，办成十件善事"新目标，到2020年，努力让普通的横店居民过上香港居民的生活，实现家家富裕，人人欢颜，环境优美，社会和谐！

3. 把横店建成"城在山中，水在园中，房在林中，林在草中，人在花中"的非常美丽的现代化小城市，成为最适合人们居住、生活、创业、发展的人间天堂。

城市化和逆城市化共存并进，一方面，横店要进一步加快城市化建设，集聚人口和产业要素；另一方面，按照徐文荣设想的，像香港一样，要让居民住到周边山上，充分利用和加快开发横店周边的低山矮坡，城区土地高效集约使用，一般作为商业使用，也就是我们一般说的逆城市化。这也是城市化之后社会发展的更高级形态。高瞻远瞩的徐文荣从横店实际出发，已经预见和正在规划实施了这种形态。

所以，我们已经初步看到了一个生产发展、生活富裕、环境优美、生态优良、社会文明的新横店，经过横店人的创新创造，在不久的将来，一个最适宜人们居住、生活、创业、发展的人间天堂肯定能实现。

六、从农民到工人到市民

从农民到工人再到市民，这一系列身份的转换，是紧密地依随着产业和社会形态的升级而转换的。农民是从事农业的劳动者，一般地又是生存于农村社会的。从农民到工人，这是历史性的一步，中国农民走了几千年才走出来。这是值得庆贺的。

从工人到市民，这也是历史性的一步，时间大概是不需要几千年那么长的。但也不会几年、几十年那么短。身份变换是外在的，关键是内在的人的素质和思想的改变，即，从传统农业社会的尊卑思想变为现代公民社会的平民思想，从传统的封建礼教和农民思维变为现代公民的科学民主法制思想。照直说，我国某些封建思想根深蒂固，无论在现在大城市还是在小城镇或偏僻乡村，无论在政治、经济、文化等等领域，都广泛存在。当然，传统文化中优秀的东西是要继承下来的，而应当破除和改变的是愚昧落后的东西。可见，从农民到市民也不是简单的事，特别是思想素质的改变更艰巨复杂。但我们现在是就其外在的身份而言，即，他身居城市，从事着某种职业，就是市民了。横店农民的身份变化，也是如此。

横店农民身份的改变，是从徐文荣 1975 年开始带领乡亲们办缫丝厂开始的。经过一年的紧张筹备，1976 年横店缫丝厂开工时的 248 名员工，其中绝大多数是横店的农民。之后随着徐文荣制定的正确的企业发展战略和他炽热的"三农"情怀，越来越多的横店农民进厂当了工人。到 1990 年，横店集团紧密层企业拥有员工 8000 人，村联户办企业 1 万人，当时符合进厂当工人条件的横店年轻人的要求基本都能满足，只有一些知识层次低、年龄偏大或不愿意当工人的人，还在从事着农业或其他手艺活。但在那个时候，农民进厂当工人，在家里照样有田地耕种，过着亦工亦农的生活，但由于当时横店城镇化水平很低，一般地，这些工人还是生活在农村。

事情在随后的几年发生了变化。1993年随着社团经济理论的创立，集团办社会理念的确立，在集团和镇政府的紧密配合下，横店开始了一轮快速的城镇化建设步伐。度假村、文化村等五村建设和一大批公共设施建设，拉开了新横店的框架。横店镇区的吸附力快速增强。1996年以建设《鸦片战争》拍摄基地为起点，拉开了集团发展影视文化旅游产业的大幕，开馆设店、群众演员等的第三产业吸纳了越来越多的农民参与其中。

到2000年，随着徐文荣提出横店集团"工业产业高科技、影视旅游高水平、高科农业产业化、生态环境高质量"新的发展战略，横店集团吸纳了更多劳动力，使更多的农民变成了工人。到2014年，横店第三产业从业人数也从2000年时的近千人增加到了4.8万人。1976年缫丝厂刚开工时的248名员工，到1990年的7000余名，到1995年的2万名员工，横店集团2014年底员工总数达到4.66万。另外，横店红木家具产业、建筑产业、各私营企业等也吸纳了近5万名劳动者。

经济收入上，横店农民也从1975年的人均收入75元，到1990年的1800元，到1995年的3810元，上升到2000年的7000元，到2014年的27000元，这是官方公布的数据，现在横店农民的人均收入，远远不止这个数。并且随着工业和文化产业的发展，农民收入增势不减。

在改革开放后的三十多年时间里，横店绝大多数农民依靠当地民营企业实现了"洗脚上田"，其中 70% 左右在横店集团的核心企业上班或从事与横店集团开发产业相关的各种行业，横店超过劳动力年龄段但仍继续就业的人数超过 5000 人，横店劳动力就业率超过 100%，横店人均年收入由 1975 年的 75 元陆续增加到现在的 4 万多元，已经超过了全面建成小康社会中的城镇居民人均可支配收入 1.8 万元的标准。2011 年底，横店城镇职工养老、医疗保险参保率达 97.1%，城乡居民养老、医疗保险参保率达 98%，远远高于全市其他乡镇，横店农民不种地每人每年可分到口粮 600 斤以上。横店早就对特困户实现最低生活保障，五保户全部集体供养。

除了经济收入指标，教育、医疗、社会保障、安全、环境等指标，也快速大幅提升，短短几十年，横店农民实现了从温饱到小康，再到中康，到大康，过上了城里人的幸福生活。

横店农民变身市民，有横店自身的特点。

1. 不离乡不离土，就地实现市民化。相比于通过参军、读书、外出包工程、打工、办工厂、做生意等方式留在城市里，横店农民是不用背井离乡，也不用和谁竞争，不被剥夺了土地资产，无论贫富贵贱能力大小，一律稳稳当当地变成了城里人，享受了城里人的待遇和好处。农民素有安土重迁的传统，生养在祖上的土地，忙于工作，过着富足安乐的日子，城市化就降临自家门口，还有什么更高兴的事情呢？

在充分保障农民利益的前提下，不离土不离乡，自己做主人，充分享受了城市化的好处，这是横店城市化的最大特点和优点。

2. 农民、工人、市民身份的耦合。农民工人是指的一种职业，农民市民则是一种身份。在横店农村城市化后，职业和身份是耦合的，一个工人不但他家里有田地从事着农业，并且他又住在城里，这样一个人身上同时体现着农民、工人、市民的角色。这样的情况在横店比较普遍。既拥有这三种角色，所以他自然就能得到三种角色的好处。在农民身份上，他有得到村集体资产收益和承包地带来的好处，同时又享受着徐文荣发起的浙江横店文荣慈善基金会每年发给横店老人的补助金等各方面福利。因拥有工人身份，他能得到工人工资和各种社会保险保障的好处；在市民身份上，他能得到高素质教育、医疗、卫生、文化生活、环境等方面的好处。在国家大力支持解决"三农"问题，实现"农业要强、农村要美、农民要富"，各种政策向"三农"倾斜的背景下，农民不用交一分钱的税费，反而享有种粮补贴、较宽裕的宅基地安排等好处，争着当农民还做不到。所以，横店农民的多重角色所享受的各种好处，反倒令城里人羡慕了。

3. 文化产业带来的服务业的繁荣，突出地加快了农民身份转化。工业化对农民的吸收是有限度的，因为受教育程度、年龄等的限制，决定了横店的全部的农民不可能变为工人，而且随着工业化水平的提高，对劳动力的需求反而呈下降的趋势。而服务业则恰好相反，她甚至可以将全部农民都囊括进去，无论文盲和妇女老幼。横店文化产业带来的第三产业的繁荣，使文盲和妇女老人都能找到活计谋得生路。旅游业的发展，客观上又促进了基础设施建设，景之所建即为城之所含，横店城区面积随着新景区建设，一步步快速扩大。从 1993 年徐文荣建设文化村、度假村等"五村"开始,将良度、郭新宅等村纳入镇区,连城一片,到1996年徐文荣和谢晋合作建设十九世纪南粤广州街,将镇北的岩前村纳入镇区,1998年建设清明上河图将杨店村纳入镇区,到2001年开始建设明清民居博览城将横祥等村纳入镇区,到2005年随着红军长征博览城的建成,将偏远的七一、八一村连到镇区,到2007年九龙文化园、合欢谷的建成,将所在几个村纳入镇区。特别是2012年徐文荣在镇南片启动圆明新园建设,一下子将相对偏僻的镇南片6大行政村10多平方公里土地纳入了镇区,随着各大文化旅游项目的相继建成开放,横店将更加兴旺。

影视文化旅游基地的建设,拉开了横店城市的大框架;服务业的繁荣,快速带动了农民身份的转换。农民在自家门口开宾馆饭店,做小生意,搞三产经营成为了可能。

横店农民变市民,身份转变后,素质需要提高。

1. 改变陋习,提升素质。

说起农民的陋习,横店农民自己可能不服气,那是因为他们自己还没有认识到,也有的人心中向着横店农民,为横店农民打抱不平,说是冤枉了。那么,横店农民的陋习和城里人比,突出的有哪些呢?我们姑且看看:不爱清洁,不讲卫生大概是首要的一条。公共场合随地吐痰,因为那样方便自由;懒得洗手,不爱洗澡,不经常换洗衣服,经常蓬头垢面,原因是嫌麻烦和浪费水;厕所脏乱臭,每次方便后就如逃兵一样出来;为节省一个垃圾袋,将无论什么垃圾和脏水装在一个桶里偷偷倒掉。

其次，是一些说不清什么的陋习：将熬过的中药渣倒在路中央让过路人踩踏，意思是病魔驱走了；还有言语粗鲁，讲话如喇叭，生怕人家听不到；贪小便宜，为了一点半寸要和人家拼命；没有什么原则，容易为人家收买，拿了钱就不说话，所以不是到绝路，很难团结起来；爱讲面子，在红白喜事上，喜欢大操大办，互相攀比，白事上，无论贫富，一定要请和尚道士念上几天几晚的经文，才算孝顺；信风水迷信，以为人生富贵贫贱与宅基坟地有关，故选择宅基及坟地要请阴阳先生看风水；介绍男女朋友，双方父母必请算命先生"合八字"，相冲、相克，则免谈；当然，经常的如做正常买卖的摊位上有算命、相面、看手相、抽签等，一年到头生意不断。还有，"神汉"、"巫婆"，借着神鬼附体，来赚取些钱财，周边经常有看客和有求者。还有，老太婆念经，折一张黄纸，卖钱。为了生孩子，到观音像前跪拜求子，或到寺庙里烧香许愿，这些在横店农民那里都是极常见了的。还有拜斗，是道教独有之科仪，北斗星君掌消灾解厄，南斗星君掌延寿施福。故拜斗是一种为人消灾解厄、祈福延寿之科仪，横店农民历来信奉，经常要通宵做法。

当然，横店农民闲暇时最热衷的一件事，大概是赌博了。横店在民国时期赌风就极盛。地痞无赖勾结官府公开设立赌场，从中抽头。多在春节、集市间聚众赌博。打麻将那是最平常了，掷骰子、抹纸牌、掷铜钱、推牌九、押宝等，现在多出了牛牛，输赢很大，经常有输得连房子家产全部作卖了，人还要外逃的。卖妻鬻女者，倒没听见，但夫妻为此反目离婚者不少。虽警察严查，但也有人说是明禁暗纵，或有内线，或隐蔽难寻，总之是延绵不绝，参与者众。

以上横店农民陋习以一种天经地义的方式表现出来，虽有人觉得不妥，但也不至于激烈地反对它。似此，好像太平无事，实则绝不可小看。这种顽固的力量，抗击着先进的文明力量，所以有极大的负面作用。横店农民的这种"国民劣根性"，是到了痛改彻改的时候了。

因此，徐文荣认为，加强对农村人口的基础教育和职业技能培训，注重对人群的素质的提高，是城市化进程中需要长期重视和亟需解决的根本性问题。

2. 富裕了的横店农民要继续创新创业，不可成为安逸的食利阶层。

可以说，老横店的农民是真富了。由于得益于工业化和影视文化旅游业繁荣带来的的好处，除了自身办厂的收入或就业的工资奖金收入，还有大量的财产性收入，比如房租收入，据估算，80%以上的老横店农民都有房租收入，多的三五十万一年，少的也有几万。房租收入多的原因，是因为横店农民本身就有宅基地，后来许多农民在横店城区历次土地拍卖中，又以较便宜价格购得土地建房，房子很多，部分用以出租，因此赚取了不菲的房租。还有，入股集团内部职工股，每年都有分红。当然，还有投资股票、期货，横店农民也搞一些风险投资，囤积红木等原材料，或外出承包开矿等。总之，横店农民虽然衣着朴素，但实际都是有资产和大笔存款，自住的房产无论建筑还是装饰都相当到位。可以说，就物质和金钱来说，绝大多数的老横店农民一辈子甚至几辈子都够吃穿用了，当然比新横店人、许多的外来务工人员要好很多，是横店最富裕的阶层之一。但，横店人的基因是奋斗的，不是安逸的。只有穷人，没有冗人。无疑，横店人奋斗的精神是宝贵的，但能否抵得过金钱、美女和安逸生活的侵蚀吗？实际上，如果不奋斗，如孟子所说，"生于忧患，死于安乐"，横店农民安乐的日子并不会长久。因为贪图享乐、赌博等陋习会很快销蚀横店农民的财产。到时候，仍然会穷的一塌涂地。所以，横店农民必须如毛泽东所说，时刻保持艰苦奋斗的作风。

3. 带动、帮扶更广大区域老百姓实现共同富裕，过上好日子。

在徐文荣的带领下，横店一直处在快速发展之中，从不满足于老横店，而是应政府和周边农民的要求，几次扩镇，先富带后富，实现共同富。从最初的 39 平方公里 40 个村 2.2 万人，扩展到现在的 121 平方公里 122 个村（小区）8.9 万人，加上外来人口 9.5 万，合计近 20 万人，农民人均收入 2.7 万，实现了真正的先富带后富。先并进横店的老年协会纷纷写信向徐文荣表示最崇高的敬意和感谢，尚未并进镇区的村，纷纷要求早日并入横店，享受四共的雨露。也确如周边农民所期望的，交通道路改善了，景区造进来了，剧组、游客进来了，很快的，村里人都富了起来。农民们喜笑颜开。

七、徐文荣的新横店梦

1. 努力奋斗十年，办成十件善事

2012 年党的十八大，习近平总书记描绘了中华民族伟大复兴的"中

国梦"，提出了"两个一百年"奋斗目标。2010 年，横店集团创始人、横店四共委主席徐文荣就提出，"努力奋斗十年，办成十件善事"，让横店农民达到香港普通居民生活水平的目标。那就是：横店农民实现全面基本养老保障，终身生活有依靠；横店农民子女在横店从幼儿园到大学免费就读；横店农民在集团医院、金华文荣医院看病享受补贴；横店农民特困户和特困人员享受生活补贴；横店老年农民和村主要干部享受生活补贴；兴建花园式老年休养院，特困人员入院不收费；资助横店新农村建设，旧村改新村；支持各村开发文化资源，实现村级旅游大发展；发展横店农村幼教事业，村村都办幼儿园；横店旅游景区和社区公交对横店老人免费开放。实现家家富裕，人人欢颜，环境优美，社会和谐！

2. 打造国内最大文化产业中心

2012 年底，在习近平"中国梦"感召下，徐文荣提出了到 2020 年，横店要成为国内涉及领域最宽泛、品位最顶级的文化产业中心，横店的旅游人数要达到 5000 万人次，文化产业总收入要达到 100 亿元，带动地方三产收入实现 500 亿元，打造国内最大的文化产业中心的"新横店梦"。

徐文荣说："一个人不能没有梦想，对梦想的不懈追求是我们实现目标的动力之源。"党的十八大提出要扎实推进社会主义文化强国建设的目标，再次点燃了徐文荣的造梦热情，他又一次以前瞻性思维，开启了一段新的"造梦"之旅。

2012 年省委、省政府批准设立浙江省横店影视文化产业实验区，为横店影视文化产业的发展带来了新的机遇。要实现 100 亿元的文化产业总收入，文化大项目的建设是最重要的支撑点。2012年横店启动建设了"上海滩"、通用机场和万花园（圆明新园）三大项目。"上海滩"真实还原1900至1949年上海"十里洋场"风貌，成为横店首个民国和现代戏的实景拍摄基地，而且在规划设计中解决了旅游对剧组拍摄产生干扰的难题。横店通用机场不仅是一个商务机场，还有飞行员培训、航空俱乐部、私人飞机托管业务、空中旅游等特殊业务，今后到横店拍戏的明星的私人飞机可以直接降落在横店的通用机场。万花园（圆明新园）无疑是世界上最大最美的文化项目，将吸引全球的游客来横店旅游。

3. 用高科技演绎新"横店梦"

最近一项权威调查显示，国内90%以上的主题公园都是亏损的。在国家鼓励地方发展文化产业的今天，投资主题公园是许多地方的首选，横店还能继续在影视文化旅游界保持"大佬"地位吗？还能确保在2020年吸引5000万的游客吗？徐文荣指出，除了先发优势和完善的产业链，全方位、多元化和高科技，这就是横店今后能够在文化产业领域继续独占鳌头的秘笈。文化产业光靠大投入不行，要有创意，横店必须要做人无我有的项目，要有慑人眼球的奇特卖点，这样才能源源不断地吸引游客。

一手创建国内最大影视旅游基地的徐文荣，依旧保持海纳百川的学习精神。他经常抽出时间到世界各地的旅游名胜考察，吸收他们的精华，融入自己的创意，他的奇思妙想，常常让来自加拿大、美国、澳大利亚等地的高科技设计师咋舌。2015年他在参观了贵州黄果树瀑布后，就在新圆明园（春苑）建造了一个宽150米、高35米的人工瀑布，加入声光

横店百姓开展体育运动

电的高科技项目；横店要发展宗教文化，徐文荣也有自己的梦想蓝图。
若干年后，你就可以在横店看到尼泊尔寺庙风格的中尼佛教文化园、翻
版的布达拉宫、灭绝动物的仿真复活。

在 2015 年 5 月 1 日开放的野生动物标本馆中，游客可以通过智能手
机和陈列的动物标本进行对话；可以真人飞骑，可以魔法涂鸦。高科技
项目不下十种。在万花园春苑中的欢乐夜福海项目，福海面积 450 亩。
游人白天看到的是桃红柳绿、风光旖旎的绝佳美景和赛龙舟的激动场面；
夜晚一场世界顶级的"大型激光多媒体奇幻神话功夫故事水秀"，集合
了超级多媒体水幕投影、建筑投影、近百米世界最大的 LED 影像、激光阵、

探照群、火墙、火炮、火焰、烟花、雾森……用世界最前沿的高科技手段，演绎最中国的文化元素。整场演绎秀，极具国际理念，在玄妙的故事情节中，享受视觉饕餮盛宴，体验高科技术之新奇特。这是一台世界首创的无与伦比的超级秀！凸显的文化与科技相结合的新元素。

"我要把别人想不到的项目都在横店建设，让游客们来了横店就不想走。"

4. 2020 年横店人要过上"大康"生活

2013 年，徐文荣"新横店梦"增加了新内容，他提出，2020 年横店人要过上"大康"生活。徐文荣说："党的十八大提出，到 2020 年要实现全面建成小康社会的宏伟目标，就横店来说，我们要通过发展文化产业带领老百姓实现共同富裕，力争实现人均年收入 5 万元的大康生活水平！"

要让横店人过上"大康"生活，不能靠集团或四共委平均发钱，更要"授之以渔"。徐文荣提出，要动员更多当地的农民参与到文化产业中来，真正提高他们增加收入的"造血功能"。为加快横店通用机场、上海滩、万花园（圆明新园）三大项目的配套建设，横店目前正在陆续建造可容纳 2 万人入住的多个星级宾馆，到时，横店宾馆床位数将达到近 5 万个。除了五星级和四星级的宾馆由集团建设外，其他都将鼓励当地农民建造。这只是文化产业带动当地农民致富的一个途径，在新的文化产业亮点形成后，更多的横店农民可以在餐饮、商贸、物流等多个方面享受到收入增加的喜悦。横店集团和横店四共委不仅自身通过发展优势产业带领农民共同富裕，也呼吁更多的民营企业共同承担起作为一个企业的社会责任。

党的十八大提出，"到 2020 年我国城乡居民人均收入要比 2010 年翻一番，全面建成覆盖城乡居民的社会保障体系。解决这些与老百姓关系最密切的民生问题，关键还要靠民营企业去带领群众实现共同致富。"徐文荣认为，"特别是要实现 8 亿农民的生活富裕，面广量大的民营企业是主要的推动力。在党委、政府的关心、重视和支持下，民营企业今后一定要在带领人民群众共同富裕上作出更大的贡献。"

5. 打造六大中心，建成文化产业新区

近年来，党的历次中央全会提出了推动文化产业成为国民经济支柱性产业的战略设想。全国各地均把文化改革发展摆上党委政府全局工作的重要位置来抓，北京、上海、山东、江苏、湖南、云南等省市积极谋划文化建设重点项目，打造文化产业创意园区，加快推进文化产业发展。横店的先发优势如何保持，这是一个问题。如果停步不前，就完全可能被赶上甚至超过。可以这样说，横店已存在如何更进一步发展的问题。

在这样的新形势下，2012 年徐文荣向中央和省里提出设立横店文化产业综合新区的要求。认为，这是贯彻落实中央和省委全会精神，加快推进文化大发展大繁荣的必然要求；是健全完善政策，破解外部竞争和自身发展瓶颈，推动横店文化产业转型升级，加快打造中国"横莱坞"的有效载体；是推进文化体制改革，推动文化产业成为国民经济支柱性产业，为我省从"文化大省"向"文化强省"迈进谋求战略突破的重要举措。

在 2012 年提交的报告里，提出设立横店文化产业综合新区，全力打造六个中心。具体是：

（1）打造影视文化中心。5 年内持续投入 150 亿元，新建一批体现异域风情和反映中国不同历史时期风貌，再现历史景观的外景拍摄基地，形成集古今中外各种建筑形式于一体的全球最大、最完善的外景拍摄基地。兴建世界顶尖高科技摄影棚，引进最先进的高科技数字化后期制作技术和设备，组建高水平的后期制作团队，建成全球一流的影视后期制作中心。积极探索发展网络影视剧、手机影视剧、动漫、数字娱乐等新兴业务，完善产业链。搭建作家、导演、演员、制片人、传播媒体等要素集聚、互动、融合的桥梁纽带，打造集剧本购买、拍摄、制作、审片、销售、展播为一体的全国最大影视产品交流、交易平台。5 年内投资 80 亿元，在全国大中型城市兴建高规格横店电影城 500 家，票房收入确保全国前五强；五年后，横店文化产业在 GDP 中的占比从现在的 28% 提升到 60% 以上。

（2）打造特色旅游文化中心。5 年内，投入 10 亿元，对横店影视城七大景区进行改扩建及升级。投资 20 亿元，兴建 5 万亩森林公园。投资 70 亿元新建一座集民族文化于一体的大型旅游项目。投资 30 亿元，新建 2 座大型高科技游艺公园，提升"梦幻太极""梦回秦汉""怒海争锋"等 30 多个演艺节目品质，增强吸引力；新建秦淮八艳等大型演艺项目；建造横店大剧院，传承和繁荣中国戏剧文化。通过 5 年努力，年接待游客达到 2000 万人次，保持全国各景点第一，实现旅游收入 70 亿元以上，带动三产收入 400 亿元，成为中国客流量最大的文化旅游景点。

（3）打造宗教慈善文化中心。在深度挖掘提升横店境内的大智禅寺、灌顶寺和宝积寺 3 座千年古刹的文化内涵基础上，加强与"寺庙之都"的尼泊尔合作，兴建中尼佛教文化博览园。经有关部门审批同意，按 1:1 比例仿建全国古刹名寺，弘扬宗教文化。企业注资 20 亿，夯实文荣慈善基金，用于公益慈善事业，让弱势群体分享"慈善文化"的温暖。

（4）打造民间古玩收藏交易中心。投资 20 亿元，把横店建设成为全国最大的民间古玩艺术品集散中心、展示中心、检测鉴定中心、交流中心、拍卖中心和销售中心；每年定期组织当代书画创作和各种工艺品的生产和销售，以及各类古玩现场鉴定、拍卖交易等活动，形成市场规模，扩大影响力，成为全国最大民间古玩收藏品交易中心。

（5）打造工艺美术中心。充分发挥东阳"工艺美术之乡"的优势，做大做强横店木雕红木家具生产基地，深度挖掘东阳木雕文化的内涵，大力推进木雕技艺与现代家居、现代装潢结合，形成木制工艺品原材料进口、工艺设计、产品生产、销售于一体的产业链，打造数字网络现代物流，搭建木制工艺品拍卖平台、网上交易平台。加强工艺美术人才培养，造就一批工艺美术大师、生产名企和工艺名作。

（6）打造文化会展中心。建设大型会展设施，具备一流的展览、商贸、会议、信息、娱乐等功能。承办国际、国家、省级重大交流活动、各类论坛和全国重要的文化、影视、动漫节展活动。定期举办中国农民旅游节、影视金牛奖评选、"未来明星"大赛、民间非遗文化大赛、摄影大赛、现代歌舞大赛等大型文化赛事，做到月月有活动，年年有大赛。加大文化创意研发力度，抢占全国文化创意高地。

到 2015 年，徐文荣对原来提出的"六大中心"的构想调整为"五大中心"，即，打造影视文化中心、特色旅游文化中心、宗教慈善文化中心、工艺美术中心、文化会展中心。以这"五大中心"为基石，构建起全国最大的文化产业基地，成为世界旅游的胜地。

徐文荣是一个"梦想家"，但他更是一个实践家。他说有梦想才有动力、才有目标，才能让梦想成真。徐文荣正在一步一步把新的"横店梦"再次变成美丽的现实。

八、推动更广大地区三农问题的解决

徐文荣对"三农"问题的求解与关注是一贯的，他还希望横店能为全国更广大地区解决三农问题蹚出一条可供借鉴的路子。

1. 短短几十年，在徐文荣的带领和推动下，横店农民跨过了从温饱到小康，再到中康，很多已达到了大康。这是徐文荣提出的共创、共有、共富、共享社团经济"四共"思想的成功实践，真正体现了先富带后富，实现共同富的社会主义优越性，也体现了社会主义制度的强大生命力。横店解决三农问题的成功实践，为全国更广大农村地区解决三农问题提供了样板。

2. 为了在全国范围内更好地解决三农问题，推广横店成功经验，

大地之子，三农情怀，徐文荣和横店

2001 年，徐文荣提议在横店举办全国性的三农问题论坛。此议得到了中共中央党校三农问题研究中心的大力支持。

经过紧张筹备，2001 年 11 月 6-7 日，"中国三农与旅游高峰论坛"在横店召开。中共中央党校·中国三农问题研究中心、横店集团作为论坛主办单位，中央政策研究室、国务院发展研究中心、中国证券监督管理委员会、中国科学院、浙江大学、浙江省旅游局为支持单位。本次论坛主要议题是，新世纪中国农业、农村、农民发展与旅游业探讨；我国民营中小企业的发展战略；企业上市策略与运作；纳米在我国机电、建材、制药、化工及高科农业领域的发展与应用。

中共中央政策研究室副主任肖万钧，中国证券监督管理委员会副主任刘李胜，国务院发展研究中心对外经济贸易部部长、WTO 专家张小济，中央党校"三农"问题研究中心主任张虎林，中国科学院纳米科技中心副主任江雷等知名专家学者和来自各地的农村问题专家、国内著名农民企业家等 200 余人参加了论坛。有关专家、企业家就乡镇企业发展带动三农问题的解决，旅游业态创新，以及加入 WTO 对我国乡镇企业的影响和应采取的对策等方面，发表了演讲。

徐文荣结合横店解决三农问题的成功经验，就农村工业化、农民工人化、农业现代化以及农村城市化可持续发展作了精彩演讲，博得了与会者的热烈反响。

与会者一致认为，本次论坛目标明确，立意新颖，理论性、宏观性、专业性、科技性与群众性相结合，对发展我国农村经济，培育农村旅游大市场，加快农民富裕化，农村城市化起到了积极推动作用，是新世纪高规格农经领域专家学者、高层次嘉宾代表、高水平前沿文化的一次大型研讨会。

3. 要赚更多的钱为农民做好事

徐文荣是一个歇不住的人。"生命不息，奋斗不止"。2014 年，他 80 高龄。按理，该安享晚年了。但他依旧奋进在创业的路上。2014 年，在有横店镇干部、四共委干部和部分村干部参加的四共委经济发展战略报告会上，徐文荣提出"今后 5 至 10 年，横店四共委要完成建成圆明新园（万花园）、中尼佛教文化园等一大批文化项目，通过文化产业的经营，赚更多的钱帮助横店农村实施大规模的新农村建设，让横店农民过上更加富裕幸福的生活。"

要不断丰富文化产业全域化内涵。

徐文荣提出，今后横店要发展全域化文化产业，有很多文章可做，比如工业文化要科技化、影视文化要一体化、旅游文化要国际化、建筑文化要多元化、山水文化要环保化……徐文荣一口气说出了 31 个"化"，并表示，今后十年，横店四共委就是要朝着全域化的方向不断发展壮大横店的文化产业，使其成为横店百姓过上大康生活的幸福源泉。

出资 20 亿元建世界最美农村。

徐文荣说："中国要强，农业必须强；中国要美，农村必须美；中国要富，农民必须富。""中国农民"是徐文荣最喜欢自诩的头衔。在那次大会上，徐文荣向与会的镇村干部郑重承诺，今后十年，横店四共委将出资 20 亿元，陆续支持横店农村分期分批实施旧村改造，鼓励农民兴小宾馆、饭店、超市等第三产业。徐文荣说："在不远的将来，我们要实现'世界最美乡镇在中国，中国最美农村在横店'的目标。"

因为受自然条件的限制，横店已没有多余的土地发展现代化农业，徐文荣曾提出了一个大胆设想，在东阳寻找一个土地资源富余的镇乡，四共委与其建立战略合作关系，由四共委出资在这个镇乡建立一个现代化农业基地，多余的劳动力可以转移到横店转型为文化产业工人。

徐文荣表示，"我这辈子想做的事，就是想改变横店，让横店的老百姓富起来，能过上与城里人一样的生活，让老百姓走向小康、中康、大康。我只不过是组织了机构，经营了企业，赚了一些钱，再回馈给社会，但本质上我还是一个农民。"

2015 年，徐文荣 81 岁高龄，他说他不可能再到全国去搞大规模农业了，但"大地之子，三农情怀"，为横店、为全国"三农"服务是他心中永远的牵挂。

第七章 县域经济理论

一、什么是县域经济

县域经济，是以县级行政区划为地理空间，以县级（县级市）政权为调控主体，具有地域特色和功能完备的区域经济，是国家最基本的经济社会单元。徐文荣的话直接明了，他说："县域经济说到底是三农经济，是真正的'老百姓经济'。"横店镇所在的东阳（县级市）经济，就属于县域经济范畴。

"民为邦本，县为国基"；"郡县治，天下安。"作为一种区域经济，在幅员辽阔的中国，它有着特有的历史地位和深刻内涵。据 2010 年数据，全国 2800 个县域（市）占国土面积 93%、人口 85%。县域经济的地位可见一斑。县域涵盖城镇与乡村，是承上启下、沟通条块、联结城乡的枢纽。县域兼有农业与非农产业，是宏观和微观、城市和农村的接合部，是统筹城乡发展的关键载体。县域经济是国民经济的基础层次和基本细胞，县域经济的强弱，直接关系着国民经济的兴衰。县域发展，决定中国现代化的未来，是实现"两个一百年目标"、中华民族伟大复兴中国梦的必备条件。

我们可以看出县域经济具有如下特点：

1. 县域经济具有一个特定的地理空间，是以县级行政区划为地理空间，区域界线明确。2. 县域经济有一个县级政权、一个县级财政，作为市场调控主体，因此，县域经济有一定的相对独立性，并有一定的能动性。3. 县域经济具有地域特色，这种地域特色与其地理区位、历史人文、特定资源相关联。4. 县域经济不是封闭的"诸侯经济"，具有开放性。县域经济虽然是在县级行政区划上形成的，但它又不同于县级行政区划，县域经济要突破县级行政区划的约束，在更大的区域内进行资源配置，获取竞争优势。县域经济还要接受国家宏观经济政策的指导。5. 县域经济是国民经济的基本单元。总的看，县域经济是功能完备的综合性经济体系，县域经济活动涉及到生产、流通、消费、分配各环节，一、二、三产业各部门。但是，县域经济又不同于国民经济，县域经济不能"小而全"，要"宜农则农"、"宜工则工"、"宜商则商"、"宜游则游"，注重发挥比较优势，突出重点产业。6. 县域经济是以农业和农村经济为主体，工业化、城镇化、现代化是县域经济的发展主题和方向。发展县域经济是解决三农问题的直接的切入点，是全面推进小康建设的重要任务。7. 县域经济属于区域经济范畴。县域经济是一种行政区划型区域经济，是以县城为中心、乡镇为纽带、农村为腹地的区域经济。

通过以上对县域经济名称的界定和特点的描述，我们已经大略知道县域经济到底是怎么回事。上世纪末徐文荣从破解三农问题出发，延伸到县域经济，提出县域经济的核心是解决好三农问题。

同时，由于在横店镇域范围内较好解决了三农问题，徐文荣就此想到由镇及县，推动县域范围三农问题的解决，不但东阳而且周边，不但东部地区还包括中西部广大地区，由此在全国范围内通过发展县域经济，破解全国的三农问题。

依据笔者目前掌握的，还无法确定徐文荣是不是国内首先提出通过发展县域经济破解三农问题的企业家，但可以肯定他是最早提出该问题的企业家者之一。

二、县域经济的历史

县域经济古已有之。只不过以前没有像现在这样受到关注，得到重视。对县域经济的重视，和本世纪初开始国家重视解决三农问题和实现现代化密不可分。对此，笔者搜集整理了我国县域经济的相关历史资料。

2200 多年前秦始皇统一中国实行郡县制，是县域经济的肇端。秦始皇统一中国以前，还没有实行郡县制，也就没有县域经济。在汉唐盛世，中国封建社会走向了它的一个顶峰，中国有当时世界上最大最繁华的都会，在广大农村有最发达的农耕文明和农业技术，有以儒家仁、孝治理下的中国传统乡村文明，华夏大地生养着勤劳、智慧、善良的中国农民，这些都代表着当时中国县域经济的繁荣，县域成为国家的经济基础和政权基础，汉唐盛世傲视全球。

但自宋以降，特别到清开始，由于重农抑商、闭关锁国，面对工业文明武装起来的西方列强的军事入侵和经济殖民，以农业和手工业为主的中国县域经济越来越萎缩、越来越萧条，以鸦片战争为标志，整个封建王朝迅速走向衰败。自太平天国运动后，以"师夷长技以自强"为目的的洋务运动，为中国迈入现代化奠定了一定基础。1898年的戊戌变法，是一场学习西方，发展农、工、商业等的资产阶级政治改革，在一定程度上促进了中国的现代化。但腐朽的封建帝制未变，这些都只能是枝末。

孙中山领导的辛亥革命推翻了封建帝制，为中国现代化发展提供了新的机会，但是直至新中国成立，由于占领导地位的中国资产阶级自身的软弱，中国社会封建势力的浓厚残余，西方列强的虎视眈眈，军阀混战，日本法西斯入侵，中国现代化进程历经坎坷而陷于停顿，中国的县域经济屡遭蹂躏艰难生存。

新中国成立以来，和共和国一道，县域经济获得了新生。建国至今，县域经济获得了"四次大发展"，国民经济也随之实现了"四次提速"。

第一次是20世纪50年代初期的土地改革，使全国3亿多无地、少地农民获得7亿亩土地，免除700亿斤粮食的地租。1952年，粮食产量因此比1949年增加了45%，超过解放前最高年产粮的18%。1952年至1958年，国内生产总值平均增长7.7%，高于世界同期平均增长率3个百分点。

第二次是上世纪80年代初期的家庭联产承包责任制，使农民从人民公社的制度中解放出来。1978年至1985年，农业附加值增长了55.4%，农村居民家庭人均纯收入增长 1.7 倍，增长幅度创历史最高，城乡差距进一步缩小。

相反，上个世纪"大跃进"，县域经济遭受了巨大创伤，国民经济也面临崩溃边缘。当时，为了"坐飞机，乘火箭，赶美超英十五年"，实行"全民炼钢，以粮为纲"，并且试图消灭商品经济，建立了公共食堂，实行吃饭不要钱。然而，1959 年至 1962 年，天灾人祸接踵而至，妇女虚弱到没有了分娩的气力，很多地区出现了饿死人的情况。在推进"大跃进"最卖力的安徽、河南、四川的一些地区，农民不得不外出流浪讨饭。同时，为减缓城市食品的供应压力，国家实行紧缩政策，2500 万城市居民被迁往乡村……这是不按客观规律办事的沉痛教训。

第三次大发展，是上世纪整个八十年代和九十年代中期乡镇企业的异军突起。国家实行改革开放政策，实行商品经济，鼓励创办乡镇企业。乡镇企业主要落户在县域范围内，利用本地的资源优势和体制机制的灵活，搞生产加工服务，满足广大老百姓对商品的迫切需求，获得了大发展。

乡镇企业的大发展对促进乡村经济繁荣和人们物质生活水平的提高，改变单一的产业结构，吸收数量众多的乡村剩余劳动力，以及改善工业布局、逐步缩小城乡差别和工农差别，建立新型的城乡关系具有重要意义。乡镇企业已成为中国农民脱贫致富的必由之路，也是国民经济的一个重要支柱。

1978 年，社队企业总产值只相当于当年农业总产值的 37% 左右，经过十年的改革开放，乡镇企业进入发展的第一个"黄金十年"，到 1987 年，乡镇企业中二、三产业产值合计增加到 4854 亿元，这相当于农业总产值的 104%，首次超过了农业总产值。这是中国农村经济发展史上的一个里程碑，它标志着中国农村经济已经进入了一个新的历史时期。

进入九十年代，特别是 1992 年邓小平南巡讲话后，乡镇企业获得了第二次大发展，最高年份的 1993 年乡镇企业总产值增幅达 65%，次高年份 1994 年增幅达 46%，总产值从 1990 年的 9581 亿元增长到 1999 年的 100524 亿元，年均增长 29.9%，大大高于我国 GDP 的平均增长。在 90 年代，乡镇企业出现了两极分化，一部分小微企业继续在广大乡村生存，一分部遭到淘汰，一部分转型升级走向联合之路，组建企业集团（横店集团、万向集团等就如此）。1998 年全国企业 500 强，乡镇企业就占到了 55 家。总的来说，在 1997 亚洲金融危机之前，乡镇企业发展速度很快，进一步壮大了县域经济实力。

上世纪八九十年代乡镇企业大发展的事实证明，乡镇企业成为了国民经济的重要组成部分，农村经济和县域经济的重要支撑力量，农民转移就业的主渠道，成为了城乡经济市场化改革和以工哺农的先导力量，起到了国有和集体企业不可替代的重要作用，为我国解决好农业、农村、农民问题，推进中国特色农村工业化、城镇化、现代化，探索出了一条成功之路。

第四次，进入新世纪后国家免除农业税和连续出台支农惠农政策，加入世贸组织后工业化进程加快和城镇化大发展，促进了县域经济再上新台阶。时间大致自 2001 年我国加入世贸组织开始到现在。2006 年我国免除了延续 2000 多年的农业税，国家将三农工作作为全党工作的重中之重，统筹城乡发展，连续出台了支农惠农政策，出台政策措施建设美丽新农村。同时，随着 2001 年我国加入世贸组织，利用比较优势，大力发展制造加工业，确立了世界制造业大国地位，乡镇企业经过所有制改造和转型升级，进一步增强了经营规模和竞争力。同时，各地开展大规模城镇化建设，拉动了经济增长，城乡面貌发生崭新变化，县域经济上了新台阶。但在 2007 年全球性金融危机下，为刺激经济，国家将大量钱投入到"铁、公、基"上，民营企业融资困难，政府支持力度减少，出现了"国进民退"的局面。但总的说，进入新世纪以来，乡镇企业、民营经济还是获得了新的发展。到 2013 年，我国非公经济总量已经占到 GDP 总量的 60%，税收占比超过 50%，提供的就业机会超过 80%，对基础设施的投入占比超过 60%，对新增就业的贡献率达到了 90%。在我国经济结构中，非公经济占据了越来越重要的地位，它不仅在活跃市场、增加税收、扩大就业等方面发挥着作用，更是在培育市场体系、完善市场体制、促进经济改革方面发挥了重大推动作用。无疑的，以非公经济占主角的县域经济获得了大发展。

三、县域经济在我国国民经济体系中的重要地位

县域经济在我国国民经济体系中具有重要的地位。

首先，县域经济是城市经济的摇篮。县域经济与城市经济都是区域经济。县域经济的基础是区域内的自然资源，而城市经济的发展主要靠资金、技术和人才。中国是一个传统农业大国，为了加快国民经济工业化与城市

化，解放后，长期采取了农业支持工业、农村支持城市的经济政策。县域经济为城市经济提供了巨大的资金、土地、劳动力等资源，城市经济在县域经济的摇篮中发育、成长。

据统计，1950—1978 年，国家通过工农产品剪刀差的形式，每年提取农业剩余净额 155 亿元，用于城市与工业发展。1979—1997 年，每年净提取 811 亿元，是改革前的 5.2 倍；国家和城市又从农村征用土地 2.7 亿亩，用于城区扩容、修建工厂和开发区，这些土地以极低的价格从农民手中征用，汲取 6—10 万亿元以上的地价剪刀差。

其次，县域经济是市场经济的温床。作为国民经济基本单元的县域经济，率先拉开了由传统小农经济、计划经济向市场经济转轨的序幕。上世纪七十年代末，安徽省部分农民冒着"割资本主义尾巴"的危险，偷偷摸摸地将一些麦田、油菜田承包到自己家里去种，搞起了包产到户。凤阳县小岗村便是这项改革的发源地。当年村干部和十几户农民按手印立下大包干秘密协议，协议上写着：如果村干部坐牢杀头，其他农户保证把他们的小孩养到 18 岁。1980 年，中共中央发出当时著名的 75 号文件，对包产到户的形式予以肯定。"大包干，大包干，直来直去不拐弯；交够国家的，留足集体的，剩余全是自己的。"由于"包产到户"从根本上打破了农业生产经营和分配上的计划体制，极大地释放了农业生产力，带来了国民经济的全面振兴。据统计，1980—1990 年，中国农业年均增长率达 5.99%，工业为 11.1%，服务业为 13.6%；与 1965—1980 年期间的农业年均增长率 2.8%、工业 10%、服务业 10.3% 相比，全面实现了经济提速。

第三，县域社会的脊梁。经济发展是社会发展的前提和基础，也是社会发展的根本保证；社会发展是经济发展的目的，并为经济发展提供精神动力、智力支持和必要条件。

县域经济是县域社会的基础。经济不发展，一切都空谈。县域经济是县域社会各项事业发展的基础。在现行条件下，县域经济作为一种市场经济，向着可以产生经济效益的任何领域渗透扩张，深刻改变着人们的思想观念。县域内的各项事业和民生工程，都需要经济发展来支撑。离开县域经济的发展，县域社会发展便是无源之水、无本之木。

第四，县域经济占据我国经济的半壁江山。仅据 2007 年资料，2007 年我国乡镇工业增加值达 47800 亿元，占全国工业增加值的 46.5%，而在 1978 年这一比重只有 9.95%。从企业结构看，乡镇工业主要是位于县域的中小企业，与国有大中型企业一起形成了我国大中小结合的较为合理的工业企业结构。乡镇企业通过拾遗补阙成为增加社会有效供给的有生力量。目前，乡镇企业的许多产品，特别是日用消费品，已占全国相当大的比重，如电子及通讯设备制造占 17%，机械占 26%，原煤占 40%，水泥占 40%，食品饮料占 43%，服装占 80%，中小农具占 95%，砖瓦占 95%，繁荣了我国的城乡市场，增加了社会有效供给。同时，乡镇企业已成为增强我国综合国力的重要方面和保持农村社会稳定的重要因素。

四、县域经济对解决三农问题的决定性作用

徐文荣之所以说县域经济是三农经济，是真正的"老百姓经济"，就是因为县域经济对解决三农，起着决定性作用。为何如此说？

1. 发展县域经济是繁荣农村经济的基本保证。农业及农村经济是县域经济发展的基础，反过来，县域经济是农村经济发展的基本保证。只有包括工业、服务业在内的县域经济发展了，才可以做到以工哺农，以商惠农。在县域经济范围内，农业发展的产前、产中、产后服务体系健全了，农业的产业化发展以及农业的基础地位才更加巩固。也只有县域经济发展起来，带动农村的商业、生活服务业的发展，才能够促进农村经济的全面发展。反过来，县域经济发展，非农人口增加，为农产品销售提供了更大市场，有利于增加农民收入。

2. 县域经济是小城镇发展的重要基础。坚持大中小城市和小城镇协调发展，是我国推进城镇化、现代化的重要方针。小城镇建设要突出重点，讲究实效。从我国的实际出发，小城镇的发展必须以县域经济的发展为前提，以县所在地和经济发达乡镇为依托。县域经济不发展，小城镇就建不了。只有我国广大的县域经济发展了，才能促进产业集聚、人口集聚、要素集聚，才能开展大规模的基础设施建设和各项城市功能建设，拉动国民经济增长。经济发展就业机会增加，农民也才有能力在小城镇购房和生活，我国的城市化率和现代化水平才能得到提高。诸如横店镇、柳市镇、佛堂镇等浙江沿海发达地区的广大农村乡镇正是借助于乡镇企业民营经济的发

展推动了城镇化步伐。

3. 县域经济是吸纳农村富余劳动力的主要渠道。我国是农业大国，也是农民大国，如何消化农村富余劳动力是必须长时期内面对的问题。县域经济的发展能够在这方面发挥主渠道作用。县域经济的发展，为富余劳动力提供就业机会，让就近的小城镇成为农民务工经商的平台，离土不离乡，免却了农民长年外出打工奔波思乡之苦，减少家庭小孩老人的感情问题。小城镇地价和物价较低的优势，可使农民不离土离乡，就地变成城市居民。从我国实际情形看，县城和小城镇应该成为农村劳动力转移的主要目的地，可以避免农村人口过度集中到大中城市，可以在一定程度上缓解大中城市就业压力和社会管理的压力，促进国家合理的城市体系和全面发展繁荣。

4. 县域经济是农民增收的重要途径。中国农村人多地少，加快农村劳动力向非农产业和城镇产业转移，是增加农民收入的必由之路。从有关数据看，1990 年以来，农民来自第一产业的收入从 75.6%，降为 2014 年的 34%。来自务工经商的收入已经上升到了 66%，从新增的收入来看，90% 以上是来自务工经商收入。务工经商收入越来越成为农民增收的一个主渠道。在国际国内农产品价格倒挂，耕地资源有限的情况下，农民要增加收入主要靠转移到城镇或者是非农产业。这是必走的途径。县域经济的发展，将有效增加农民非农收入，推动农村非农产业的发展，为农村提供更多的就业门路和就业机会，成为农民增收的重要途径。

五、关于发展县域经济的若干经验

前面已经说到，横店作为东阳市域（县级市）的大镇，由于徐文荣领导下的横店集团的主体主导和辐射带动，经济总量多年来稳居全市第一，人口占全市 10.2% 的横店，2014 年国税地税收入占到全市的 41.3%，农村人均可支配收入 27000 元，城乡居民收入差距比缩小至 1.43，高于全国农民人均 10489 元和浙江省农民人均 19375 元。

单从横店镇本身看，电子电气、医药化学、影视文化和现代服务业已经发展成为具有广泛知名度和地域特色的区域经济，成为东阳县域经济的重要组成部分。它以横店镇为中心，以快捷方便的道路、互联网等为链接纽带，将全镇 120 多个村居兼容为一体，真正实现城乡一体化。2010 年横店镇成为浙江省小城市综合改革 27 个试点镇之一，享受了原属于县级的部分审批权，使镇财权事权相统一。试点实施四年多来，无论是经济规模、城乡人口、产业集聚和辐射带动、城乡建设、政府机构设置和职能转变，横店在全省 27 个试点镇中各项指标最靠前。

徐文荣是一个老横店。他创建的横店集团、横店四共委成为横店经济的主导力量，他亲手将落后破烂的横店建设成为了一个现代化新横店。他积累了发展县域经济、破解三农问题的丰富经验。

1. 必须发展乡镇企业和民营经济

徐文荣曾说："还是那句话：无农不稳，无工不富，无商不活，农民要想富，必须办企业。"

要富裕农民，就必须减少农民，而减少农民的重要途径就是农村工业化，工业化水平低是绝大部分县域经济发展缓慢的主要原因。长期以来，人们习惯于将县域经济与农业画等号。首先要解放思想，县域经济不仅是农业经济，还可以涉及经济领域的各个产业。仅仅依靠农业发展不可能克服县域经济发展中存在的土地与人口之间的尖锐矛盾及县级财政困难、农民增收迟缓、农村发展严重滞后等各种问题，这些矛盾和问题必须依靠工业的迅速发展来解决。

在县域一级，国有企业本身很少，在过去年代农民也没有资格进入，那只有农民自己办工厂。在徐文荣带领下，从1975年横店农民开始创办缫丝厂，一直以来采取了正确的发展战略和经营策略，工厂越办越多，越办越好，不断向高科技产业升级，至今享有了"世界磁都"、"江南药谷"的美誉。2014年，横店集团销售达到520亿元，实现利税61亿元。横店镇农业产值只占1%，工业产值占比48%，第三产业占比达到51%。

乡镇企业发展了，县域经济的实力也壮大了。乡镇企业赚钱后，也就有能力来支持城镇建设，为农民做好事。经济不发展，农民没出路，搞城镇建设，是不可能的事。

这里顺便提一下，乡镇企业是从企业所在地域来统称的，即乡镇企业所在地在乡镇，而不在城市。乡镇企业的所有制可能是集体经济、私有经济或混合经济，但乡镇企业一定位于县域范围，否则就不叫乡镇企业了。民营经济，是从所有制角度来说，是老百姓所有，由老百姓自己经营，不是国家、集体所有，所在地域，可以在县域乡镇也可以在大城市，不一定的。像横店集团，既是乡镇企业，也是民营企业。

徐文荣认为，县域经济要发展，办企业是首要一条，尤其是农民自己起来办企业。这里的企业，可以是工厂，也可以是文化产业、服务业。当然，企业要选准项目，经营管理得当，要有眼光，要因地制宜，结合各自地理环境、资源、人口、历史文化实际。

2. 必须实施城镇化

按徐文荣的理解，县域经济之核心，是解决三农问题。三农问题的核心是农民增收问题。在我国国情地情条件下，农民要增收，最有效的解决途径就是减少农民，转移农民。如果大多数农民留在土地上靠种田生活，农业效益就难有大幅度增长，农民收入就永远难有大的跨越。因此，减少依靠土地的农民数量，转移农村剩余劳动力，成为县域经济发展的重中之重。实现工业化，让农民进厂当工人，是减少农民的一条主要途径。转移农民的另一重要途径在于城镇化。城镇化水平越高，城里人越多，农民越少，农民收入就容易提高。实施城镇化，土地基础设施利用率就高，使用边际成本就越低，资源的利用率就越充分，经济主体间的交流就越多，产业行业间自然形成相互衔接的链条，人流、物流、信息流、产业链的互动可创造更多的就业机会，就会出现以农兴城、以城促农、城乡联动，农民不仅进得来、留得住，而且可以将城镇的文化、科技、信息向农村扩散，更好地发挥"辐射源"的作用。从国家层面来讲，大量的小城镇的建设，不但可以缓解大城市压力，而且可以持续地扩大内需，均衡区域经济发展。

到目前，横店已经实现城乡一体，联动发展，城镇化率达 70% 以上，远高于全国水平。通过农民办厂，农民建城，基本实现了城镇化、现代化。在东阳市域范围内，实行优势城镇率先崛起，达到产业、人口、资本、资源等要素的快速聚集，实现城乡联动发展，使城镇化成为经济发展的增长极之一。

3. 必须发展服务业

服务业发达与否是衡量一个国家或地区经济社会发展的重要指标。发达国家，服务业所占比重在 70% 左右，远超工业和农业占比。而我国，服务业所占比重在 45% 左右，远低于发达国家水平。

徐文荣认为，发展服务业，可以容纳更多的农民就业，并且，服务业的就业门槛低，很多缺乏文化知识的农民，或过了就业年龄的老人，也可以在门槛很低的服务业中找到出路，发挥所长。这对于解决三农问题，作用无疑是巨大的。

徐文荣的办法是，在办了大量工厂吸收了大多数横店农民进厂当工人后，从 1995 年开始发展文化产业，1996 年开始转向影视文化旅游，用短短几年时间形成规模化，进行专业化管理，打造成为"中国好莱坞"。当前，横店文化产业吸收就业的近 5 万人中，包括很多横店本地的农民，以及数万名来自全国各地的"横漂"。由于影视旅游产业的发展，横店宾馆床位数达 2 万余张。横店的绝大多数农民通过横店影视文化旅游产业的辐射带动，开宾馆饭店、开店铺、做买卖、为影视拍摄配套服务，或者房屋出租等赚钱。有人说，在横店只要不是懒汉，总可以找到正经事情做，日子总可以过得很好。由于每人都有正当的事做有钱赚，刑事犯罪也就很少，横店的治安状况也就很好。由于很多超过劳动力年龄段的人继续就业，比如许多须发皆白的老农民参加影视拍摄，或在家里守店做生意，横店的就业率超过百分之百也就不足为奇。

除了影视文化旅游产业，徐文荣还发展了教育、医疗卫生、金融等现代服务业，除了解决大量的就业，更增加了县域经济的活力。近些年来，在活跃的民营经济推动下，为满足社会上对传世高档家具的需求，东阳木雕转型升级，开发生产中高档红木木雕家具，横店的红木家具产业发展迅速，名气颇大，大批横店农民办起了红木家具厂或成为管理技术人员。

4. 必须实现农业产业化，做好三农工作

徐文荣认为，在县域范围内积极发展工业和服务业的同时，必须通过农业产业化和现代化实现农民增收，做好三农工作。

必须通过工业反哺农业，加强农业基础设施建设，补足农业短板。以城镇居民需求为导向，抓好农业产业结构调整，发展优质高效农业，加强市场对接，从而提高农民收入。健全农业产业化体系，通过土地适当规模经营，推广农业机械使用，扩大种养面积，提高科技化水平。在政府规划引导和横店集团支持下，横店加强特色农业园区建设，扶持农村种植大户和养殖大户，相继建起了甜玉米基地、无公害蔬菜基地、有机蔬菜基地、

巴西菇栽培基地、大棚西瓜基地、葡萄提子基地、梨园基地、花卉苗木基地、蚕桑基地等，形成了一批规范化养猪、养鸡、养鸭等养殖大户，促进了农业增效，农民增收。同时，利用来横店游客多的有利条件，发展农家乐，实现农产品自产自销，现在金马、方家等村农家乐搞得有声有色，农民们喜笑颜开。

5. 必须重视教育和科技

县域经济发展滞后，根本的一条就是科技和教育的差距，振兴县域经济必须着力实施"科教兴县（市）"战略。徐文荣认为，必须做好以下几个方面的工作：

（1）工业必须高科技，文化产业也要文化和科技融合。在进入工业化中期之后，利用能源、劳动力、土地等拼资源的办法办工业，没有出路，只能转型升级走高科技之路。横店就是这么一路走过来的。不走高科技和科学管理之路，今后就办不好工业。

徐文荣认为，文化产业也必须和高科技融合，才能将文化内涵诠释得更具体生动，给参与者更多体验和惊喜，从而带动文化产业大发展大繁荣。2013 年，横店被中宣部、科技部等国家四部委联合审批为国家级文化和科技融合示范基地，成为入选全国 18 个示范基地中唯一非地级以上城市。2014 年 7 月，中科院、浙江大学授予横店"数字文化实验基地"、"国际人才创新基地"、"港澳战略研究中心横店实验基地"、"浙江大学国际设计研究院横店分院"，今后横店将与中科院、浙江大学等国内顶尖科研院校及法国、韩国等数字文化科技团队合作，依托各自优势，打造横店数字文化实验基地，开发集影视文化、科技观光、文化旅游、休闲度假等功能于一体的创新型文化产业项目。除了横店影视城的系列高科技体验项目，2015年横店四共委还成功打造超大型高科技水秀"梦幻圆明"，中国世界野生动物乐园高科技体验等项目，同时正在上马建设高科技演艺馆，进一步夯实横店影视文化、科技观光旅游与文化休闲度假产业在国内乃至在世界的领军地位。

（2）必须重视教育和人才工作。县域经济要发展，国民素质要提高，首先要重视教育。过去是扫文盲，1986年开始国家实行九年制义务教育。徐文荣很早就提出，横店农民子女不但要扫初中的"盲"，还要扫高中的"盲"，将来还要扫大学的"盲"。为了兑现说过的话，1991年，徐文荣创办了横店工业技校，让上不了高中的横店农民子女得以进入技校学习，毕业后可直接进入横店集团下属企业就业。1994年，创办横店大学，乡镇企业办大学这在全国是第一家。为了补横店镇没有高中的"缺"，2002年创办了当时全省规模最大、校舍最好、设施最全的民办高中。2008年，浙江横店影视职业学院（前身为横店大学、浙江横店科技专修学院）正式挂牌，这是浙江省目前唯一的以影视为特色、涵盖相应领域相关专业的高职院校。学院占地580亩，建筑面积12万余平方米，学院建有63个校内实验室和74个校外实训基地，学院下设表演艺术学院、影视制作学院、文化经济学院等5个二级学院，艺术设计传媒类等16个高职专业，2015年在校生达5000多人。这样，早在2002年，横店镇就拥有了从幼儿园、

浙江横店影视职业技术学院

小学、初中、高中到技校、大学的完整的教育体系，集团企业内部各相关企业还成立了诸如东磁管理学院等教育培训机构。教育体系的完善，各种培训形式的多样，使横店老百姓都有获得教育的机会。

发展县域经济，关键在人才。当初横店发展高科技，苦于没有人才。为了使人才为我所用，徐文荣采取了"给三高求三高"政策（高工资、高奖金、高福利，高学历、高科技、高效益），实施"请、买、纳、租、育"五字人才工作方针。栽好梧桐树，引来金凤凰。一时间大量人才投奔横店而来，为横店事业而拼搏。据横店集团2010年的数据，在42300多员工中，大专以上学历 12293 人，拥有高级职称 2673 人，中级职称 3308 人，初级职称 3697 人，其中博士 295 名。企业科研实力也在不断增强，已建有博士后科研工作站 3 个，国家级技术中心 3 个，省级技术中心 9 个。

（3）大力推进"科教兴农"。科技是农业的根本出路。传统农业要面向现代农业，老农民要运用现代科技。除了推广新品种、新科技，开发形成优势特色产业，利用互联网＋形式，打开更广阔市场，做到田间生产直接和餐桌消费挂钩，促进农民增收。为了推广农业科技，农业、科技部门要密切配合，充分利用现有人力、物力和财力，以项目为中心，以乡镇为重点，完善农村社会化服务体系和人才培训，统筹制定计划、安排项目、筹措资金、培训人才，形成资源共享、优势互补、通力合作、分工负责的运行机制，提高科教兴农的整体效益。

6. 必须做好四个结合

徐文荣对发展县域经济与解决三农问题的经验是，做好四个结合。一是同农村富余劳动力转移结合。转移农村的富余劳动力是县域经济发展的重要目标。县域经济发展了，县和镇一级有望成为劳动力转移的主要目的地。县域经济发展能够提供一条将发展经济和提供就业结合起来的发展之路。所以要充分发挥城镇工业和服务业对吸纳农村劳动力就业的重要作用。

二要同促进农民增收结合起来。增加农民收入是发展县域经济的根本目的。县域经济是要富民强县。富民就是农民收入的增加，强县就是使县的财力增加。这两个方面从总的看是统一的，而要以民富为可靠的前提。

县域经济发展要落到实处就要落在农村增收上。县域经济发展如何就要看当地农民是否增收。从国家宏观上来讲要支持县域经济的发展，不仅是农村经济的问题，同样也是宏观经济的问题。解决了县域经济问题，也就为解决"三农"问题提供了重要基础。

三要同城镇化相结合。城镇化可以事实上转换农民身份，使农民变市民，享受现代化的城市生活方式，这是多年来农民的期盼，是经济发展的根本目的之一，也是国家现代化的重要标志。

四是要同新农村建设相结合。中国广大农村是一道美丽的风景，是中国传统文化的重要发源地和传承地，古民居、民宅及各种构思奇巧的建筑设计，是先人留给我们的宝贵遗产。城镇化不应是千城千镇一面，也不是消灭农村，特别是消灭精美的古建和优秀的传统文化。横店在加强空心村的改造，做好偏、散、小的自然村搬迁的同时，重点建设一批历史文化名村和风景秀美山村，加强道路、自来水、网络等基础设施建设，提高社会化服务，做好养老医疗保障，搞好环境整治和"五水共治""两美横店"，实现"世界最美乡村在中国，中国最美乡村在横店"的目标。

7. 必须转变政府职能

县域经济的发展壮大是一个复杂的系统工程，更是一项长期的艰巨任务。必须通过改革为发展增添动力，通过政府职能的转变为发展注入活力。

从我国国情出发，基本前提是坚持党在农村的基本政策。长期稳定并不断完善以家庭承包经营为基础，统分结合的双层经营体制，尊重农户的市场主体地位，认真贯彻落实《土地法》，引导农民按照依法、自愿、有偿的原则进行土地承包经营权的流转，继续深化农村税费改革，减轻农民负担，保护农民利益。

一要进一步转变政府职能。增强县级政府统筹的能力，把职能从用行政手段指挥和管理经济转变到用市场手段服务和调控经济上来，转变到营造经济发展的环境上来。

二要加快农村金融改革。一方面农村资金大量外流，另一方面，农村经济和县域经济发展所急需的资金无法得到满足。许多县级金融机构面临很大的信贷风险，信贷资产流动性差，无法为地方经济发展提供有力的金融支持。必须改善县域经济发展的金融环境，加快农村信用社的改革步伐，同时建立县级中小企业担保机制，形成新的投融资体制。鼓励像横店这样的大型企业集团创办支农惠农的小额贷款公司。

三要统筹城乡发展，将更多精力和投资放到农村，在大力建设新城镇的同时，建设秀美乡村，各项优惠政策更多向农村农民倾斜。出台空心村改造、开办农家乐等专门政策。

四要加强户籍制度改革和各项社会事业改革，使进城农民享受城市居民待遇，不再是"二等公民"，健全养老医疗保险体系，使农民幼有所教，长有所业，老有所养，病有所医，终生有依靠。

六、徐文荣提议召开"首届中国县域经济论坛"

徐文荣关于发展县域经济，破解三农问题的理论和实践引起了国内理论界、经济界的高度关注。为了让横店经验得到推广，促进更广大地区县域经济发展和三农问题解决，引起中央对该问题的重视，徐文荣提议，由国务院发展研究中心和《经济日报》社来横店共同主办"首届中国县域经济论坛"，论坛邀请有关领导、专家和全国部分县市一把手参加。徐文荣的提议，得到了国务院发展研究中心和《经济日报》社的赞同和支持。"首届中国县域经济论坛"于 2001 年 11 月 11 日至 13 日，在横店召开。论坛由国务院发展研究中心、《经济日报》社共同主办，承办单位为东阳市人民政府、横店集团控股有限公司。

这次论坛，是全国范围内由国家层面政策研究机构和国家级媒体召开的最早的县域经济论坛。

论坛主要议题是：县域经济在国民经济中的地位和作用；县域经济发展的成就和经验；县域经济发展中存在的主要问题；县乡财政的现状及改革的方向；农村经济战略性调整和农民增收；加入 WTO 对县域经济和农村经济的影响等。

与会的有中央有关方面负责人和主办单位领导，包括中央财经领导小组办公室、国务院发展研究中心、《经济日报》社和浙江省委、省政府领导，陈清泰、柴松岳、段应碧、陈锡文、武春河、罗开富、陆学艺、温铁军、李铁、唐仁健、程国强等领导、专家出席了论坛，金华、东阳两市和横店镇党政领导，以及徐文荣等横店集团领导出席了会议。论坛邀请了来自全国各省 60 多个县市党政领导参加。《人民日报》、新华社、中央电视台等近 40 家新闻单位的记者到会，并在会后作了报道。

中共中央政治局委员、国务院副总理姜春云为论坛发来贺信。姜春云在贺信中指出，县域经济作为国民经济的基础单元，在我国国民经济和社会发展中占有十分重要的地位。无论从我国改革和发展的历史进程还是从国外一些发达国家发展的实践经验来看，县域经济和区域经济的发展，对一个国家经济、社会发展和主权巩固，都有着重要意义。贺信指出，国务院发展研究中心和《经济日报》社设立"县域经济论坛"，为不同发展水平的县（市）互相交流提供了一个舞台，为发展县域经济出谋划策，这是值得祝贺的。

这是中央领导对举办首届县域经济论坛的肯定，也是对徐文荣积极提议的肯定。

中共浙江省委副书记、省长柴松岳开幕致辞。中央财经领导小组办公室副主任段应碧阐述了举办县域经济论坛的重大意义。东阳市委书记汤勇开幕致辞。横店集团总裁徐永安在论坛上致辞。

在本次论坛上，徐文荣和国务院发展研究中心、全国人大农委、中国社科院、国家计委、农业部产业政策与法规司、国家体改委小城镇发展研究中心等部门的陈锡文、陆学艺、唐仁健、苏明及浙江省农办副主任顾益康、杭州商学院副院长张仁寿等著名经济学家和农村工作专家学者作了专题演讲。

新华社在 11 月 12 日专门发了"首届中国县域经济论坛"的新闻。

徐文荣关于发展县域经济,破解"三农问题"的思想观点主要体现在他在论坛上的几次讲话中。徐文荣在首次论坛上的讲话全文:

各位领导、各位嘉宾:

首届中国县域经济论坛选在我们东阳市横店举办,这是横店人民的荣幸。我代表横店集团三万多名员工,对论坛的举行表示热烈的祝贺!对各位领导、专家和全国各地市县领导的到来表示热烈的欢迎!并预祝论坛取得圆满成功!

县域经济是国民经济的重要组成部分。在新的世纪,我们要实现中华民族的伟大复兴,实现强国富民的伟大目标,必须大力发展县城经济。过去,我们对县域经济的发展研究得不够,重视得不够,倾斜得不够。特别是对县域经济发展中存在的问题,比如,机构设制问题,管理权限问题,财税体制问题,等等,对这些问题缺少研究,缺少改革的对策。因而严重阻碍了县域经济的发展。

陈锡文说,县域经济事关民生大事。他是从专家的角度来论述的,要叫我们老百姓说,县域经济就是老百姓经济。重视县域经济发展就是重视老百姓的脱贫致富;强调县域经济发展,就是强调老百姓的幸福安康。

今天来了这么多领导和专家,还有这么多各地的父母官,都是为老百姓经济和老百姓说话的,我们老百姓非常感动,也非常感谢!希望领导和专家为发展老百姓经济多说话，说实话，为发展县域经济多研究，献良策。

同时，也希望你们把老百姓的希望带到上面去。国家为发展城市经济、搞活国有大中型企业，花了那么大力气，投入那么大资金，现在已取得辉煌的成绩，三年脱困的目标如期完成。下一步，国家经济工作的重点放在哪里？我觉得，经济工作的重点应该向下移，应该放到县域经济上，放到农村经济上，为发展农村经济和县域经济真正出台一些过硬的政策和措施。县域经济发展了，广大老百姓就业和增收有了保证，国民经济发展就有了坚固的基础，农村市场的开拓和经济的良性循环就会迎刃而解。而乡镇企业是县域经济的重要组成部分，在我们浙江大部分县市，实际上已经成了农村经济和县域经济的主体。我们横店集团经过20年的发展，特别是改革开放以来的快速发展，目前已经成为全国5家特大型乡镇企业之一和全国500强企业之一，成为综合性、跨区域、国际化的大型集团公司，产业涉及电子、化工、汽车、医药、草业和影视文化、旅游等等。关于横店集团的基本情况，我们已经给与会的各位准备了资料，论坛期间还将请大家参观，所以这里我就不多讲了。我仅就横店集团20多年来的发展历程做一个简单的概括，以求教于各位领导和专家。

大家知道，横店不仅是一个乡镇企业发展的典型，也不仅仅是一个经济发展的典型，而是经济社会综合发展的典型。横店集团20多年来的实践和追求，概括起来实际就是6个字：办厂、造城、塑人。办厂就是大力发展乡镇企业，就是把横店集团建成国际一流的企业；造城就是把横店从最初的小山村变成美丽的小城市，这一步正在变成现实；塑人，就是通过办厂和造城，通过大力发展教育和文化，把传统农民改造、提升为城市市民，把传统农民来一次脱胎换骨的蜕变。

办广、造城、塑人，不是简单的并列，而是层次的递进。办厂是起点，是基础；造城是载体、是手段；塑人是目标，是根本。

横店的实践和发展，始终坚持了"一个核心"、"三个协调"。一个核心是什么呢？就是以农民自身的发展为核心。三个协调是：一二三产业协调发展；经济增长与资源环境协调发展；经济发展与农民发展协调并进。

"一个核心"、"三个协调"，有着十分丰富的内涵，在这里我不想做过多的阐述。有人据此说，这是徐文荣的新农村发展观，也有人据此说，徐文荣不是一个企业的企业家，是社会的企业家。对这些评价，我都一笑了之。老百姓要的是实实在在的效果，老百姓得到好处的，就是对的，我们就要坚持。

借召开首届中国县域经济论坛的机会，我还想谈一点与县域经济发展相关的想法，向与会的领导、专家请教，也与县市领导们交流。

大家知道，昨天，也就是11月10日，中国已经正式成为世贸组织的一员。中国入世，经过十几年的艰苦谈判，终于成为现实。这对我们企业来讲，是机遇大于挑战，还是挑战大于机遇，关键看我们的准备是否充分。

横店集团20世纪90年代初就确立了高科技、外向型、集团化的发展战略，可以说，为入世，为融入国际经济体，为与国外企业和产品在同一个舞台上竞争，横店集团已整整准备了十年。为了给这种参与和竞争提供个舞台，横店集团抓住国际中小企业贸易的空档，投巨资建设开通城乡、联结国内国际的交易平台，这就是横店国际商贸城。它建筑面积 120 万平方米，其中 18 万平方米已经建成，并于上个星期第三届中国农民旅游节期间开馆。横店国际商贸城的建设引起了国内外的广泛关注，并已经成为世界贸易中心的会员。

为了发挥横店集团在国际贸易方面的优势，我们决定在国际商贸城中专门开辟中国县域经济国际贸易馆。对横店集团来讲，开辟县城经济国际贸易馆的目的有三个：

一是转化和转移。所谓转化，就是科技成果的转化。20 世纪 90 年代以来，集团重视科学技术，提出了 " 非高科技项目不上 " 的方针，并和全国各地的科研院所建立了广泛的联系，还建起一批自己的多学科专业研究队伍。目前，横店的许多科研成果需要向外转化和扩散，特别是一些中西部的县市。所谓转移，就是产业的转移。适应城市化的要求，横店需要将一些产业包括高科技产业向中西部地区转移，目前正在寻找合作伙伴。

二是交流与合作。成立县域经济国际贸易馆，全国各地的县市在此交汇交流发展经验，探讨合作途径，共同促进县域经济的发展。同时，横店集团将利用自己的外贸人才和经验对这些县市传经送宝，培训人才。

三是走向国际市场。县城经济封闭性相对较强，走向国际市场比较困难，但许多县市又有一些有特色的产品。将这些特色产品集中起来，利用横店集团国际贸易的优势，采用市场化和公司化的运作方式，推向国际市场。

所以我们要把县域经济国际贸易馆建成：

一个基地：县域经济交流、合作的基地。

一个平台：县域经济发展成果展览、展示、展销的平台。

一个窗口：横店集团对外合作和成果转化、产业转移的窗口。

一个通道：县域经济产品走向国内外市场、特别是走向国际市场的绿色通道。

一个中心：全国性的县域经济的物流中心。

在国际商贸城建立全国县域经济国际贸易馆，是发展县域经济的一大举措，也是本次论坛的一个重要成果。横店集团制订一整套的优惠政策扶持办好这个馆。横店集团愿意和国家有关部门、专家学者、全国各市县紧密合作，共同为促进县域经济发展作出贡献。

谢谢大家！

在 2001 年首届中国县域经济论坛取得重大成果基础上，为了进一步深入探讨县域经济发展问题，促进县域经济大发展，2003 年徐文荣再次提议在横店举办"第二届中国县域经济论坛"。国务院发展研究中心、《经济日报》社对徐文荣的提议表示赞同，并再次作为论坛的主办单位。这样，中国县域经济论坛再次落户横店。这是十六届三中全会提出"大力发展县域经济"后，首次举办的以研究县域经济发展为主题的全国性高层次研讨会。

2003 年 11 月 1 日至 3 日，"第二届中国县域经济论坛"在横店举行，国务院发展研究中心、《经济日报》社仍为论坛主办单位，论坛承办单位仍为东阳市人民政府、横店集团控股有限公司。

第二届论坛的主要议题是，十八届三中全会主要精神报告会；2004年国民经济发展趋势分析报告；县域经济改革与发展理论研讨；县域经济与城镇化发展；各地县域经济发展典型经验介绍；横店集团等企业对外投资与合作项目洽谈；全国百县（市）县域经济特色产品展览馆成立挂牌；县域经济合作与发展联盟成立事宜。

中共中央政策研究室、中央财经领导小组办公室、国务院研究室、国务院发展研究中心、国务院西部开发办、国土资源部、农业部、国家发改委、国家统计局、《经济日报》社、浙江省委、省政府等单位，郑新立、尹成杰、段应碧、陈锡文、齐景发、杜鹰、周国富、章猛进、陈加元等领

在横店沉浸于欢乐海洋中的游客

导专家出席了论坛，金华、东阳两市有关领导和横店集团董事局主席徐文荣、横店集团总裁徐永安出席了开幕式。来自全国 90 多个县市的 300 多名代表出席了本次论坛。

国务院发展研究中心副主任李剑阁致开幕词。他说，党的十六届三中全会进一步指出："要大力发展县域经济，加快城镇化进程"。只有让涉及人口大多数的县域经济活跃起来，才能全面实现小康。发展县域经济，必须解放思想，因地制宜，走有自己特色的路子。要大力发展农村二、三产业，特别是中小企业，使民营经济成为县域经济的主体。

《经济日报》社社长武春河在致辞中说，"三农问题"关系现代化建设大局，没有农村的现代化，就没有全国的现代化；没有九亿农民的小康，就没有全国人民的小康。县域经济承载着全国城镇化的主要任务，在县域内实现城镇化才是三农问题的根本出路。

浙江省副省长陈加元代表浙江省政府对第二届中国县域经济论坛的举办表示祝贺，并介绍了浙江经济社会发展情况。他指出，县域经济是统筹城乡经济发展，推进城乡一体化的一个结合点，加快发展县域经济，是我省提前基本实现现代化，全面建设小康社会的需要，是加快我省经济发展的战略选择。

中央政策研究室副主任郑新立说，三农问题是当前制约经济发展的突出矛盾，解决三农问题是发展县域经济的突破口。发展县域经济要在专业化分工的基础上发展块状经济，做大二、三产业，要鼓励亿万农民成为创业主体，努力扩大劳动密集型产品的出口。

开幕式后，陈锡文作了题为《深化农村改革，发展县域经济》的主题报告。报告指出，发展县域经济，重点要做好"五个字的文章"：一是钱，农民收入问题。1997年以来，农民收入增长一直徘徊在4%上下，明显偏低；二是粮，粮食安全问题。近几年粮食生产形势相对宽松，实际粮价一直下跌，隐藏风险；三是人，农村社会事业发展问题。农村科教文卫资源普遍短缺，影响农民生活质量，影响人的全面发展；四是地，包括内部土地承包关系的稳定问题和外部征占土地问题。一些地方违法调整土地承包关系，违法滥占强占耕地，造成了社会稳定隐患；五是权，既有农民的合法权益问题，也有农村基层政权的基础巩固问题。解决好了这五方面的问题，就能事半功倍。陈锡文指出，发展县域经济，要切实解决"三农"问题，贯彻以经济发展为中心，以发展民营经济为主，要有一个开放的市场，一个以服务为宗旨的政府，必须按党的十六届三中全会要求，树立科学发展观。

徐文荣在论坛中作了重点发言。

在论坛召开期间，在横店集团徐文荣的提议和支持下，成立了一个旨在促进全国各县域之间交流与合作，壮大各地县域经济发展的非官方、非实体、非盈利组织：县域经济合作与发展联盟。联盟在横店和北京分别设立办事机构，提供日常联络服务。

第二届县域经济论坛取得了圆满成功。《人民日报》、《经济日报》都在第一时间以较大篇幅刊发了论坛的新闻。《经济日报》在"2003年度全国县域经济大事记"中将"第二届中国县域经济论坛在横店召开"作为第四条列入"大事记"中。"大事记"指出，这是以研究县域经济发展为主题的全国性高层次研讨会。

徐文荣在第二届中国县域经济论坛上的发言颇具代表性，受到与会领导、专家与媒体关注，特全文收录，其标题是"发展县域经济是解决三农问题的最佳途径"，以便读者朋友阅读：

各位领导、各位嘉宾：

两年前，我们在这里承办了第一届中国县城经济论坛，今天．第二届中国县城经济论坛又在横店举行，我们感到非常荣幸。在此，我代表横店集团四万名员工，对光临横店的各位领导、各位专家和代表，表示热烈的欢迎！

论坛组委会安排我做一个发言，我也愿意借此机会，就县域经济与三农问题，谈点看法。不对的地方，请批评指正。

一、县域经济说到底是解决三农问题的经济

在座的都是领导、专家，对县城经济一定有很多精辟的见解。但就我的理解，县域经济说到底就是解决三农问题的经济，虽然县城经济也是一种区域经济，但是这个区域是限定在县域这个范围内，其经济内涵也是不一样的。平常大家说的区域经济，一般是指由大中城市发展带动下的地区经济，核心是大城市，范围是跨山区，是由中央支持发展起来的，是国家在发展战略上对区域发展的总体把握。相比之下，县域经济却很具体、也很实在，更贴近农民的利益，这是因为，县域经济必须要直接面对三农问题。

大家知道，我国是农业大国，农村范围大，农民数量多，而且农民基本生活在县以下的广大农村，这是最基本的国情。搞现代化，全面建设小康社会，重点难点，都在于从根本上解决三农问题。没有农村的现代化，就没有国家的现代化；没有农民的小康，就没有全面的小康。这是上上下下、方方面面的一个共识。

现在，全党全国都在深入学习贯彻"三个代表"的重要思想，让发展先进的生产力，发展先进的文化，为最广大人民群众谋福利深入人心，这是很好的，对富民强国具有重要意义。但是，落实好"三个代表"的重要思想，特别是要代表最广大人民的根本利益，就不能不面对三农问题。要解决十几亿农民的生存与发展问题，就必须通过发展县域经济来解决。因为在一个县的范围里，核心的问题就是农民、农业和农村问题。这就是说，解决三农问题，必须做好县域经济这篇文章；发展县域经济，必须解决好三农问题。

发展县域经济跟大多数老百姓的利益密切相关，所以具有很强的号召力，不仅老百姓拥护，中央也十分重视。在党的十六大报告中，明确地写进了通过发展县域经济来解决三农问题的内容，在刚刚闭幕的十六届三中全会上，再次强调了要大力发展县城经济，加快城镇化进程，逐步统一城乡劳动力市场，形成城乡劳动者平等就业的制度，为农民创造更多就业机会。对此，我是举双手赞成的。

那么，如何发展县城经济、切实解决三农问题呢？我认为，最重要的，是要解放思想，因地制宜。因为县域经济应该是具有地方特色的综合经济，也是充分发挥本地资源优势的市场经济，只有一切从实际出发，才能取得好的效果。与当地资源结合好了，一个项目、一个企业，就可以带动或辐射成千上万的农民就业、脱贫、致富，奔小康，这是有很多成功经验可以借鉴的。不论是沿海地区，还是内陆地区，凡是县域经济发达的地方，那里的农民就富，那里的农村就美，那里给国家交纳的税金就多；凡是县域经济不发达的地方，那里的农民就穷，那里的农村就落后，那里给国家交纳的税金就少。所以，只有发展县域经济，才是解决三农问题的根本途径。

大家现在看到的横店，应该算是一个不错的小城镇了。但是二十多年前，这里还是一个偏僻、落后、贫穷的地方。1975 年，人均年收入只有 75 元，没有一条像样的街道，没有一栋像样的建筑，没有一处像样的娱乐场所，没有一家像样的工厂。但是，在当年蚕茧积压的情况下，我们果断地办起了横店缫丝厂，开始走上了办厂致富的道路。由于工厂越办越多，企业规模越来越大，吸收了大量农民进厂当工人。从九十年代以米，几乎家家户户都有人在横店集团上班，有的一家有好几个集团员工。这样一来，员工富了，标志着农民也富了，带动农村也变富了，把周围的村镇也带动起来了。所以，政府先后两次把横店周围的 68 个行政村划到横店镇，带动越来越多的人走上了富裕道路，县域经济也就不断地发展壮大起来了。

横店集团不但带动了横店镇的经济发展，同时我们也为东阳市的经济发展做出了贡献。比如，我们在上世纪 80 年代初，办起了第一家磁钢厂，经过 20 多年的努力奋斗，现在已发展成为名闻中外的横店东磁公司，名列全国电子元器件百强企业第 6 名，横店被誉为"中国磁都"。正是有了东磁公司的带动、辐射和示范效应，东阳办起了 200 多家磁性材料企业，其中上规模的企业 120 多家，已组建企业集团 3 家，获自营进出口权 5 家，列入国家大中型企业 6 家，地级市以上高新技术企业 8 家，全市共有 300 多条生产线，形成了规模庞大的东阳磁性材料生产基地，在全国和全球市场中占有很大的份额，磁性材料成了东阳县域经济的支柱产业，为解决东阳的三农问题发挥了重要作用。

现在，横店集团是个跨地区、跨行业、跨所有制的特大型乡镇企业，列全国民营企业十强中第 3 位，在全国 500 强企业中列第 152 位。集团下属有 60 多家子公司，紧密型企业员工 2.5 万人，加上我们扶持带动起来的 1000 多家村联户办企业的 1.5 万人，总数达到 4 万多人。2002 年企业人均年收入近 2 万元，横店镇人均年收入达到 8600 元，这个收入水平在全国乡镇一级来说，是走在前面的。

更重要的是，由于县域经济的发展，有力地推动了农村城市化的进程。横店经历了一个从农业到工业到第三产业；从农民到工人到市民；从农村到城镇到城市的转变过程。20 多年来，我们企业直接投入城镇基础设施建设和文化建设的资金达到 30 多亿元，彻底改变了横店面貌，横店成为科技工业城，我们有博士后科研工作站 1 个，国家级技术中心 1 个，省级技术中心 3 个，高科技产品产值占工业总产值的 60% 以上；横店成为闻名中外的影视旅游城，被美国《好莱坞报道》杂志称为"中国好莱坞"，横店影视城成为首批"AAAA 级国家旅游区"，目前，我们正在筹建国家级的影视文化产业园区；横店初步建成了国际商贸城，规划 100 万平方米、首期 20 万平方米已建成运营，横店国际商贸城有限公司，已成为世界贸易中心协会的正式会员单位；横店建起了文化教育城，拥有软硬件一流的，从幼儿园、小学到初中、技校、高中、大学的教育设施，可以满足人们不同层次的教育需求。横店人的综合素质在不断提高，物质文明和精神文明水平也在不断提高，这些明显的变化都印证了发展县域经济的巨大作用。

二、要积极探索县域经济发展机制

我们认为，既然县域济就是解决三农问题的经济，也可以说就是百姓经济，百姓经济自然也就是国民经济的基础部分，也是目前最薄弱的部分。那么，我们就应该充分调动各方面的力量，来认真研究探讨县域经济的发展问题，真心实意地解决县域经济发展问题。这次主办单位在十六届三中全会刚刚闭幕，就组织召开这次县城经济论坛，贯彻中央的有关精神，我认为是非常必要，也是非常及时的。理论联系实际，理论指导实践，这也是发展县域经济必不可少的重要一环。通过会上的理论研讨、信息交流、沟通洽谈，必将有利于增进相互的了解，实现优势互补，发掘和整合资源，共同促进县域经济的发展。

我认为，发展县域经济，关键是要有一套好的发展机制。因为县域经济涉及方方面面，会遇到人才、资金、项目、土地、劳动力、政策等很多具体问题，这当中有的问题不是靠某个人、某个单位或部门就能够解决的，而是需要靠协调顺畅的运行机制去解决它，这样才能把好事办好。我们认为，好的发展机制就是"企业牵头，政府支持，金融合作，农民参与"的机制，只有这四股力量真正形成一股强大的合力，才能使县域经济这部机器高效地运转起来，并最终取得良好的经济效益和社会效益，彻底解决三农问题。

发展县域经济，解决三农问题，关键是要让农民富起来。要让农民富起来，光靠减轻农民负担不行，必须靠发展，靠创收。怎么发展？怎么创收？途径是很多的：搞农业产业化经营，搞工业，搞旅游，搞第三产业等等，都可以达到这个目的。但是，就目前的情况看，最关键的，是要建立起企业、政府、金融、农民通力协作的发展机制。我们横店也是这么走过来的。

前面已经讲过，我们横店集团是农民创办的企业，我们称之为社团所有制企业，其宗旨就是共创、共有、共富、共享，并一直以解决三农问题为己任，被经济学家称为市场型公有制。我们通过发展企业，提高效益，增加企业员工的收入，也等于增加了当地农民的收入；我们通过道路、桥梁等城镇基础设施的建设，改变了农村的落后面貌；我们通过工业反哺农业，加快了传统农业向现代农业转变的步伐；我们通过发展影视旅游产业，带动了第三产业的全面发展，为农民创造了大量的就业机会；我们通过扶持村联户办和个体私营企业的发展，帮助广大农民自己创业致富；我们通过整治山水、美化环境，以及兴办文教卫生等社会事业，极大地改善了社区人民的生活环境，使原来的农村人过上了现代城里人的生活。随着横店集团越来越发展壮大，横店也变得越来越富、越来越美。有些专家把横店走过的共同富裕道路，称为横店社团经济模式；有些专家把横店走过的城市化道路，概括为"政府规划，企业建设"的新横店模式。不管怎么说，企业的带动作用是不言而喻的。

当然，在我们企业大力推进城市化建设过程中，一直是得到各级政府、金融机构和广大农民的大力支持的。比如，政府通过调整城镇规划，为我们实施社团经济创造了便利条件；金融部门通过支持高科技项目，有效地提升了企业实力以及为三农服务的能力；农民通过转让土地和劳动力转移，早日过上了小康生活。于是，横店出现了经济繁荣、社会稳定、人民安居乐业的景象。三农问题解决好了，老百姓高兴，政府也高兴，企业有了良好的发展环境，更高兴。这种多赢的局面，是靠方方面面共同努力实现的，忽视哪方面的作用都不行。

我想，横店的情况是这样，其他地方发展县域经济也是这样，才能真正把县域经济发展起来。比如，我们在山东荷泽建立肉牛生产基地，凭着我们企业的信誉，当地政府积极支持，信用社等金融机构向养牛户大胆发放贷款，解决了农民养牛缺资金的难题，农民的养牛积极性很高。我们采取最高价位的保护价收购方法，确保农民养牛增收致富。今年，非典时期，公司实行保护价收购，减少养牛户损失 100 多万元。

再如，全国最大的蔬菜生产基地山东省寿光市，现在市民也热心抓种草了。原来寿光有 75% 的土地是种菜的，另外 25% 的土地不适宜种菜，种粮食效益又不高，政府和老百姓都很发愁。而我们山东草业要大发展，两下一拍即合，先是由市政府与横店草业公司联合搞了个"寿光市首蓿草示范园"，在示范园里农民种了一年首蓿草，尝到了省力增收的甜头。因为种一次草，可以管五年。一年里可以收割五次，收入比种粮食还高。于是，市政府决定那 25% 的土地全部种草，现在已与我们草业公司签订了三年合同，寿光饲草业也开始发展起来。

三、发展县域经济要在挖掘资源潜力上下功夫

俗话说，一方水土养一方人。资源就是财富，各地都有属于自己的资源潜力和优势。发展县域经济，就是要把资源潜力和优势，变成经济发展优势。在发掘资源潜力方面，有很多文章可做，关键是要转变观念，解放思想，按照县域经济发展机制去运作，就会取得很好的效果。

大家都知道，横店是个半山区半丘陵地区，人均耕地面积不到半亩，过去搞单一的农业经济，老百姓很贫困。后来靠工业脱贫致富奔小康了，我们又充分利用横店的荒山荒坡，发展以影视旅游为龙头的第三产业，繁荣了县域经济，使老百姓得到了更多的实惠。与此同时，我们走出横店，到中西部地区和其他相对落后的地区，寻找企业经营优势与地方资源优势的契合点，办了很多赚钱的企业，也带动了当地的经济发展。这几年，我们在山东、山西、安徽、河南、湖北等省，以及在省内的杭州、嘉兴、金华、浦江、磐安、武义等地，收购兼并了 36 家企业，其中不少是国有企业，还有两家上市公司。

比如我们的东磁公司，早在九十年代初，就响应党中央号召，大力支持中西部地区的发展，利用企业的资金、技术、人才、市场等优势，在中西部的湖北、安徽、河南等地，投资办了十几家企业，大多成为当地的骨干企业。

安徽淮北的电子铝箔公司是一家国有企业，由于体制和机制上的原因，加上其他因素，企业连年亏损，陷入困境，当地政府积极寻求出路，而东

磁公司也在寻找新的项目，因此，很快走到一起。在当地政府的优惠政策和大力支持配合下，以东磁控股 67.8%，联合原来的铝箔公司和淮北热电厂，合资成立了淮北东磁电子有限公司。东磁公司立即投入巨资，实施中高压化成箔扩建项目。这个项目建成后，年产值达 3.2 亿元，利税 5920 万元，出口创汇 2000 万美元。该项目成为国家经贸委第三批"两高一优"项目，同时被列为安徽省加快皖北地区发展重点项目。与此同时，东磁公司利用当地丰富的电力和铝的资源优势，投资成立了淮北东磁铝业有限公司，按照规划，将发展成为国内最大的亲水箔生产基地。不难想象，这两个公司对拉动淮北的县域经济具有重要作用，因此受到政府和老百姓的普遍欢迎。

再如，我们的草业公司是国家级农业产业化龙头企业，通过走出去大力发展高科技农业，既拓展了横店企业的发展空间，也推动了合作地区县域经济的发展。1998 年我们了解到黄河三角洲地区的东营、滨洲有大量的盐碱荒地，一直没有开发利用，当地的农民都比较贫困，我们经过充分论证，确认这里自然条件适宜种植苜蓿草，而优质苜蓿草是市场上紧缺的饲料草，有草又可以养牛，有牛又可以产奶，总之产业链很长，符合我们发展高科技、大农业的战略思路，我们便投入巨资，大举进军黄河三角洲，进行草畜乳一体化的产业化经营，采取公司＋农户的办法，并创造了"企业、政府、信用社、农户"四位一体的合作模式，陆续建成了山东黄河三角洲草畜乳产业综合基地。用同样的方法，在荷泽建立了年出栏 6 万头肉牛的产业基地。为当地农村产业结构调格、劳动力转移、农民脱贫致富、以及县域经济发展起到了推动作用，得到了当地政府、金融企业的欢迎和支持，以及老百姓的拥护和响应。据统计，目前已与5万多农户结成产前、产中、产后联系，户均增收700多元。仅黄河三角洲饲草种植，就带动农户一万多户，户均增收982元，比原来单纯种植粮食作物收益增高40%左右。另外，横店草业下面的山东草业畜牧公司，常年雇佣537名农民工，人均年收入9000多元；雇佣1750名季节性短工，人均收入1726元；还有水利工程外包额达6000多万元，除拉动建材、运输外，约有600万元转化为农民的工资收入。在山东荷泽、巨野、曹县和东营的部分养牛场，共雇用农民工1250名；巨野、梁山、商河等地的肉类加工企业，雇用农民工500多人，人均年收入都在6000元左右，大大高于当地农民收入水平。可以想象，当地农民是高兴的，当地政府是高兴的，我们企业也是高兴的，那里的县域经济也一定会一年更比一年好。

四、横店集团愿意为推动我国县域经济发展做贡献

取长补短、优势互补，共同发展，这是我们的一贯主张，也与这次论坛"经贸交流与合作"主题相吻合。我们横店缺少自然资源，但有企业经营资源；有的地方有自然资源，但缺少企业经营资源；而且由于种种原因，我国县域经济发展很不平衡。在这种情况下，我们非常愿意按照市场经济现律办事，寻求与有关县市的经贸合作，共同研究探讨优势互补、资源整合的方法和途径，为推动我国县域经济的发展做出贡献。

事实上，这些年来，我们也是一直这么做的。我们在九十年代第二

次创业中，实施了"立足横店，面向全国，走向世界"的发展战略。在新世纪开始的第三次创业中，我们又提出了"用天下人，聚天下资，谋天下利"的经营理念和"打造国际化横店"的奋斗目标。我们在把企业做强做大，把横店建设得越来越好的同时，也非常愿意为我国其他地区的县域经济发展做出贡献。

前段时间，我们成立了浙江（横店）县域经济研究中心，又利用横店国际商贸城，成立了县域经济特色产品展销馆，都在省民政厅注册登记，可以得到很多优惠待遇。我们还与国家有关部门合作，建立了县域经济信息库。我们的想法，就是要搭建一个物流和信息流的平台，更好地为各地发展县域经济服务。

现在，四面八方的县市领导在这里开会，这是我们与各县市加深了解、开展合作的大好时机。各县有什么优势资源、有什么好的合作项目，又符合我们发展战略的，我们可以本着互利互惠的原则，进行合作，共同发展；各县有什么特色产品，也可以借助我们国际商贸城的营销网络，走向国内外市场。

所以，我们非常赞成在这个会议上，成立一个县域经济合作与发展联盟，建立一个资源信息共享的平台。通过一定的操作手段，把大家的资源、信息融通起来、整合起来，必将有助于推动各地县域经济的发展和繁荣。我们愿意承担这个联盟的日常事务及相关费用，在人财物等方面，充分保证联盟机构的高效运转，为联盟会员单位提供及时周到的信息服务。我们也希望各县市、企业积极参与，密切合作，共同为发展我国县域经济，早日解决三农问题，为全面建设小康社会，做出积极贡献！

　　谢谢大家。

　　时隔四年之后的 2007 年，有感于县域经济发展和新农村建设的新形势新任务，时刻关注着县域经济和三农问题的徐文荣再次提议，围绕"县域经济合作与新农村建设"主题召开第三届中国县域经济论坛。

　　徐文荣的提议得到了国家有关部门负责同志的支持。经过紧张筹备，2007 年 12 月 1 日至 3 日，与第七届中国农民旅游节同期，第三届中国县域经济论坛于 12 月 1 日在横店拉开帷幕。

　　本届论坛由国务院发展研究中心农村部、《经济日报》报业集团《中国县域经济报》社、浙江省金华市人民政府和东阳市委市政府联合主办。论坛主要议题是：城乡统筹与新农村建设；沿海地区产业转移与中西部县域经济合作；全球农产品市场最新变化与我国大型农业企业发展；现代农业建设与国家政策扶持；新农民培育与农村新文化建设。

　　这届论坛由横店四共委、横店集团控股有限公司、横店文化产业股份有限公司具体承办，并得到了国家发改委宏观经济研究院、农业部农村经济研究中心、建设部村镇建设办公室、浙江省农村工作办公室等部门的大力支持。国务院发展研究中心副主任李剑阁，全国政协经济委员会副主任、中国扶贫基金会会长段应碧，中国企业联合会副会长、中国名牌战略推进委员会常务副主任艾丰，全国政协常委、国务院参事任玉玲，国务院发展研究中心农村部部长韩俊，《经济日报》社副总编辑丁

《水浒前传》在横店拍摄现场

我来当明星 - 横店影视城 DV 游

士，以及农业部、建设部、财政部、中央党校、中国人民大学等部门的研究县域经济的数十位领导与专家出席；浙江省农村工作领导小组办公室副主任顾益康，金华、东阳两市党政领导和来自全国各地县市的领导、涉农企业家或新农村建设带头人200多人与会。

徐文荣在开幕式上作了《发展大文化 促进城镇化》的重点发言。他从新横店、新城镇、新文化三个角度，向与会人员介绍了横店推动县域经济合作、推进社会主义新农村建设的实践经验。他富有激情的讲话博得了场上阵阵掌声，他对建设横店圆明新园的热情也得到了与会者的积极回应，许多人当场就积极捐款，表示要为横店建设圆明园洗雪国耻而贡献力量。会议休息时间，徐文荣被与会人员团团围住，有的要求合影，有的要求他腾出时间专门介绍横店经验。

与以往"台上讲台下听"的交流方式不同，本届论坛非常注重对话和沟通。论坛首日，段应碧、艾丰、任玉玲、韩俊和建设部村镇建设办公室主任李兵弟等领导和专家，围绕"县域经济合作与新农村建设"作了专题报告，从不同层面诠释了发展县域经济对建设新农村、构建和谐社会的重要作用。第二天，与会者围绕"沿海地区产业转移与中西部县域经济合作"和"新农村、新城镇、新文化与政策扶持"等议题，分论坛展开专题讨论，对发展县域经济、建设新农村形成了广泛共识。

与会人员还在横店实地参观了东磁等横店集团工业企业和华夏文化园、明清宫苑等文化产业，观看了第七届中国农民旅游节的CCTV"百年歌声·走进横店"演出和民俗文艺踩街巡游活动。

徐文荣在论坛上的讲话获得广泛好评。他在论坛上讲话：

各位领导、各位专家、各位来宾：

当前，全国各地都在深入学习贯彻党的十七大精神。深入贯彻科学发展观，推进新农村、新文化建设，是贯彻落实党的十七大精神的一个重要方面。为此，国务院发展研究中心农村部、《经济日报》报业集团《中国县域经济报》社和金华市、东阳市的党委、政府，共同主办第三届中国县域经济论坛，由横店"四共"工作委员会、横店集团控股有限公司和横店文化产业股份有限公司具体承办。这次论坛还得到了国家发改委宏观经济研究院、农业部农村经济研究中心、建设部村镇建设办公室和浙江省农办的大力支持。

第一届和第二届中国县域经济论坛，分别于 2001 年和 2003 年在横店召开，第三届中国县域经济论坛又放在横店举办，这一方面说明了横店自身的发展一直引起各方面的兴趣和关注，另一方面也充分说明，从中央到地方，各级党委、政府和各研究部门、新闻单位，对金华和东阳发展县域经济的重视，对横店发展的关爱和支持。

从党的十六大报告写进了要"壮大县域经济"，到党的十七大对发展县域经济和推进新农村建设提出了新要求，这五年来，各地县域经济迅速发展，推动了全国经济和社会的快速发展。同样，从上一届论坛到本届论坛召开的四年当中，横店也发展很快，每年都有许多新的变化。下面，我结合本次论坛的主题，把横店近几年来的发展变化，向大家做个简要的汇报。我汇报的题目是："发展大文化，促进城镇化"。

提起横店，人们就会联想到有个横店影视城，这是因为，这里有亚洲乃至世界规模最大的影视实景拍摄基地，许多知名的影视剧都是在这里拍摄的。几年来，我们在横店影视城的基础上，又建起了横店华夏文化城、横店红色旅游城和横店生态休闲城，我们称为"横店新三城"。随着新三城的建成，作为全国首个国家级影视产业实验区的横店，影视拍摄和旅游景点更加充实；文化内涵更加深厚；横店的生态环境更加优美。下半年来，每天都有 20 多个剧组，2000 多人，在横店拍戏和活动。

横店的发展变化不仅体现在新景点的建设上，更体现在工业企业的迅速发展上。作为连续多年跻身全国企业 500 强的横店集团，已经孵化了 60 多家子公司、200 多家骨干企业，还有 3 家上市公司和 3 家境外企业，同时，还扶持带动了 1000 多家配套企业，吸纳了 4 万多农民就业。多年来，横店集团在磁性材料、电子节能灯、电子陶瓷、微型电机、医药和医药中间体等行业，一直保持着众多国内乃至世界第一的称号。现在，横店的工业又进入了高科技工业，已和国防科工委下属很大的集团签订了 3 份合作协议，产品都是重要的国防高科技材料，还有好几份合同也即将签订。我们的合作，得到了国防科工委的大力支持。

横店以占东阳市十分之一的人口，创造了占全市四分之一的财政收入，为东阳市县域经济的发展做出了突出的贡献。目前，横店已经形成了以高新技术为先导，现代工业为主体，以文化产业为龙头，第三产业和社会公益事业相配套发展的经济和社会发展新格局。

现在，人们来到横店，所看到的不仅仅是横店影视城和横店新三城的景点，也不仅仅是欣欣向荣的工业经济，展现在人们眼前的，是中国特色社会主义的生动实践；是社会主义新农村建设的一个缩影。2005年，"人民网"和《人民日报》相继刊登了《人民日报》记者的文章《城乡和谐看横店》。最近几年，到横店的人越来越多。不少人到横店，不光是来看横店影视城和新景点，他们还要看一看和谐发展的新横店。就像"横店影视城天天有戏"一样，新横店也是日日新，月月新。日新月异的新横店，每天都在发展变化之中。

纵观历史，城市的形成和发展，实际上就是人的集聚和产业集聚的过程，而这个过程不可避免地要受到生产力和文化力的制约。

横店是在我国社会主义市场经济条件下，以"可持续发展""和谐发展""科学发展"等理念为指导发展起来的新型城镇。早在上世纪90年代就成了全国百强镇之一。新型城镇发展到一定程度，就会转化为小城市，而且这是一种新的城市形态。

早在1999年，经国务院批准的《浙江省城镇体系规划》就将横店的发展定位为，到2010年发展成为拥有10万以上人口规模的现代化小城市。根据这一规划，横店由于经济发展迅速，经过了几次扩镇，横店城市发展规划也经过多次修编，镇域规划面积，由原来的40平方公里扩大到了118.87平方公里。从2003年起，横店着手把分散、偏远、150户以下的35个村，分批整村搬迁到统一规划的新建城镇中心居民小区，现已完成了四个小区的建设。

目前，横店的户籍人口已达 8.5 万人，外来人口 5 万多人，加上流动人口，横店的人口已经超过 15 万人。横店的城市基础设施正在不断配套完善；横店的城市功能正在不断得到强化；横店已经向人们展示出了一个设施齐全，功能完备，经济发展，人民富裕，社会和谐，环境优美，初具规模的新型现代化小城市的模样。我们的口号是："城在山中，水在园中，房在林中，林在草中，人在花中。"

横店城市化的迅速发展，得益于以"共创、共有、共富、共享"为宗旨的横店社团经济模式；同时，也得益于横店在城市化发展的过程中，独创的"政府规划管理，企业投资建设，社会广泛参与"的农村城镇化、城市化模式。横店"四共"工作委员会、横店三农促进会，主动承担起协助政府解决"三农"问题，推进农村城市化的历史责任，持续不断地投入城市基础设施建设和社会公益事业。

横店的农村城镇化城市化道路，得到了经济理论界的肯定和赞赏。"三农"问题专家考察横店后认为，横店经验的核心意义在于，在农村本身的范畴内，完成了农民生产和生活方式的转变，而且避免了动荡，赢得和谐和繁荣。让农民通过集聚在城镇——这个田野里的'城市'，从而获得生产发展和生活宽裕，事实上是一种意义更深广、内涵更丰富的新农村建设。国家统计局提出的中产阶级标准，美国是家庭年收入达到 6.5 万—30 万美元，中国是 6.5 万—30 万人民币，按这个标准，横店中产阶级的家庭已达到 85% 以上。

在实践中我们认识到，文化力是推动社会经济发展的内在驱动力。

要科学发展，持续发展，和谐发展，除了依靠产业提升，更重要的还要靠"文化提升"。文化是城镇发展的灵魂，也是一座城市的灵魂。早在上世纪90年代初期，我们就明确提出了"发展文化力，促进生产力"的口号，不仅大力发展企业文化、兴办文化事业，而且大力发展文化产业。

随着经济的发展，横店已经形成了从幼儿园、小学、初中、高中、大学，从普通教育，到职业技术教育，到高等教育的完整教育体系。建起了体育馆、

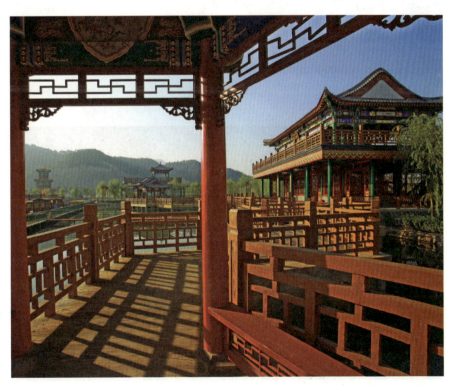

横店新圆明园上下天光景园

横店新长春园海晏堂

横店新长春园远瀛观大水法

图书馆、体育场、影剧院、游泳池、网球场、度假村、宾馆、公园等文化体育设施，社区则有上档次的村民广场、灯光球场、文化活动室和休闲健身场所。形成了从社区、村（居）卫生室到集团医院、镇医院的医疗体系和完善的社会保障体系。全镇大病统筹率达到 95% 以上。实行了最低生活保障，五保户全部由集体供养。最近，我们四共委做出决定，成立浙江横店文荣慈善基金会，当然，这是集体的，计划经过 20 年的运作，资产要达到 100 亿以上。这些钱全部是为老百姓办好事，上学、看病都不花钱，失去劳动力的，要发退休工资。生活水平要达到现在香港的水平。这个目标，我们能做到，因为横店有基础，横店有实力，横店的资产在不断增加。

横店的大文化产业，更是成了中华优秀传统文化和革命传统文化的荟萃之地。除了横店影视城之外，以弘扬中华优秀传统文化为主旨的横店华夏文化城，以传承长征精神等革命传统为主要内容的横店红色旅游城，这个城有 20 多块牌子，是国防教育基地、爱国主义教育基地、青少年教育基地等，还是省纪委命名的廉政文化教育基地；一个教育专家说，这里是对中小学生最好的教育场地。另外，还有展现横店优美山水和优良人居环境的横店生态休闲城。同时，5 万亩森林公园也正在规划之中。这三个新城越来越受到人们的青睐。2006 年，横店接待游客达到 465 万人次，预计今年将达到 600 万人次。

去年以来，横店要重建圆明园的消息，更是在国内外引起了强烈的反响。明年我们将在北京人民大会堂召开新闻发布会，宣布由农民带头，把当年被英法联军、八国联军烧毁的圆明园，全部都重建回去。这个事已经得到了中央档案馆（国家档案局）、中央纪委电教中心、中国圆明园学会、世界杰出华商协会等单位的大力支持，他们都愿意作为新闻发布会的主办单位。在这里，我可以先向各位透露一点相关的信息。

目前，横店圆明新园的筹建工作已经取得了重要进展。经国家有关部门批准，设立了浙江华夏文化发展基金会和横店重建圆明园专项基金管理委员会；与中国电影基金会合作，成立了中国电影基金会浙江横店重建圆明新园专项基金管理委员会；注册成立了浙江横店中国圆明新园有限公司；组建了横店圆明新园专家顾问团；完成了横店圆明新园项目可行性论证报告；项目立项已经批准；横店圆明新园的地址已经选定，启动土地已经批准；圆明新园的总平面规划设计和西洋楼部分的单体设计已经基本完成；中式建筑群的单体设计也已经完成过半；作为一项高科技成果的"圆明园西洋楼和部分中式建筑的虚拟现实"已经制作完成，在北京"圆明园建园300周年国际学术研讨会"上得到了中外专家的一致好评；圆明新园展馆土建已经完成，内部装修和1:50的圆明园特大模型的制作安装正在有序进行；作为圆明新园正式开建前的预演，选取圆明园10个景的精华组合而成的"瑶台胜境"，正在按1:1的比例，以真材实料在横店华夏文化园内建设；有关圆明新园的资金募集和吸引投资的工作，在各方面的大力支持下，正在有条不紊地进行之中。

改革开放近30年来，我们横店人从封闭到开放，从保守到拼闯，从自卑到自信，从听天由命到自主创新，从眼光短浅到着眼长远发展，从固守小天地到放眼大世界……，总之，随着生产方式和生活方式的改变，人的思想观念得到了深刻的改变；随着思想观念的改变，就形成了横店的新文化。横店人正以主体的意识、开放的心态、和谐的理念、科学的态度、创新的精神，在横店这片神奇的土地上创造更加美好的生活。

本届论坛的召开正值第七届中国农民旅游节在横店举办，我们衷心地希望，各位嘉宾能与横店人民共同分享节日的欢乐！我们热烈欢迎各位领导、各位专家和各兄弟省、市、县的领导和朋友们，对我们的工作进行指导，并提出宝贵的意见和建议！我们衷心祝愿，各位来宾身体健康，过得愉快！

谢谢大家！

七、"县域经济"提法写入中央文件

2001 年 11 月横店召开全国首届县域经济论坛后，与会的中央有关部门负责人将徐文荣的建议、横店成功实践的经验等论坛成果带回了北京，引起了中央的重视。

2002 年 11 月召开的党的十六大报告中，在我党的文件上第一次提出了"县域经济"这个概念，而且发出了"积极推进农业产业化经营，提高农民进入市场的组织化程度和农业综合效益。发展农产品加工业，壮大县域经济"的号召。

2003 年 10 月党的十六届三中全会在《中共中央关于完善社会主义市场经济体制若干问题的决定》中提出"大力发展县域经济"。在这样的大背景下，徐文荣所呼吁的重视发展县域经济问题，被中央提到了议事日程，受到前所未有的重视和关注。中国的县域经济进入了快速发展的新阶段，对农业的发展，对农村的繁荣，农民的富裕发挥了重要作用，对实现国民经济平稳较快的发展做出了重大的贡献。

此后，中央的关于三农文件和政府工作报告中，多次提到发展壮大县域经济问题。县域经济和三农问题获得了前所未有的高度重视。在党和政府领导下，各地在发展壮大县域经济，解决三农问题的探索实践中，取得了新的经验和了不起的成就。从这个意义上，可以说，徐文荣为我国县域经济发展、繁荣和三农问题的破解作出了自己应有的贡献。

第八章　社会企业家理论

一、什么叫社会企业家

　　一般而言，企业家是指在企业中能独立自主地作出经营决策并承担经营风险的人。企业家既是生产的组织者、领导者，又是资源的经营者。既为家，通常指的大企业的当家人，小企业算不上。还要求具有较高的资历、思想、文化和名望。

　　社会企业家，从广义上说，所有企业家都是社会企业家，因为企业家不可能脱离社会办企业。但一般的，我们日常所讲的企业家，都是指的企业的企业家，即经营企业以营利为主要目的。

　　我们在这里所讲的社会企业家，是什么含义呢？

　　《如何改变世界》的作者戴维·伯恩斯坦这样定义社会企业家："为理想驱动，有创造力，质疑现状，开拓新机遇，拒绝放弃，构建一个理想世界的人。"

徐文荣说："一个有道德的人要知恩图报，一个有社会责任感的企业家更要以造福社会为己任。这也是我主张企业家不仅要当好企业的企业家，更要当好社会的企业家的初衷"。

总起来讲，社会企业家，就是除了办好自己的企业之外，还在很大程度上将社会当成企业来办，用商业的眼光来看待社会问题，用商业的规则去解决社会问题，他的目的不仅仅是为了企业盈利，而是为着全社会民众的福利。因此，社会企业家多为社会公益事业、慈善事业的组织发起者和经营者。

企业家和社会企业家主要区别何在呢？企业家主要是为了利润才创办企业的，而社会企业家是以社会问题的解决为出发点而创办企业的，他们为理想所驱动，肩负着企业责任、行业责任与社会责任，具有持续的开拓与创新精神，是为了建设一个更好的社会而努力。

徐文荣说："我带领农民办企业，但不仅仅是在办企业，我把很大一部分心力花在了办企业之外。可以说，办企业只是我的手段；通过办企业，解决千百年来困扰横店发展的三农问题，让横店的老百姓永远过上富裕、幸福的生活，这是我办企业的目的，也是我的追求。的确，称我是企业家，那只代表了我的一种职业，而我的理想，是做一个社会企业家"。

那么，怎样的企业家才可以称得上社会企业家？从理论和实际看，社会企业家至少要符合以下三条：

其一，在社会上的企业中，社会企业家是整个组织的统领和核心（当然不是企业内部的）。也就是说，在某个特定区域内，只能是作为这个区域所有企业的核心人物才有资格，影响不大的一般企业经营者算不上。就以横店为例，横店镇委书记给徐文荣任主席的横店共创共有共富共享工作委员会的定义是"统领横店社会力量的民间机构"。也就是说，在横店区域内，徐文荣领导的横店四共委和他所创建的横店集团在包括横店所有企业和其他社会组织中起到了统领和核心作用。当然，在总之下有分，比如在横店的某一块或某个社区，也可以有这样的社会企业家。其二，社会企业家善于发现社会问题，并能够创造新的服务、新的产品和新的方法来解决社会问题。如前所言，社会企业家是以社会问题的解决为出发点而创办企业的，那么，企业家善于发现社会问题，则是首位的了。发现问题之后，需要想办法通过高效的企业经营手段来解决。比如，徐文荣发现横店三农问题亟待解决，但就农业而农业，就农村而农村，跳不出传统思维，是不能破解这一难题的。为了破解这个难题，就得采用新的手段和方法，就得走农村工业化城市化，农业产业化现代化，农民工人化市民化的路子，除此无它路可走。从这个角度说，社会企业家是要对本区域的重大社会问题无论在理论和实际上均有重大发现和贡献的，是要切切实实为老百姓做好事，让老百姓得到利益好处，政府也要高兴的。否则，就称不上。其三，具有企业家精神，能够通过实现商业利润以及整合资源来维持组织的可持续发展。这一条，是社会企业家立身之本。社会企业家首先应该是优秀的企业家，办好企业是本分和天职，连自身企业也办不好，就无资格也无能力来办社会。所以，办好自身企业是根本，在办好自身企业的同时，将社会当成企业来办，在政府的支持协力下，用企业的高效运作来办理一些社会问题，有利于国计民生，以此取得政府、企业和社会的多方满意。

我们再进一步看，社会企业家应具备的素质、技能和价值观。首先，是创业能力，这应该是社会企业家最基本的能力。社会企业家宏观上的远见，能发现社会存在的最大商机，建立一种让人向往的事业吸纳各方面人才，经营各种资源来不断满足社会需求，求得企业的稳健发展。其次，是创新能力，就是要勇于创新，跳出传统思维，碰到问题要有新思路新办法，通过创造新产品、新服务和新措施来解决社会问题。再次，是倔强的改变现状的能力，认准了的九牛拉不回，一定要干，并且干出名堂。世上事，往往是待得事情办成，大家享受到了好处，思想也自然通了。但难熬的是硬着头皮干的过程。徐文荣多次说的，"最大痛苦是不被人理解"，就是这个意思。还有，社会企业家的价值观，则是头等重要的了。这个问题我们会在后面详细谈到。社会企业家需要什么样的价值观呢？用徐文荣的话说，就是"先做人，后做事，做好事"，"人生在世，要多为人民办好事，少为个人谋私利"，"做人，就要做一个对他人有帮助、对社会有贡献的人；做事，就要做好事而不能做坏事，而且要一辈子为老百姓做好事"，"能得到老百姓的称赞，我觉得就是最大的成功。我们的工作要随老百姓的心转，满足和实现他们的愿望和要求，就能获得成功"。这是何等坦荡的话语，这就是一个真正的社会企业家应有的胸襟和气度，也是一个社会企业家应有的价值观。

再进一步看，在现时代要想成为一个合格的社会企业家，还应该具备以下四个条件：一是所在区域的整体进步和谐发展。在环保、节能、保护资源、生态平衡、保护劳动者的生命安全和切身利益的条件下，实现企业可持续发展，支持党和政府工作，在法治基础上，创造了有利于社会发展的最大效益。二是具有吸收古今中外先进思想和理念的独特企业文化，并为所在区域百姓认同。企业不仅是就业的场所，更应该是育人的学校，为社会培养出大批德才兼备的人才，以企业和各种社会组织的发展，推动着社会的文明进步，这也是社会企业家所应关注到的。无疑，徐文荣所创建的以共创、共有、共富、共享为宗旨的社团经济文化理念，为着横店的发展进步，提供了强大动力和精神食粮。三是企业在经营过程中，不进行欺诈行为，不发布虚假信息，不能以损害国家和人民群众的利益为代价谋取高额利润。这是对企业经营者的起码要求，当然也是对社会企业家的要求。坑蒙拐骗、制假售假等行为，虽暂时可能得到暴利，但终究走不远，失信于社会的。所以，讲究诚信，是基本的一条。徐文荣说，"我们绝不骗人，当然也不让人骗"，"说实话，办实事，求实效。我最反感讲空话"。就是指的这个道理。四是在办好企业的同时，最大限度的关注社会问题，做好公益事业和慈善事业。

二、从横店社团经济模式到社会企业家

横店社团经济模式与社会企业家是有内在和必然联系的。走社团经济道路，必定要做社会企业家。

前面章节已经说过，社团经济就是集团员工在共同创造基础上，资产

归员工共同所有，谋求共同富裕，共同享受的经济。是一种具有社会团体特点，又用企业集团形式组织起来的市场型公有制经济形态。共创、共有、共富、共享是她的宗旨；共有、民营、主导、驱动是她的特点；立足三农，改变农村落后面貌，实现农村城市化、农业现代化、农民市民化，是她的目标任务；"我为社团经济献一身，社团经济为我保一生"，"人人为我，我为人人"是她的文化。横店模式，简单说，就是社团经济理论在横店的成功实践。

我们首先要说，横店社团经济模式全面而又集中体现了企业社会责任。

先从历史看，从横店集团诞生之日起，就明确把社会共同目标作为自己的最终目的。就是说，这颗种子，有着这种宝贵的基因。徐文荣从领头办厂开始目的很明确，就是为了乡亲们过上好日子，改变横店农村的落后面貌。当初徐文荣就说："多办企业多赚钱，多赚钱多为百姓办好事"。如果是私人办厂或者几人合伙办厂，就很难有这种伟大的设想。所以，办厂初始的想法，对以后企业的发展道路、发展理念、企业所有制的选择，起了十分重要的作用。

在发展的过程中，牢牢把握住这个方向，不跑偏不散伙，沿着社团集体经济方向走下去。这又几乎完全地处决于徐文荣的坚强意志和所起中流砥柱的作用。上世纪八十年代初期，徐文荣顶住压力，排除干预，实现政企分开，争得企业经营自主权。九十年代初，徐文荣心中装着老百姓，顶住压力和诱惑，不搞股份制，宁愿不当亿万富豪，创立了横店社团经济。再到新世纪初，胡润的福布斯中国富豪榜排名将徐文荣排到了"中国最富有 50 人"中的第八名。他把胡润请到横店对胡润说，我个人的财富远没有那么多，横店社团经济的财富远远要比那个排名多得多。并明确表示，今后退出排名。这些都说明着在发展过程中坚持社团集体经济并不是容易的事。

具有原创性、制度性的社团经济所有制的产生和坚持，体现了一贯的社会责任思想。1993 年，徐文荣开创性提出以四共为宗旨的横店社团经济思想理论，这也是对横店集团承担社会责任的高度概括和制度性安排。之后，徐文荣主持制定了《横店集团公司社团所有产权制度纲要（草案）》，进一步明确了横店社团经济的范围、性质、宗旨、任务、管理体制、运行机制以及和地方政府关系等等。在横店集团的内部大法《总纲》里，历次修编，都将坚持社团经济列为头条。足见社团经济在横店集团内部不可动摇的地位。在选拔横店集团接班人时，徐文荣提出五个条件，第一条就是拥护社团经济。为了进一步表明坚持社团经济的决心，2007 年，徐文荣干脆新成立了横店共创共有共富共享工作委员会，并亲任主席。该委员会是统领横店社会力量，协助政府解决三农问题，推进城市化建设、和谐社区构建的工作机构。以"共创、共有、共富、共享"为宗旨，以"发展文化产业、营造优美环境、造福一方百姓"为己任，大力发展慈善事业，带领百姓共同富裕，建设美好家园。在历次大会上，徐文荣都要讲到社团经济的宗旨目标，并要求集团企业和四共委努力实行之。

以上是从历史过程看，社团经济如何一贯地尽职着社会责任，对此，我们已经可以得到信服的结论。

下面，我们再看社团经济理论本身和企业社会责任内部的必然联系，以得出社团经济是一种最适宜企业社会责任的产权制度。

一，我们说社团经济是一种具有社会团体特点，又用企业集团形式组织起来的经济形态。社会团体，相对于政党、公司是一种松散的组织，社团经济的社会团体特点，就是指的她的组织形式在外部层面甚至是松散的，组织成员是宽泛的。这是就外部性讲的，但其内里呢？"又是用企业集团形式组织起来"，企业集团形式是严密的，是密而不漏的。连起来看，就是社团经济这种经济形态，在组织形式上，在外部具有松散性，在内部具有严密性。是外松内密的统一。结合到实际可以形象地说，"横店社团经济象征着横店区域上空的'太阳'和'月亮'，为老百姓普照光和热，给老百姓带来欢乐和幸福"，这是就外部性而说；但是，既为天上的"太阳"和"月亮"，也就不能据为己有，也就不能分割，这是就内部性而言。这种外部形式的松散成员的宽泛，决定了社团经济是面向社会大众的，是为着特定区域的全体社会成员服务的。这种内部组织的严密，表明着社团经济的高度统一和管理的严格有效，并以这种统一的内部为基础，辐射到外部。所以，社团经济的这种组织特点，决定了她的承担社会责任的内外部统一的血肉不可分的关系。

二，社团经济具有市场型公有制的基本特征，以及她的发展战略、经营策略和一系列的制度保障，使她能在激烈市场竞争中立于长胜之地，这确保了社团经济承担社会责任的实力是强大的。对外多级法人，对内一级法人的经营管理决策体制，社团经济最高决策机构对重大投资、重要人事安排掌控的制度性安排，使社团所有制符合市场经济的要求，能够充分利用市场经济发展社团经济，提高效益的"杠杆"作用，有利于企业快速增长，取得较好的经济效益，从而为承担社会责任准备必要的物质条件，具备承担社会责任的能力。实力，是履行责任的基础。没有这个实力，就谈不上承担社会责任。无论过去、现在还是将来，都如此。从这个角度说，发展壮大社团经济，做大蛋糕，永远是第一位的任务。

三，社团所有制的财产共有，具有社会所有制的特征，为社团经济承担社会责任提供了理论基础。社团经济不同于传统封闭性的"社区型集体所有制"，而是开放性的"劳动所有制"，员工不是凭借本地人的身份，而是凭借自己的劳动这根纽带同企业资产直接结合。这就使社团所有制具有鲜明的社会所有制的特征，属于社会所有制范畴。社会所有制特征表现为不管是本地人，还是外地人，只要进入企业从事生产劳动，就享有平等的经济权力，如同工同酬，同一标准的集体福利。共有的这一特点，就为社团经济承担社会责任提供了理论基础，不仅使社会上的大部分劳动者免于失业，而且真正起到先富帮后富的作用，有利于实现共同富裕。同时，由于社团所有制具有社会所有制的特征，从产权制度本身的性质来看，承担社会责任是它的内在要求。也就是说，承担社会责任，是社团所有制企业的分内之事。

四，从社团经济的共创、共有、共富、共享宗旨看，承担社会责任，是她的应有之义。四共中，共创是前提，共有是基础，共富是目标，共享是归宿。共创，既包括社团经济内部员工的创造，也当然包括社团经济外部效应下民众的支持配合，否则就不叫共创，而叫单创、独创了。共有，具有社会所有制的特点，注定了成员的宽泛性。共富，是大家共同富裕，不是少数人富，也不是一起富，而是先富带后富，实行共同富。既为大家，就不但包括社团经济内部员工，也包括外部老百姓。共享，就是社团经济成果为横店老百姓共同享受，不是一个人或少数人的独享，而是大家共同享受。所以，社团经济四共的宗旨，决定了承担社会责任是她必然的要求。

五，从社团经济共有、民营、主导、驱动的四大特点看，承担社会责任，也是顺其自然的。共有，是基础，这种共同劳动基础上的共有，决定了社团成员的宽泛性，也就决定了社团成员对企业承担社会责任具有内在的要求。民营，不是国营，是老百姓自己说了算，不是国家说了算。如果是国营，要每年拿出巨资投在社会事业上，恐怕不是容易的事，上世纪九十年代政府对国企的改革，其中一项就是剥离国企担负的社会职能，给国企减负。所以，民营的自主决策的优势，单在办社会这一点上就充分体现出来了。主导，就是社团经济主导区域经济，无论社团经济规模总量还是科技进步、先进管理、社会影响力等诸方面，在横店区域经济中都占主导领先地位。这一主导的地位，既为社团经济承担社会责任提供了物质基础，也给了区域百姓无限的信赖。驱动，就是多轮驱动，除了社团经济领先发展，同时在社团经济辐射下，带动其他所有制经济特别是村联户等民营个私企业发展，百花齐放，以求得多轮驱动全横店经济发展繁荣。多轮驱动的参与者、广大的村联户私营企业和各种所有制的广大中小企业都有着对社团经济承担社会责任的期望。

六，社团经济的目标任务上，也决定了承担社会责任的必然性。立足三农，改变农村落后面貌，实现农村城市化、农业现代化、农民市民化，是社团经济的目标任务。既有了这样的目标任务，就必得有这样的办法和实际的出力，否则就是装装样子，目标任务也就完成不了。诚如任务所在，自横店集团诞生以来，从来就没有忘记自己的任务，主动地扛起破解三农的历史使命，所以才有得横店三农问题的率先解决，并且不断走向中康、大康的现实。

七，社团经济的文化，也指向了承担社会责任。社团经济文化的核心层面，是四共思想，"先做人，后做事，做好事"的人生格言，"拼命三郎"的横店精神等。在行为层面和制度层面，也各有其清楚表述。1995 年，徐文荣提出了横店社团经济的文化战略，这就是："弘扬民族文化、发展现代文化、培育企业文化、创造社团文化。"又提出了"我为社团经济献一身，社团经济为我保一生"口号。社团经济文化在其内在涵义上，与社团经济要承担社会责任，做一个社会企业家的思想，是一脉相通的。

总括以上，可以这样说，徐文荣为开展企业社会责任运动创建了一种最适宜的新型产权制度，或者说，这种制度和企业社会责任本身就是相辅相成的。正是由于具有这种适宜的市场型公有产权制度，而使横店集团拉开了中国内地民营企业开展社会责任运动的序幕，并且在深度和广度两个方面都达到很高的水平，徐文荣也成为了名副其实的社会公认的社会企业家。

三、当好企业的企业家和社会的企业家

当好企业的企业家是当好社会企业家的基础，没有企业的实力保证，也就办不了什么社会事业，当然也就当不了社会企业家。

徐文荣是如何当好企业的企业家呢？

概括起来主要是以下几大方面：

一、与时俱进选择了适合横店企业的发展道路和发展战略。横店集团的发展道路，突出表现为两点，一是走共有、民营的市场化道路，二是走横店本土化道路。这两点，是灵魂性的，内在地联系在一起，决定了横店发展的基本方向。徐文荣实事求是地根据变化了的国际国内形势，在不同时期制订出符合横店集团的发展战略，取得了不断的胜利，为横店集团的后续发展打下了坚实的基础。

二、以科学的经营管理确保发展战略的成功实现。徐文荣在经营管理实践中提出的"企业家首先是战略家"、"企业自主经营"、"立纲治本、依法治企"、"领先一步靠人才"、"负债经营理论"、"文化力理论"、"企业养生法理论"、"以德治企"、"权力、理性、智慧、善良、团结十字方针"等经营管理思想，闪耀着智慧的光芒。这些管理思想，来源于丰富的企业实践，虽是点、片、段的提出，但经过理论的思辨和总结，形成了富有横店特色的系统科学的企业经营管理理论，也是完整的徐文荣企业经营管理理论。这些思想理论，是徐文荣创下的宝贵财富，过去、现在

和将来都将指导着横店不断取得胜利。

三、选择了社团经济所有制。所有制问题，带有根本性的。我国是以公有制占主导地位的社会主义国家，根本目的是发展生产力，提高人民物质和精神文化生活，消灭两极分化，实现共同富裕。社团经济所有制也属于公有制的范围，是公有制的一种创新。首先，社团经济产生和发展于中国大环境，在市场的磨练和竞争中发展壮大起来，具有极强的生命活力和发展前途。其次，她又是公有，是为着广大老百姓做好事善事，符合横店的实际，为广大员工所接受，为横店人民所欢迎，也为政府支持，因而是最适宜横店集团发展的所有制。其三，社团经济的公有性质，决定了她综合实力的强大，可以集中力量办大事。无论投巨资于发展高科技工业，还是建设规模宏大的影视文化旅游基地和大型游乐设施，还是改造横店山河，建设美丽城市，实力强大的社团经济都能担当起来。所以，社团经济所有制根本上保证了集团企业的持续稳健发展。

四、社团经济企业文化，有力推动了集团事业发展。"先做人，后做事，做好事"的人生信条，共创、共有、共富、共享的四共宗旨，干事创业"拼命三郎"的横店精神，"干，就要是一流的"誓言，"我为社团经济献一身，社团经济为我保一生"的口号，"用天下人、聚天下资、谋天下利"的三大理念，"打造国际化横店"的目标，徐永安提出的"仁爱、中庸、团队、执行"的核心文化，等等，这些横店集团历史和现实的思想灵魂的东西，构成了社团经济企业文化的核心，成了新、老横店人砥砺奋进的强大动力，筑成了横店的辉煌。

在徐文荣构建的思想理论指导下，几十年时间，横店集团就实现从无到有、从小到大、从弱到强的巨大飞跃。

在当好企业的企业家同时，徐文荣不忘初心，当好社会的企业家。

在 20 世纪 90 年代之前，由于实力的不足，徐文荣还只能办一些和企业生产经营直接相关的电力、道路等一些很基本的社会事业。1990 年横店企业集团公司成立后，随着实力的快速增强，横店集团在提出和实施"高科技、外向型、集团化"的企业发展战略之后，1995 年接着又提出和实施一个新的战略，就是"企业办社会"战略，并坚定实行之。徐文荣在集团干部大会上指出，横店集团"办社会"势在必行。

首先，这是由企业的宗旨决定的。虽然横店集团像一般的企业一样，要赢利赚钱，但企业宗旨是"多办企业多赚钱，多赚钱多为人民办好事"，这才是最终目的。而这个"好事"，不是小恩小惠，而是要改天换地，创造一个新农村、新世界，让员工和乡亲们过上城里人的生活，甚至比城市人更好的生活。显然，要办成这件大好事，需要很多钱，而从横店的实际情况来看，镇政府财政有限，拿不出多少钱，农户和个体私营企业也拿不出多少钱；即使他们有钱，要让他们拿那么多钱出来办社会，一时也做不到。当仁不让，只有由横店集团拿钱办社会，早日做成农村城镇化现代化、农民市民化知识化这件功在当代、泽及后世的大好事。

其次，是横店集团自身发展的需要。徐文荣办企业的基本经验是：创业靠精神，发展靠人才。"创业时期最需要精神"。而所谓发展靠人才，是说企业在已进入轨道情况下，只有敢想敢干的精神还不够，还需要各种有真才实学的人才，才能够快速发展，正常、高效运转。但是，人才问题对于乡镇企业来说最难解决。一个重要原因是乡镇企业地处乡镇，工作、生活和学习条件远不如城市。乡镇企业要吸引人才、留住人才，尤其是高层次的人才，除了利用高工资待遇及精神鼓励之外，还需要加速乡村城镇化现代化建设步伐，改善周围人文环境，缩小并消除企业所在地与城市的差别。用徐文荣的话来说，让这些引进的人才和全体员工以及周围农民也过上城里人的生活。而要做到这一点，显然只能靠乡镇企业自己出钱出力，此外没有其他更好的办法。因此，位于生活、工作环境比较差，文化落后的农村的乡镇企业办社会，这是必不可免的事情。只有自觉地办好这件事，乡镇企业才能较快地发展，并得以巩固和不断提高；否则，企业难以办好和发展壮大。因为地处落后地方的企业不可能长期一灯独明，一花独放。

总之，在乡镇企业办社会这个问题上，徐文荣坚持从实际出发、实事求是的思想方法与原则。凡是徐文荣看准了的事情，就会大刀阔斧地去干，并且尽力而为。

横店集团承担的社会责任，也就是徐文荣所说的"企业办社会"这方面所做的事情，用"丰功伟绩"这四个字来评价，毫不夸张。城镇公共设施建设这方面主要是指路桥及水、电、气、网络方面的建设，以改善企业和城镇农村生产、生活的基本条件。横店集团、横店四共委和镇政府紧密合作，通过多种形式和方式筹措资金，以建设道路、桥梁以及邮电供电、供水、污水处理、液化气、网络等公共基础设施，建设了镇区主干街道20多条、四通八达的乡村公路150多条。这样，不仅城镇规划区的道路质量全面提高，还实现全镇村村通公路，通讯息网络。这一系列硬件建设使一个新兴的现代化的山区小城市初具规模。学术界称这是"企业推动型"乡村城市化模式。2014年，横店集团投资1.6亿元兼具游客集散服务功能的横店客运站正式运行。2015年10月，横店集团投资6.6亿元，拥有700张病房床位的横店文荣医院正式启用。

兴办文化教育卫生事业

徐文荣认为，农村城市化不仅仅是修好街道，建立高楼，用上自来水，还有重要的一个方面，要提高农民的文化素质，真正完成由农民——工人——市民的转变。用横店人自己的话来说，不仅要富口袋，而且要"富脑袋"，只有彻底改变"传统农民愚昧、无知、落后"的精神面貌，在精神文化上也脱贫致富，横店人才算真正富起来了，并且这样的富才有后劲，可保长久。为此，在20世纪90年代，横店镇政府在横店集团的支持和引导下，制定了"科教兴镇"战略，明确提出要把发展科技、教育、文化事业作为实现和推进农民富裕化、农村城市化、农业现代化的头等大事来抓。自20世纪90年代以来，横店集团先后投资10亿元，办起了横店幼儿园、横店工业技术学校、横店大学、横店高中，大规模增建、扩建横店小学和初中，形成了从基础教育到高等教育的完整教育体系，并且达到一流校园环境，一流教学设备，一流师资力量，一流教育质量的标准。横店集团还十分重视员工和村民的医疗保健工作，投资1.5亿元建起了软硬件设施一流的横店集团医院，在全国各地吸引了中高级医疗骨干50多人，达到大

晨曦初照八面山

病不出镇就能治疗的水平。2012年，横店集团还出资6亿元，启动建设现代化的横店新人民医院（横店文荣医院）。

为了使员工和社区居民做到"幼有所养，少有所教，残有所助，老有所靠"，横店集团在1993年成立了基金总会、下设职工退休养老保险基金会、医疗保险基金会、特困保险基金会，土地租赁基金会、教育基金会、公共设施补助基金会、企业风险基金会和福利基金会等9个基金会。这些基金会通过企业拨款、职工提留、社会捐助等多种渠道积累资金，实行专款专用，切实保障职工的权益。例如，由于成立了退休养老保险基金会，不仅已经退休的职工能够按时领到退休金，而且于1998年建成开业了为职工和老人服务的康复医院与"托老所"。横店集团创办的"托老所"目的是为了实现"老有所靠，老有所学，老有所乐"的理想。"托老所"建有公寓楼、娱乐楼和餐厅。建筑面积7100平方米的老年公寓楼，可接纳 200 位老人。每个单元套间生活设备齐全，比宾馆标准间面积还大，并且招聘了一批训练有素的护理人员，专门照顾老人的衣、食、住、行，并组织老人参加娱乐健身活动。进入新世纪后，国家在企业职工社会养老保险方面制度日趋完善，横店集团内部职工养老保险已完成历史使命，2004年开始，横店集团企业职工养老保险与国家社会养老保险并轨。

治理"三废"污染，保护社区环境

农村早期工业化，在促进农村经济、社会发展的同时，也在向社区排放着废水、废气和废料，给环境造成污染，这就影响农村的现代化、城市化建设的质量，并给工业本身的发展也造成不利。因此，以造福员工和社区群众为己任的横店集团，较早地认识到了这个问题的严重性，并且积极采取有效措施，认真解决这个问题。积极实施"除三废，兴三化"工程。所谓"除三废"就是清除工业废水、废气、废渣对环境的污染，防止生态环境破坏，促进经济和社会的协调发展；而所谓"兴三化"则是以治理脏、乱、差为重点，搞好厂区绿化、美化和洁化，努力创造良好的生产、生活环境，提升社区和企业形象。

横店集团在保护和美化环境方面采取了下列有效措施：一是提前规划污染的防治。横店集团在"八五"规划中就明确提出治理"三废"污染，保护生态和社区的环保工程项目。"九五"期间又加大了环保工作力度，严格规定凡是新上项目、新办企业、新的产品必须是无污染或轻污染的。如果是轻污染的项目必须坚持项目工程和环保工程同时设计、同时施工和同时使用的"三同时"原则。达不到要求的,一律不准投入生产。为了搞好环保工作,横店集团在总部设立了环保部,下属子公司设立了环保科,基层企业则设立了环保组和环保员,从而形成了严密的环保检测网络。由于横店集团对于环保工作领导重视,并且形成一套科学的制度,因而在环保方面取得社会公认的成绩。横店集团新办的企业,全部通过了政府有关部门的环保审核。

二是狠下工夫和本钱高标准治理"三废",横店集团及所属企业,本着对员工和社区人民的身体和生产高度负责的精神,认真解决企业的"三废"问题,不惜花工夫和本钱,务求彻底治理,不给子孙后代留下后患。集团总部坚持对排污设施的全面检查,并且投资改造、规范排放口,安装超声波流量计。例如,仅在流经厂区的南江沿岸就铺设了排污管道长达5056米。为了彻底阻止工业废水流入附近江河污染水质和耕地,横店集团在治理南江后,又投资5亿元,兴建了污水综合处理厂,对工业区内的废水统一回收处理,达标后再利用与排放。从2000年开始,集团每年环保投资就超过1亿元。与此同时,横店集团还资助居民普遍推广"三格式"无害化卫生厕所,以减轻环境污染。2013年开始,横店积极落实上级"五水共治"行动(五水共治,即治污水、防洪水、排涝水、保供水、抓节水),取得了很大成效。并且还对横店的山山水水实行绿化,做到山上树木成林,河边岸柳成行。这一切举措,实现了让横店山绿、水清、天蓝、空气新鲜的环保目标,赢得了国内外游客的好评。横店是当今浙江农村一方真正的"净土"。

主动帮助落后地区和农户脱贫致富

在这个方面，横店集团做了三件众口皆碑的好事，一是扩镇并村，实行"以企带村""以富带贫"的措施。横店集团所在的老镇区百姓富裕起来之后，徐文荣本着社团所有制共同富裕的宗旨和"当社会企业家"的志愿，又以更大的气魄提出"周边带动"的战略举措。在上级有关部门的批准和支持下，横店镇多次扩镇。。实行兼村并镇后，横店镇发挥横店集团强大的经济实力，向落后的农村地区辐射，帮助、扶持他们发展工农业生产，使其迅速脱贫致富。这方面的主要方法是在工业、电力、道路、水利和文化教育等方面对新并进地区实行优惠，加大投入，并给予技术指导。迄今已累计投入资金7亿元，使这些乡村也出现了经济蓬勃发展，收入不断增加的局面，使富余的劳力大多数到横店集团的下属企业务工。与此同时，横店镇在横店集团的资助下，还采取"搬离穷窝，异地脱贫"的措施。如把炉坞、街余头等10多个地处偏僻山区，自然条件恶劣，没有发展前途的行政村的2000多户村民搬迁到镇区重新安家立业。

二是实行"西进战略"，扶持"老少边穷"地区发展生产。1995年4月，全国乡镇企业东西合作工作会议在北京召开，与会领导人高度评价了横店集团的下属企业东磁公司在支援中西部工作中所作出的杰出贡献，号召与会企业向东磁公司学习。在支援中西部工作中，徐文荣等横店的企业家牢记社团经济的宗旨。徐文荣曾对采访者说，我们自己是从贫困中走过来的。现在还处于贫困中的人是我们的亲人，帮助贫困地区富裕起来，是我们这些已经开始富裕起来的乡镇企业的责任，是爱国的表现。因此，多年来，横店集团的东磁公司等下属公司遵照徐文荣的指示，把扶持和帮助中西部地区脱贫致富问题提到了议事日程。横店集团在总结过去支援中西部和老少边穷地区的经验的基础上提出：如果只是投入资金，那是"输血"，不能根本解决问题；若是同时再投入技术与先进的管理方法，那就能培养贫困地区的"造血功能"，能使他们真正脱贫致富。基于这种正确认识，横店集团在帮助和扶持贫困地区采取以下两种有效形式：一是与中西部和老少边穷地区联姻，实行"东西合作"；再是在落后地区独资办厂，包括收购当地破产的企业。横店集团在中西部和老少边穷地区采用上述方法扶持和救活了一批企业，有力地促进了落后地区经济的发展，帮助那里的群众脱贫致富。此外，横店集团还吸纳了大批国有企业下岗的职工和政府下岗公务人员，为国家排忧解难。

第三件大事是扶持村联户办企业。横店集团在经济有了较大的实力后，徐文荣等企业家不以企业内部的员工过上富裕生活为满足，进一步提出要以横店集团为"龙头"，带动和扶助周围农村实行工业化、现代化，让横店镇所有的农民兄弟过上好日子。为此，早在1989年，徐文荣就提出和实施"集团骨干企业带动村联户办企业"的协同发展战略，做出了"大力发展村联户办企业"的决定，对村联户办企业给予了诸多优惠和帮助。1. 给予专线接电。2. 帮助解决办厂的房屋。3. 技术指导、原材料和产品销售尽力帮助解决。4. 积极帮助疏通贷款渠道。解决部分流动资金。5. 积极为村联户办企业提供信息，培训技术。

迄今，横店集团工业区周边农户办起了2000多家大大小小的工厂，大厂已有数亿资产。他们帮助这些村联户办企业解决技术、管理和供销等方面的问题，从各方面给以指导。农民感动地说：横店集团的"老大哥"手把手地教会了我们办工厂，大恩大德永远难忘。

上面的介绍和分析表明，横店集团的确是中国民营企业界开展企业社会责任运动的典范，属于典型的"社会责任企业"。横店集团对于中国和世界范围内的企业社会责任运动的最大贡献，是它把企业社会责任运动制度化了。就是在企业产权制度和管理体制上使企业社会责任运动有了制度上的保障，使横店集团所开展的企业社会责任运动达到了其他企业难以企及的高度，从而把这场运动推进到一个新的发展阶段。他在理论与实践上发展、丰富、完善了企业社会责任运动。这一切使徐文荣成为真正的"社会企业家"，并且堪称是杰出的"社会企业家"。

四、为民造福 为国分忧 为企业增劲

当社会企业家，首先是为民造福。前头说过，社会企业家不仅仅是为了企业盈利，而是为着社会民众的福利，是在很大程度上将社会当成企业来办。客观上，办好企业就是为民造福，因为企业解决了老百姓的就业，上交了税收，促进了地方经济发展。企业家是社会和自然资源的组织和经营者，是创造财富是群体，令人尊敬的。如果一个地方缺少企业和企业家，地方经济肯定发展不起来。所以，企业家是一种宝贵的资源，需要社会的

理解、关心和爱护。

而从社会企业家的角度，他不仅是为了办好自己的企业，更是将社会面临的难题作为破解的方向，用企业家的思维和高效的市场经济的手段，来攻而破之。徐文荣对千年历史难题横店的三农问题的破解，对横店城镇化的不懈努力，对老百姓福祉的追求，就显示了社会企业家的襟怀气度。

徐文荣经常说："做人，就要做一个对他人有帮助、对社会有贡献的人；做事，就要做好事，不能做坏事，而且要一辈子为老百姓做好事"。

由于徐文荣领导下的横店集团、横店四共委为横店老百姓做了大量好事善事，享福的不仅是当代的横店人，而且泽披后世，造福子孙后代，横店老百姓发自内心称颂徐文荣为八面山神话传说中"牵金牛的人"。

民富了，国才强。民富是国强的基础。民富，靠什么？亚当斯密的《国富论》，讲到国富的源泉是劳动，说到增进劳动生产力的手段是因分工，因分工而起交换，论及作为交换媒介的货币，再探究商品的价格，以及价格构成的成分工资、地租和利润。亚当·斯密（分工理论）重点强调劳动分工会引起生产的大量增长，财富的增加。中国的国情，有限的农业资源禀赋，使从事农业者不可能出现明细分工，加之四季轮回等因素，劳动生产率不可能获得持续提高，生产也就不可能获得大量增长，农业只能解决温饱，不能实现富裕。要富裕，必得办工业企业，工业企业可以促进明细的劳动分工，提升熟练程度，且不受季节变化和天气等外部因素影响。办企业，靠什么？必得靠企业家，这是第一位的。所以，可以这样推演：企业家办好企业，企业带动老百姓富裕，老百姓富裕国家才富强。从这个意义上说，企业家是国家富强的基石。这话是否符合历史和现状呢？放眼世界，出得了企业家，特别是出得了优秀企业家的国家，就是强国，比如美国、日本就是出了众多优秀企业家的发达国家，这个观点是符合历史和现状的。所以，企业家担当着国家兴亡的重要历史责任。在历史上，一个强人统治的国家，有时表面看上去是一个强国，但老百姓的饥贫，使得这种强权犹如建立在地火奔腾的火山上，终不持久，早晚倒坍的。

徐文荣是一个坚定的爱国者，是一个中华文化的坚强守护者和弘扬者，是一个为国分忧的铮铮铁汉。

当然，横店集团与企业社会责任运动的关系是互相依存，互助互利的。

就是说，一方面，横店集团推动并深化了企业社会责任运动，为社会做了大量好事；而另一方面，企业社会责任运动也对横店集团的发展起了不可忽视，还可以说是难以估量的促进作用。横店集团发展历史还不长，还不是"百年老店"，但无疑可以成为经久不衰的"百年老店"。其根本原因，就是创始人、开拓者和领头人徐文荣以及"徐文荣式"的一批横店企业家有着强烈的改造农村、造福乡亲，建立新的美好的生产、生活方式，建设一个新的世界——东方太阳城，这种强烈的愿望和责任感，从而使他们具有坚忍不拔的意志，勇于开拓的精神和强大动力；也正是由于横店集团主动积极承担社会责任，关心和帮助员工与周边的农民以及远在他乡的落后地区的群众，因而得到广大员工和社会各界的理解、支持与关爱。这使横店集团不仅具有很强的凝聚力、向心力，从而有永不枯竭的活力源泉，而且营造了一个有利于企业活动和发展的良好的外部环境。不言而喻，这一切正是横店集团得以经受住前进道路上的风风雨雨，艰难险阻，从而得以飞速并且健康地发展的重要条件。徐文荣等横店集团企业家的卓越之处就是认识并珍重这方面的条件，积极创造这方面的条件。横店集团大力开展企业社会责任运动的实践而使企业发展取得巨大的成功，这个事实揭示了企业与企业社会责任运动二者之间的必然关系与联系。这对于那些对企业社会责任运动的意义还缺乏应有的认识，甚至对这一运动抱怀疑、抵触情绪的企业家与管理者，无疑是会有所启迪的。

为什么又说，集团办社会又回过头来给集团发展增劲呢？总的来说，办社会，建设了横店的基础设施，改变了横店面貌，使人才留得住，使游客住得下，使集团发展环境更加有利。具体来说：横店集团办社会，大致

横店集团投资兴建的中芬友好文荣医院

可分为两大部分，一大部分是投资公益性基础设施，如城市道路、桥梁、路灯照明等，这些是只有公益，没有回报的，是企业回报社会的一种方式。另一部分，根据政府赋予的特许权，建设、拥有并经营部分公共产业项目，是全额投资可以市场化运作的市政公用产品和公共服务产品，如横店的自来水厂、污水处理厂、热电厂、横店游客集散中心、横店文荣医院等，这些产品和服务的供给全部采取市场化运作模式，由企业投资，作为企业的资产，日常运营采取企业化管理模式。既作为企业化运作，因此也就有利润。所以，集团投资这些公共服务产品也就不吃亏。还有在办社会建造景区，道路基础设施、旧村改造过程中，多出来很多闲置土地。因为政府的支持，所在地农民的巴不得集团用了他们的土地，集团出了钱带富农民，因此，在办社会过程中就掌握了大量的土地。经济不发展，这些土地不值钱。但随着横店经济的快速发展和城市的繁荣，这些土地变得很值钱。掌握这些土地的横店集团也就一下子积累了大量财富。当然这些财富也不是集团某些人拿了去，依旧用在横店的发展和老百姓生活的改善上。所以，集团是横店原本贫瘠土地的盘活者，也是农民的带富人，土地收益也是回归到农民那里去的。所以，办社会，也是给集团增劲的。

有人觉得集团在办社会过程中得利是不应该的。实际上，这是一种顽固的本位主义观点。世上事，没有回报的付出是难以持续的。集团办社会也一样，付出必得有回报，否则也不长久。如果一味强迫企业付出，最终企业逃走或倒坍了，吃亏的还是当地政府和老百姓。所以，政府主动关心企业投资公共设施建设项目遇到的难题，在政策允许范围内尽可能让利于企业，照顾好企业利益，老百姓也支持企业，这样才能实现"多赢"和融合发展。

至此，我们可以说，企业社会责任运动是 21 世纪企业和社会发展中的一股不可阻挡的潮流，社会需要它，企业也需要它。借用孙中山先生的话来说，对于这股具有推动企业发展，改造社会的巨大潜在力量的潮流将是"顺之则昌，逆之则亡"。徐文荣等横店企业家已做出了良好的榜样。现在形势下，很有必要将徐文荣和横店集团这个榜样介绍和推荐给中国的企业界，以促进企业社会责任运动更加广泛地开展起来。当然，还有一个重要的目的，从企业社会责任运动的角度来研究横店模式。当我们把企业社会责任运动上升到社会变革和企业发展的客观规律的高度，这就在理论与实践上表明，横店模式、社团经济既是"能人模式"、"能人经济"，又是"规律模式"和"规律经济"。就是说，横店模式、社团经济形式的出现与发展，虽然与徐文荣等横店的一批杰出的企业家的价值观念、信仰与个人意志有关，但是，他们又是合乎社会、经济发展的客观规律要求的。这是他们成功并且得以巩固的根本原因。由此也就可以预言，横店模式、社团经济将随着企业社会责任运动的继续发展和深入而长期存在下去，并且日益壮大。

五、从"横店模式"到"新横店模式"

在徐文荣领导下，从上世纪九十年代初的"横店模式"到新世纪初的

横店华夏文化园三教塔

"新横店模式",其实质,是企业社会责任模式。具体表现在社团所有制在发展经济,破解三农,实现城市化过程中进一步发挥其社会功能的过程,也是徐文荣转变到社会企业家的过程。

在上世纪九十年代初,中国乡镇企业在发展过程中,形成了社会各界普遍关注的"横店模式"、"苏南模式"、"温州模式",各地乡镇企业在所有制结构、管理体制、产业结构、资产投入、分配形式、经营机制等方面都各有鲜明特点,其差别之大是其它类型企业所没有的。形成这些差别的原因也是多方面的,有地理、自然等环境方面的,也有历史、传统、文化、观念方面的内在因素。

那时所讲的"横店模式",是一个什么概念呢?

就是在自然条件和经济基础相对落后的地区,通过发展乡镇工业,并实行政企分开,以集团化形式加以组织整合,以社团经济为所在镇域经济的主体和主导,以高科技产业为方向,带动村联户和其他所有制经济多轮驱动,形成市场竞争中的规模优势,迅速增强自身积累能力,走出了一条迅速缩短同先地区的差距,促进地区经济全面腾飞之路。

"横店模式"具有以下几个特点:一、政企完全分开,企业拥有完全的自主经营决策权。政府回归到社会组织者、管理者的角色,企业回归到生产者和纳税人的角色。体现了市场经济条件下"小政府,大社会"的理想状态。这一点上和苏南模式显得不同。苏南模式往往政企合一。

二、社团经济是建立在集团成员共同劳动关系基础上的。作为劳动者个人对生产资料享有不占有,没有分割权。集团领导成员根据历史和现实,由社团成员推选,同样是集团普通成员,所有成员均以"劳动对效益的贡献"为尺度来获取收入。温州模式,则是个私经济为主。

三、为了保持集团成员的相对稳定和增强员工的凝聚力,有利于减轻社会压力,有利于集团的长远发展,集团建立了保障体系,员工正常退休、医疗以及特殊困难都能得到集团在经济上的保障。

四、集团成员以当地人为主,后来又向社会开放,不管来自何方都可以成为集团成员,同样,离开集团就失去集团成员身份。集团以发展本地企业为主,同时也向集团外公司、企业投资入股。

五、社团经济的性质宗旨,决定了集团发展同社会经济的发展紧密联系在一起，出钱办社会，成为了一种天然的义务和责任。

六、社团经济文化，集团作为一个经济实体，具有一般企业文化的特征，但作为一个社团组织，她具有一般企业文化更高层次、更广范围的特点。

经过 10 多年的发展，"横店模式"转化成为"新横店模式"。

"新横店模式"，简单说，就是在横店城镇化过程中，"政府规划设计，企业投资建设，全社会参与"的"政府推动，企业带动"型的城市化之路。这个理论概括，是由国务院发展研究中心和《经济日报》社等理论界和新闻界专家学者，多次召开理论研讨会作出的结论。其背景，是在各级党和政府领导下，在社团经济主导下，实现横店从农业到工业到第三产业，从农民到工人到市民，从农村到城镇再到城市的一个破解三农历史难题的三部曲。这个过程，实际是横店广大农民从温饱到小康，再到中康，到大康的历史巨变。这个三部曲的巨变，从社会发展角度说，是人类社会从贫困到富裕，从闭塞到便捷，从落后到先进，在身心上获得解放和幸福的过程，是一种高级形态的社会发展模式，表示横店已经处在一个新的高级发展阶段。从"横店模式"到"新横店模式"是一脉相承的。"横店模式"侧重的是经济发展，"新横店模式"侧重的是社会全面进步，是"横店模式"的全面深化和提升。也是徐文荣从具有强烈社会责任意识的企业家到完全的社会企业家的过程。

"新横店模式"虽已处在高级发展阶段，但也并不是到头了的。她将随着社会发展和自身的发展，必然要朝着共产主义理想社会前进的，虽然目前已经有人称"横店是局部实现了共产主义"，但离真正的共产主义社会还有很多路要走的。所以，也绝不能就停止探索，还要不断前进，共创美好未来。

徐文荣为横店集团"三次创业"提出了"打造国际化横店"的宏伟构想，为"横店模式"的新发展指明了方向。"用天下人、聚天下资、谋天下利"的三大理念，包含着天下大同的理想信念。我们有理由相信，横店将继续坚持社团经济宗旨，坚持优良传统，坚持开拓创新，坚持社会企业家理念，国际化横店目标将早日实现，社团经济的光和热将照耀温暖更多地区的老百姓。

六、当好社会企业家 建好"东方太阳城"

当企业社会责任运动在欧美国家兴起时，可以说，在中国的民营企业中，徐文荣领导下的横店集团是最早一批企业社会责任运动的实践者。无论在深度，还是广度上，横店集团所开展的企业社会责任运动，都走在了前列。这是因为横店集团从诞生的那一天起，就很明确地把社会共同体的利益作为自己的最终目的，开始自觉地承担起社会责任。横店集团的"共创、共有、共富、共享"宗旨，全面而又集中地体现了企业社会责任运动的目标与要求，并且丰富、完善和发展了西方的企业社会责任运动的理论与实践。因此，可以说横店模式实际是企业社会责任运动的模式，"横店之路"就是在中国探索和开辟企业社会责任运动的道路。横店集团在发展进程中的每一个重大决策和行动，经济体制和管理方式的变革，无不充分

八面山下新横店

体现了企业社会责任运动的宗旨和精神。

"横店模式"之所以成为企业社会责任运动的典范，是因为"横店模式"实际是企业社会责任运动的产物，是以徐文荣为首的横店企业家和全体员工四十年来坚持不懈地开展企业社会责任运动的结果。

虽然徐文荣到 2002 年才提出"要当社会企业家"，但实际上，从他办企业的那一天起，就一直很明确地要为乡亲们脱贫致富，并且为中国 8 亿多农民脱贫致富开辟一条成功的道路。徐文荣一贯称自己是"农民企业家"。这同后来的"社会企业家"在本质上是一样的。他要做农民利益的代表；做农民社会中先富帮后富，实现共同富裕的表率；并且要把农业社会、农民社会尽快改造成工业社会、信息社会与城市社会、平民社会。徐文荣的一句名言：多办企业多赚钱，多赚钱多为人民做好事。这句话看似朴素实在，但从企业社会责任运动的理论来看，包含着深刻的哲理，集中体现了企业社会责任运动的宗旨与基本要求。因为这句话表明，徐文荣是把赚钱作为"工具"，是第二位的"东西"。他的最终目的，第一位的"东西"是为人民服务，为群众，为社会做好事。这正是企业社会责任运动的基本思想和准则。

因此，以徐文荣为创始的横店集团的"社会企业家"们所思所想的是怎样才能把企业办多、办大，多赚钱；而且又能保证这些赚来的钱能用来为社会、为人民服务，"做好事"。

对于钱的本质与作用，徐文荣看得十分清楚。有西方思想家指出，"在现代社会，钱纯粹是一种世俗的力量，反映了人的低级的本质。脱离了精神追求，钱便成了控制不住的野火。我们的具有挑战性的任务是把金钱带回它在人的生活中原有的位置……这个位置是第二位的。"徐文荣等横店企业家他们不仅考虑要赚钱，还考虑怎样才能把钱置于"人的生活中原有的位置"，让它服从和服务于人的"精神追求"，使钱不再成为"控制不住的野火"。而这里的"精神追求"，是指崇高的宗旨，远大的理想，具体指奉献社会，承担起社会责任，造福老百姓。人的一生，两手空空来，两手空空去，不能无止境地追求金钱私欲。人活着，就要光明磊落，坦坦荡荡，干事业，就要轰轰烈烈。这是一种人生的豁达。

徐文荣虽然没有直接把横店称为"太阳城"，但是，他的社团经济中却隐含着要把横店建成"太阳城"的思想，或者说，在实际上提出要把横店建设成为"太阳城"。并且，经过多年的建设，"太阳城"在很大程度上已经在横店建立起来了。

这表现在徐文荣明确指出，社团所有制这种新型的公有制，就是给横店人带来幸福和光明生活的太阳，是普照在横店人头顶上的一轮太阳。万物生长靠太阳，太阳代表光明，代表生命，代表一切新生事物，代表充满光辉的前景，代表朝气蓬勃的发展，代表事业的兴旺繁荣。因此，把横店这座工业城、文化影视城、农民旅游城统称为"东方太阳城"，这是天意，又是人愿。

横店东方太阳城的出现表明：只要像以徐文荣为代表的横店人那样不屈不挠地顽强奋斗，就能找到光明，让霞光万道的太阳永远普照在自己生活和劳动的土地上。

在党和政府领导下，横店人和像横店人一样的追求光明者所取得的辉煌成就，让我们看到了希望。徐文荣和像徐文荣一样的社会企业家他们所参与构建的理想社会，是我们共同的归宿。

第九章　收藏文化理论

孔子说，君子不器。是说君子不能像器具那样，作用仅仅限于某一方面；君子博学多才，可胜任各种工作。老子说，大象无形。意思是说最大的形象看不到，比如天，谁能看清天的形象呢？徐文荣的思想，就如"大象无形"的"道"，让人窥测不到边际；他的才具，则是"君子不器"。道器不离，徐文荣把握了事物运动发展的规律，所以能够做成他想做的任何事，收藏文化就是其中的一样。

一、收藏的对象是文化

关于收藏的对象。传统观念以为，收藏的对象是文物、古董，是可变现或以现金衡量的一种具体物品。徐文荣的观点是，收藏的对象是文化，是人类创造的物质财富和精神财富；文化，才是收藏的本质对象。在这个意义上，收藏品也可统称为文化艺术品。就其程度来看，可以分为普品、精品、珍品、极品等。

徐文荣的这个观点，扩开了人们的视野，澄清了多年来关于收藏对象问题的模糊认识，为全社会各阶层的人们打开了收藏之门，也为作为文化艺术收藏品的国际化交流提供了理论基础。

徐文荣认为，我国目前收藏领域的一些概念是混乱模糊的，或许从来就没有清晰过。那些所谓鉴定专家各显神通，说的话几乎都不一样。所以，"水很深，水很浑，不敢碰"，是普通百姓对收藏的一般认识。

徐文荣认为，搞收藏，首先就要正确认识文物、古董（古玩）、艺术品，真品、赝品、假品，官方收藏、民间收藏等几组概念和彼此关系。

什么叫文物？顾名思义，文物就是有文化价值的物体，是历史上留传下的文化物质。按照现在学术界的看法，应该是指在以前制造而成的物体，流传至今，对现在的社会来说，有一定的价值因素和研究关系。按国家文物法，文物的范围很广泛：囊括了各类建筑物遗址、各个时代的纪念物、非物质文化遗产（目前也是文物）、出土的古墓、古代的建筑工具和建筑物、人工开采的石窟、人工雕刻的石刻、各个朝代或者各个时代的手工艺制品、工艺品、各类历史书籍以及对现代具有影响的文化资料。一般以是否具有历史价值、艺术价值、科学价值、经济价值来衡量。据此，分为一级文物、二级文物、三级文物和一般文物等类别。古董，从字面意义来理解，指的是以前年代生产出的东西。这些东西具备了鉴赏和研究价值，我们据此可以推测到文物当时年代的一些境况和特征。供研究和参考的古董、古玩其实不一定都是文物。古董、古玩主要指的是以前的东西，是就时间性而说的。

　　文物和古董（古玩）之间的区别有三方面：一是文物受国家现行法规和法律的保护，允许私人持有，但是不允许贩卖。古董呢，大家可以收藏，可以投资，也可以转手。二是时间的限制。古董、古玩的现行分类是以清代为界限。具体年限学术界一般认为是 1911 年。即之前时期遗留下的产物均可称为古董、古玩。然而，文物的范围就不止了。近现代产物有对现代社会具有影响力也可以称为文物。

　　艺术品，是指满足人们的某种审美需要和精神需要的一种特殊商品。它具备商品的基本属性：使用价值和价值。但它的使用价值不是表现为某种物质的工具性，人的主观因素对艺术品的使用价值形成起到决定性作用。艺术品创作具有自主性、个体性、创造性和不可重复性等属性，它与一般商品的批量生产等特点不尽相同，表现在创作过程和创作时间上，艺术品的价值形成也具有事先不可确定性，因此艺术品又称为自由的精神生产，不可能完全等同于一般商品。

　　从以上概念，大略可知艺术品与文物、古董的相同点与区别处。相同点，一是艺术品不受时间的限制，这点和文物一致，可以上至三皇五代，下至时令当下，但比古董时间跨度长，一般人概念上指的近现代为多；二是艺术品由人创作产生，这点和文物古董相区别，文物古董可不一定由人创作产生，也可是天然自然产生。三是艺术品以具有艺术价值为首要，不一定具有历史价值或科学价值，但文物一般三者兼具或具有某两项或一项，古董也一般兼具一两项。四是文物、古董不一定是艺术品，艺术品也不一定是文物、古董，它们之间有交集，有不同。

用古玩艺术品这一概念，则既可避开文物的嫌疑，又便于收藏家和普通百姓接受，避免以文物的概念标准一枪毙了大量古玩艺术品的命。为了倡导民间收藏，徐文荣主张使用古玩艺术品的概念。有时也用更广泛的文化艺术品的概念。这一概念，是彻底地将文物、古董、艺术品都囊括了进去。实际是提倡人人可收藏，收藏的大众化社会化。这是对收藏仅限于有钱有权人的专利的一种反驳。

徐文荣还经常提到真品、赝品和假品。在现代汉语词典，真品的释义是纯真的品质，就是指的真家伙；"赝品"本义指工艺精湛的仿真品，其价格可能也不便宜，但在现在收藏业界一般指用来骗钱的粗制滥造的伪品。实际上，比如宋朝仿西周的青铜器，虽是仿真品，但也具有较高的价值。假品，是指的纯粹造假的东西。比如本应是金器，却用铜替代；本应是铜，用铅替代外面涂铜；本应是手工画，却用机器印刷出来等。从价值来说，当然真品最高，赝品次之，假品最不值。

关于真品的稀有和珍贵程度，徐文荣提出用真品、精品、珍品、孤品、绝品来表示。这样的好处，是不和文物法规定的文物等级相混淆，引起不必要的担忧和猜忌，有利于民间收藏文化的发展。

官方收藏与民间收藏，徐文荣有过这样一段表述。他说，政府还应该承认和重视民间收藏的价值，对有关的法律、法规、政策进行必要的修订，鼓励民间收藏，做好对民间收藏的服务工作。事实上，民间收藏为国家抢救了很多国宝。放在博物馆的毕竟是少数，绝大多数的藏品都是在民间得到保护，传承有序。假设我国目前4个国家级博物馆每个有10万件藏品，共 40 万件；省级各类博物馆有 200 个，每个藏品 2 万件，共 400 万件，加起来也不到 500 万件。而民间收藏家据说有 7500 万人，我们就算其中 1000 万人，每人有藏品 100 件，一共就有 10 亿件。这几年，地下的、海里的、以前民间私藏不敢拿出来的珍品，都出来了，大量地出现在各地古玩市场、民间博物馆和民间收藏家的手里。这些东西，数量上比官办博物馆的藏品多几百倍，质量上也有许多顶级宝贝，是官办博物馆里所没有的稀世珍宝。

还与此相关的重要问题是关于收藏的目的。一般以为，收藏的目的在于实现金钱梦想，为金钱财富而收藏。徐文荣以为，收藏不但为财富，更重要的是，历朝历代的文化艺术品承载着中华五千年文明的信息，收藏、保护她，是传承中华文化的最好手段。一味为了实现金钱梦，对传承中华文化这一根本目的麻木不仁、视而不见是一种无知与浅薄，背离了收藏的宗旨和目的。

艺术无国界，文化跨国门。让文化艺术品走出狭隘的圈子，面向社会，走出国门，走向世界舞台，扩大中华文化的国际影响，是弘扬中华文化的最好途径。

二、藏品的鉴定标准和鉴定方法

关于收藏品的鉴定标准。针对保守者认为藏品的标准是以国家馆藏文物为标准，凡此之外都是赝品假货的观点，徐文荣认为应从艺术品本身的历史价值、艺术价值、科学价值和经济价值四大标准去衡量。

为什么呢？徐文荣认为，藏品大都是劳动人民的创造，比如陶瓷器或手工制品，被国家收藏的毕竟是少数，绝大多数还是流散在民间，如果以国家馆藏为唯一标准，则国家级图博馆没有收藏的大量流散民间的好东西被否决，这是睁眼说瞎话，无异于历史的罪人。所以，不能单纯以国家馆藏的标准为标准，而应该实事求是地以藏品本身的历史价值、艺术价值、科学价值和经济价值四大标准去衡量。从这一标准出发，极大地扩充了收藏的范围，也彻底打破了目前收藏界少数国家供养的保守专家所谓"民间无好货"的论调，凡是符合以上四项标准或具有其中一二项的，都可以列入收藏。

藏品标准确定之后，接下来就是实际鉴定问题。但当前的收藏鉴定是鱼龙混杂，莫衷一是。一些昧着良心的所谓鉴定专家为利益所驱使，扯虎皮作大旗，到处招摇撞骗，将好的说成坏的，将假的说成真的。给了钱，可以随便开所谓的鉴定证书，不给钱，则求告无门。不同的专家往往结论不一致，同一个专家在不同情形下（比如给钱和不给钱，给钱多或少）的结论也不一致。这样，造成了鉴定结论的混乱，老百姓听了都怕，这极不利于收藏业的发展和大众的参与。

为了廓清阴云雾霾，徐文荣提出，在标准确定之后，藏品鉴定要由鉴定专家、收藏专家、高仿专家、科学仪器检测"四结合"作出判断认定，不能由某个鉴定专家说了算。鉴定权不能由少数人垄断专营，必须要打破。这样，才有可能建立更全面、科学、合理的鉴定体系，有利于收藏业的发展和收藏文化的推广普及。

三、提倡"市场收藏"和"研究收藏"相结合

针对许多民间收藏家捧着金饭碗要饭吃的情形，徐文荣认为，对民间收藏家而言，应以市场为导向，积极参与藏品的交流交换，在交流交换中实现经济回报，解决实际生活问题，也从而发挥藏品的文化功效，实现以藏养藏。这就是市场化条件下的收藏，徐文荣称为"市场收藏"。徐文荣反对缺乏物质条件的自赏自娱式的"研究收藏"，以拥有为最高目的和自我满足，切断藏品与外界交流的可能，使藏品"雪藏"，经济上则柴米常忧陷入困顿，做一个"富家的穷人"。徐文荣主张通过藏品的市场交换，使参与者得到经济回报，促进艺术品市场的繁荣，样于国于民于己都有利。

徐文荣认为，专事研究收藏而不顾吃饭问题，必将走入一条死胡同，也不会持久。专事收藏而不去研究，是忽视了藏品的文化价值，是迷失了收藏的根本目的，比肉烂在锅里还可惜。只有市场收藏和研究收藏结合起来，既有饭吃，养得活老婆孩子，又有喜欢研究的事做，才是现代社会搞收藏所应该取用的方法。

同时，徐文荣还提倡收而不藏，反对把藏品锁进保险柜，放在库房"雪藏"，不见天日，而是要展示出来，发挥藏品的观赏教育作用。这一点，徐文荣是亲力而为，作出了榜样。

他首先从"收藏古民居"入手。派人走遍浙、徽、赣、闽等省份，搜

罗具有历史文化价值和艺术特色的历代民间建筑，原拆原建至横店明清民居博览城，再进行修复保护，使在草莽中蒙尘的明珠重放光彩。一百多幢官宅、富户、民居、祠堂、戏台、花厅、楼阁等，错落有致地耸峙在博览城内，供国内外游客参观。

在收藏古民居的同时，因为徐文荣建设横店圆明新园计划出巨资收购流散古玩艺术品的关系，开始了艺术品收藏。由于徐文荣名气大，古民居地方好，自 2008 年秋冬开始，来自江苏的著名收藏家徐志坚首先响应徐文荣发展收藏文化的号召，陆续带来了 3 万余件古玩艺术品入驻古民居；不久，广东资深收藏家余皖生、江西年轻收藏家刘笑益也带着他们上万件精美藏品入驻，后来安徽的吕希忠、湖州的徐建华、金捷、徐成等收藏家也带着他们的藏品来横店古民居分别开设独幢展馆，宁波、金华等地许多藏家闻讯也纷纷要求入驻。一时，收藏界群贤毕至，大放光彩。徐文荣自己则一发而不停，各种藏品越收越多，竟达到了 10 余万件，他又收而不藏，将古玩艺术品分成各个系列在古民居予以展示，供游客参观。

窥略古民居展品，有印制世界最早纸币北宋"交子"的铜版，有难得一见的汉代玉衣，有《水浒》一百单八将人物系列瓷盘，有清中期全套珐琅彩 12 个月圆明园风景瓷板画挂屏。有铜胎掐丝珐琅系列，佛像系列，五大名窑系列，宫廷用品系列等。从人类早期红山文化、良渚文化的玉器、陶器，商周两汉时期的青铜器，南北朝的壁画，唐代的唐三彩，宋朝的五大名窑八大窑系，元代的青花，明清两代的官窑瓷器，民国和当代的木雕竹编，还有奇石、宝石、天珠、犀角、象牙、瓷板画、大型根雕、紫砂、印章、玉玺等等，林林总总涉及了20多个收藏门类20万余件。

横店收藏文化的大展示，引起了社会的极大关注和业内人士的惊呼。新闻媒体的报道、网络上对横店收藏文化的反应转载，达到了几百万篇，北京、省里的有关领导也在关注此事，东阳、义乌等周边县市的老百姓也在兴致浓浓地议论。全国著名宋代瓷器研究权威朱伯谦对横店收藏的宋瓷赞赏有加，并郑重开具了多张鉴定证书。湖南省博物馆原馆长、湖南省收藏协会会长、当年长沙马王堆考古发掘组组长熊传薪多次来横店考察，对横店的藏品赞不绝口。年近九旬的我国权威文物鉴定专家孙学海看了藏品后更是说："中国其他地方没有的藏品横店有，世界其他地方没有的藏品横店也有。"

四、收藏文化是大众文化

徐文荣提倡收藏文化是大众文化，反对收藏为少数人的专利独享。传统观念认为，有权有钱人才可以玩收藏，收藏是少数人的专利。徐文荣认为，收藏品出自民间，是劳动大众的生产物，劳动大众自然也完全有收藏的权利和可能；再说，太贵太久远太热门的收藏不起，可以收藏冷门便宜点的东西，收藏祖宗留下来的、爷爷奶奶传下来的东西。

前面说过徐文荣认为收藏的对象是文化艺术品，就是说，凡是能满足自己的某种审美需要和精神需要的物品（人造或天然自然的）都可以收藏，而不必拘泥于现有的收藏门类。这在实际中是广泛客观存在的。比如收藏火柴盒、烟标、三寸金莲、奇石、某种昆虫标本、烟斗等等，不一而足。这些冷僻东西有钱的玩家或保守的收藏家可能看不上，但大众可凭自己的喜爱而收藏。

收藏文化应该是面向千千万万的大众，面向中低收入者，面向中产阶层，面向权贵，面向社会各阶级各阶层；面向机关学校，面向国有和民营企业，面向各社会团体，应该是普及的人民大众的文化，全社会人们共有的文化权利。据业内资深人士估计，全国拥有 7500 万收藏爱好者，大概 20 个国人里面有 1 个，这个估计是符合实际的。这 7500 万收藏爱好者，是具有收藏意识和实际收藏的人，数量和质量上可能差异很大，所收藏的品类肯定也是五花八门，但正是庞大群体的收藏，从最广大范围内实现了我国博大精深文化的传承。但有的保守专家视而不见，一概否定民间收藏。令人不能理解。

徐文荣为实现收藏文化是大众文化的目标，想到了各种办法。他注册了中华国际艺术品收藏家协会和浙江横店收藏家协会，吸收会员上千人，横店还注册了中华国际建筑行业师协会和浙江横店建筑行业师协会，拥有了热衷于收藏的建筑业界精英千余人，横店还注册了浙江企业家民间文化遗产保护促进会，吸收了众多热爱文化收藏的企业家会员。

通过浙江企业家民间文化遗产保护促进会，发动企业家办文化艺术品展馆，已有浙江中夏投资的周健伟、横店东磁的何时金、建筑企业家吕忠民等近十位企业家在古民居设立了文化展馆。当年还采取送出去和引进来两种方法，办起 50 家以上企业展馆。徐文荣还捐献藏品给横店影视职业

徐文荣在翻阅收藏文化资料

学院，开辟展馆供师生免费参观学习。还在各宾馆饭店设立展柜陈设古玩艺术品，供客人免费欣赏。通过各种方法，让藏品不处深闺暗室，和广大老百姓见面，普及文物知识，坚持收藏文化是大众文化，推动民间收藏文化大发展大繁荣。

五、鼎力助推收藏文化改革

制度、标准、诚信是收藏文化良性发展的必要前提。在当前国家文化艺术品相关制度不健全，鉴定标准缺失，欺诈频发、诚信危机的现状下，徐文荣创新思路，致力于收藏文化的良性发展，努力使浑水变清，深水变浅。他在各种场合多次大声疾呼国家尽快出台《鉴定法》等法规，完善《拍卖法》，公布各门类艺术品鉴定标准，严格从业人员资格认定，出台从业人员道德规范，完善市场体系建设，营造良好发展氛围。

一方面，横店充分利用舆论宣传阵地，多次发动大规模高层次的宣传活动，通过记者写内参、向人大法律部门反映改革要求等方式表达诉求。同时，动员收藏者、富有正义的专家，以各种方式，表达自己改革旧体制旧观念，走创新之路的愿望。

另一方面，横店花巨资从德国引进世界最先进的频谱检测仪等检测设备，选送人员到高校专门培训，为文化艺术品的年代鉴定，提供科学依据。聘请国内著名鉴定专家团队，开展古玩艺术品鉴定。狠抓从业人员资格培训和思想道德教育。与财税部门积极沟通，营造良好交易环境。

针对当前拍卖行业存在着假拍、圈拍、拍假、串拍、回拍、抬拍等极大损害买家、贻害收藏产业发展的潜规则，横店敢于挑战，在2011年横店拍卖公司举行的拍卖会上，坚持诚信公平交易，做到了不造假，不拍假，不虚拍，不抬拍，使购买者放心得实惠。

为揭露无良的拍卖公司高价拍卖、欺骗买家，横店发动民间收藏的巨大优势，收集了藏在民间藏家手中的历年来各大拍卖公司高价拍品的同等品近200件，以降低百倍、甚至千倍的价格进行对比展销。比如，拍卖价为2.3亿元的元青花瓷器"鬼谷子下山"，横店同样藏品，价格只有百万元。为使购买者放心，还举办赌卖活动。横店不断积聚起收藏界正义的力量，为着买家的利益和收藏文化的大发展，勇敢地向着拍卖界的丑恶和陋习猛烈开火。

横店之所以这样做，就是要为中国收藏文化良性发展创设必需的条件，给一直来为传承弘扬中华文化艺术品含辛茹苦的广大民间收藏者以生存发展空间，还收藏文化应有的规则，为社会大众参与收藏提供放心保证。

六、关于发展民间收藏事业的十条意见

为了推动民间收藏事业发展，冲破阻碍民间收藏的条条框框，引起社会的重视，2011年徐文荣提议举办一场全国性的民间收藏文化创新论坛。他的提议得到了中华炎黄文化研究会、中国收藏家协会、中国拍卖行业协会、中国文物保护基金会、中国社会工作协会、全国工商联古玩业商会联

合会等国家级文化协会一致响应，并由以上单位作本次论坛主办单位，中国企业收藏俱乐部、浙江华夏文化发展基金会、浙江省企业家民间文化遗产保护促进会、横店古玩艺术品集散中心作为本次论坛承办单位。来自全国各地从事古玩艺术品收藏、博物馆展示、文物保护、文化研究和拍卖行业的专家参加了论坛研讨交流。《人民日报》、新华社、《光明日报》、《经济日报》、中央人民广播电台、中央电视台、香港凤凰卫视等70余家媒体参与了报道。徐文荣在会上阐述了自己关于发展民间收藏事业的十点意见，为中国民间收藏文化大声疾呼。他的讲话转录如下：

一、要求国家文物管理部门进一步开放政策。

五千年的中华文化应该允许在全世界传播，艺术品对外交流的政策应该进一步开放。我建议有关部门的领导同志，应该在观念上、心态上借鉴大唐盛世，向唐朝学习。我国在经济上改革开放已经30多年，文化上也应该打开国门，大力提倡开放。历史上，举世闻名的丝绸之路和"海上丝绸之路"，既打开了世界经济市场，也使中华文化传播到了全世界。我们的丝绸、茶叶、瓷器等换回了西方大量的金银珍宝，使中华帝国成为当时全世界最富最强的国家，被视为"天朝"。我们应该有这样的自信，不管东西放在中国还是外国，那都是中国文化的传播。大家都说：文化无国界，艺术无国界。实际上，从古代到今天，一直以来，各种文物、古玩、艺术品，都通过种种途径，包括合法的和非法的途径在内外流通，既有流出去的，也有流进来的。目前，国内存世大量古玩艺术品，为什么不能索性把政策放开，允许并促进它们在全世界流通呢？

政府还应该承认和重视民间收藏的价值，对有关的法律、法规、政策进行必要的修订，鼓励民间收藏，做好对民间收藏的服务工作。事实上，民间收藏为国家抢救了很多国宝。放在博物馆的毕竟是少数，绝大多数的藏品都是在民间得到保护，传承有序。假设4个国家级博物馆每个有10万件藏品，共40万件；省级各类博物馆有200个，每个藏品2万件，共400万件，加起来也不到500万件。而民间收藏家据说有7500万人，我们就算其中1000万人，每人有藏品100件，一共就有10亿件。这几年，地下的、海里的、以前民间私藏不敢拿出来的珍品，都出来了，大量地出现在各地古玩市场、民间博物馆和民间收藏家的手里。这些东西，数量上比官办博物馆的藏品多几百倍，质量上也有许多顶级宝贝，是官办博物馆里所没有的稀世珍宝。这是客观现实，如果你是一个唯物主义者，就不能闭着眼睛，硬是不承认这种现实。我们要把眼光放长远一些，"藏宝于民"，也就是藏富于民，是真正永久保护历史文化的重要途径，是利在当代、功在千秋的大好事。我们呼吁国家各级文物主管部门和博物馆的领导，要顺应新形势，正确认识民间收藏对于弘扬中华文化、发展文化产业的重要意义，在政策法规的制订和执行上再进一步解放思想，开放古玩艺术品在国内外市场的广泛流通，支持民间收藏事业不断发展。

二、古玩艺术品鉴定专家必须破除保守思想，支持民间收藏。

目前在古玩艺术品的鉴定问题上，鉴定专家之间的意见不一致，观念上存在着很大的分歧，对许多古玩艺术品的鉴定结论相互矛盾，你说是真的，我说是假的。特别是国家文物机构的某些所谓体制内的鉴定专家，对民间藏品采取一概否定的态度，认为只有国家博物馆里的藏品才是真东西，只有从皇宫里出来的，或者从坟墓里挖出来的才叫文物。这是极大的错误，这种保守思想必须破除，必须彻底批判！什么叫文物？我看，凡是年份够久的（例如100年以上），品质优的，艺术美的，都应该承认是文物。不管是皇宫出来的还是民间使用的，不管是原创的还是后代仿造的，凡属五千年创造的古代艺术品，都应归属于文物。难道汉代仿商周的、宋代仿唐代的、清代仿明代的，就都属于赝品，统统排斥吗？难道民间制造或使用的，就是再好的东西也一文不值吗？如果持这种观点，那么我们浙江的良渚文化、河姆渡文化，都是民间的东西，就没有研究价值了？就不用保护了？显然是极其荒唐的。持上述观点的这些所谓专家，是对历史的不负责，是对中华五千年文化的否定，对劳动人民老祖宗智慧和血汗的否定，是历史的罪人！

还有，某些所谓鉴定专家以"正统"自居，戴上官帽就觉得老子天下第一，派性严重，对那些支持民间收藏、受到民间收藏家信任和拥护的专家进行排挤、打击。对此我感到非常气愤！我认识一位著名的文物专家，叫孙学海，80多岁了。孙学海先生有60多年鉴定文物的经验，在文革中执行周总理的指示，保护了成千上万的珍贵文物，可以说为国家立了大功。他在横店对媒体说："我的一个深切感受是，大量的珍品存在于民间。有些对收藏领域了解不深的朋友固执地认为，只有国家和地方博物馆收藏的才是真品，民间收藏没有好东西。这其实是一种错误理解，事实上，故宫博物院藏品的许多文物也是来自民间。"我认为他尊重历史，尊重事实，他讲得很有道理。可是，就因为他支持民间收藏，就受到文物鉴定部门和某些所谓专家的排挤打击，向他头上泼污水。有的"专家"公开说："孙学海讲这东西是对的，我们偏偏说不对；孙学海说这东西不对，我们偏偏说是对的。"闹派性到了不顾客观事实的程度，这种人还有什么资格称为"专家"？最近，孙学海先生和其他一些专家被紫禁城出版社请去编辑一本故宫博物院玉器宝书，浙江卫视两次请孙学海先生开设古玩艺术品讲座。难道中国还有另外一个孙学海？可见，那些攻击孙学海先生的人，恰恰暴露了他们自己才是"伪专家"。我认为，为了让文物鉴定专家队伍保持纯洁和健康，反倒是应该把这种"伪专家"清除出鉴定专家队伍。因为他们闹分裂，闹派性，颠倒是非，混淆黑白，是历史的罪人！对那些没有多少真才实学，闭着眼睛说瞎话的"伪专家"，必须坚决打击和制裁，让他们彻底孤立、失去市场。

过去说："秀才不出门，能知天下事。"有的专家也认为，自己不出门，能知天下事。我要问：你以为自己是天才吗？你的天有多大？你那个博物馆里的藏品，比得上浩如大海的民间收藏吗？你敢说自己什么都见过，什么都知道吗？天才也不可能无所不知，不可能未卜先知！认为自己是"天才"的，往往是个骗子！我还是相信"实践出真知"这句话。所以，希望鉴定专家们走出院门、馆门，到民间去，学习、认识民间珍贵的文物，在实践中历练，不要用僵化的思想，在不了解、不交流的情况下，全盘否定民间的东西。一个好的鉴定专家，有良心、坚持正义的鉴定专家，就应该解放思想，重新学习，尊重客观事实，让民间的好东西得到应有的认同。我感到非常高兴的是，像孙学海先生那样的好专家、支持民间收藏的专家越来越多了！我坚信，这种与时俱进的正确观念，必将成为鉴定界的主流！

三、文物鉴定应当由鉴定专家、收藏专家、高仿专家、仪器检测"四结合"来作出判断认定。

文物鉴定界出现一种非常荒谬的怪事，即在对文物古玩的鉴定中，即使几位专家都肯定，但只要有一个专家说"不对"，这件东西就被否定了，也就是所谓"一票否决制"。即使是一件国宝级的文物，被无理否定了也不用负责，那个"枪毙"者也不会被追究责任。这种做法，使大量"好东西"被无辜地否定，遭到抛弃或毁坏，造成严重的后果。因此，我强烈呼吁，古玩艺术品的鉴定要制订出科学合理的规范，例如中国《民间藏品鉴定法》这样的东西，另外还要有个大家公认的权威鉴定机构。《鉴定法》应该把涉及民间藏品鉴定的有关事项，比如民间鉴定的监管部门、民间鉴定的机构设置、鉴定专家的资质认定、鉴定活动中有关各方的权利和责任、鉴定争议的仲裁等等，用法律形式规范下来。古玩艺术品的鉴定不能由个别鉴定专家说了算，更不能由个别鉴定专家"一票否决"。这个《鉴定法》，也不能单由某些鉴定专家来制订，而应该邀请国家级的鉴定专家、收藏专家、高仿专家、拍卖专家的代表，共同来研究，来立规，并且应该广泛征求有关方面的意见，再由国家文管部门定稿。制订这个鉴定规范，必须尊重科学，尊重实际，避免主观性、片面性。

同时，对于古玩艺术品真伪的鉴定，应该重视仪器检测的作用。仪器没有"敌人"，也不会搞派性，仪器"铁面无私"，不会说谎骗人。为什么不能相信仪器的作用呢？横店虽然聘请了几十位国家级的鉴定专家，但还是引进了一流的检测仪器。我不是否定、忽视专家眼力检测的能力，而是主张专家的眼力和仪器的检测相结合。我认为这和看病一样，医生再厉害，看病时也让病人做个血液检查，做个B超。仪器和专家是不矛盾的，相反能互相配合，相辅相成。"仪器测年份，专家定好坏"，要结合起来做。我提倡拍卖会上的拍品应该有仪器检测报告。如果对某件古玩艺术品的鉴定出现争议，应当由鉴定专家、收藏专家、高仿专家、仪器检测"四结合"来作出判断认定，必要时由前面提到的国家权威鉴定机构来裁决。这样，对艺术品的鉴别、鉴定会更加科学，更加符合实际，更加确实可信。

四、拍卖公司应该打破"小圈子"，真正为艺术品流通做贡献。

拍卖行业是艺术品流通的主要渠道和主要市场之一。长期以来，国内外的高端艺术品都只能在拍卖会上竞拍成交，也在各种拍卖会上屡创"天价"。但目前这个艺术品拍卖市场却是畸形的，每家拍卖公司都有一帮人，只卖自己小圈子的东西。圈里的东西，假的也说成真的；圈外的东西，真的也说成假的。这种"潜规则"是绝对错误的，导致一小部分人获得暴利，但整个民间收藏的环境却破坏了。特别是有的老牌拍卖公司、著名的拍卖公司，利用自己多年建立的知名度，一方面排斥圈外的藏品，将别人的藏品一概否定，一方面自己又在那里造假拍卖，骗取买家的钱财。这种做法必须受到反对和谴责，必须受到坚决的打击！虽然说，拍卖法规定，拍卖公司不保证拍品的真假，由买家自行负责，但你开公司、做生意，总要讲点诚信，总不该昧着良心赚钱呀！所以，我建议拍卖行业，要端正行风，诚信经营，破除小圈子，树立新风尚，构建良好的拍卖环境，使拍卖行业健康地发展。

前面讲过，大量的古董艺术品藏在民间，民间藏宝是个亟待开发的"优质资源"。拍卖行业应该帮助民间收藏家积极参与到市场，共同推动艺术品交流的繁荣。这样做，对于拍卖公司做大经营业务、获取更大收益，也有很大好处。做生意，精明的头脑固然重要，但独到的眼光和敢于创新的魄力更为重要。民间收藏的发展，是拍卖行业的一个重大机遇。谁能抓住这个机遇，谁就有可能走在别的拍卖公司的前头，抢占制高点，就能创造更好的经济效益和社会效益，使拍卖行在买家的心目中树立崇高的威信。只要拍卖行业与民间收藏很好地"联姻"，相辅相成，两方面的事业就都能得到极大的发展，就一定能出现"双赢"的局面，共同为传承和弘扬中华文化做贡献。

五、民间收藏家应该做到心平气和，理性参与流通市场。

广大民间收藏家大多出于对五千年历史文化的热爱而进入收藏行列。他们之中，有的一生省吃俭用，把牙缝里省出的钱用于收藏；有的为了收藏卖掉房子、车子；有的慷慨地把心爱的藏品无偿捐献给国家，捐献给慈善事业。民间收藏家为保存和传承中华文化做出了巨大的贡献。但不可否认，也有许多人是抱着"发财梦"来参与其中的。在改革开放的今天，这样想也合情合理，无可厚非，想发财并没有错。不过，古玩艺术品的交流，应该遵循市场规律。古玩市场的大发展、大繁荣，也需要一个过程。首先要让我们的藏品流通起来，让市场活起来。你手里的东西再好，再值钱，卖不出去就变不成钱，更不要说发什么大财了！所以，不要梦想一夜暴富，不要认为某件艺术品在拍卖会上拍出几百万甚至几亿元的"天价"，你的东西就也能卖这么多钱。我们民间收藏家心要平，气要和，手中的东西也不能漫天要价，必须提倡合理的价格销售，让这些宝贝走进更广阔的社会阶层，至少中产阶级能够接受。

六、建议学校和企事业单位积极建立古玩艺术品展馆。

古玩艺术品是历代劳动人民智慧和汗水的结晶，是看得见、摸得着的历史。但是，国家办的博物馆没有几个，而且基本上只办在大城市，一般的官办博物馆藏品也不丰富，有些好东西还放在仓库里不许老百姓看。所以广大群众，特别是青少年学生，很难直接看到体现五千年中华文化的艺术珍品，很难看到书上写的文物实际上是什么样子。因此，我建议我们的教育机构，特别是大专院校，应该提倡开设文物古玩展馆，让广大学生通过直接观察、鉴赏众多的文物古董，接触历史，了解五千年中华文化。其他企事业单位，凡是有条件的，都可以创办艺术品展馆，普及历史文化遗产知识。你这个学校、你这个企业、你这个三星四星级宾馆，摆上一些古董、艺术品，文化品位立刻明显提高了，同时又有利于提高广大群众的文化素质，何乐而不为呢？

这些展馆的展品从哪里来呢？可以以合理的价格从民间收藏家那里选购，也可以租借各类艺术品设馆展示。我们应该让大量的民间藏宝走出黑暗，大放异彩，丰富群众的物质文化和精神文化，这是一件有利于建设和谐社会的一举多得的大好事。这方面，国家也已经开始提倡和支持，我们希望相关的鼓励政策尽快出台。

七、司法部门应严厉打击市场的造假和欺诈行为。

古玩市场鱼龙混杂，有些以次充好，有些恶意造假，目的都是赚取暴利，一些不道德的拍卖公司也参与其中，不讲诚信。结果令许多人对艺术品市场望而生畏，敬而远之，总觉得这个市场"水太深"，唯恐上当受骗，不敢涉足其中。这种状况客观上造成了艺术品流通只是少数人的"游戏"，制约了艺术品市场的兴旺发展。

我呼吁所有古玩行业内的人士，要自律，不要参与造假；同时呼吁司法部门和文物管理部门要下大力气打击非法造假行为，打击以假乱真等欺诈行为，保护藏家和买家的合法权益。只有这样，才能保证艺术品市场的健康发展。

八、宣传部门要大力宣传五千年的文化，支持文化遗产保护事业。

我们党一贯重视宣传舆论的作用。党和国家提出大力发展文化产业，我们要从构建和谐社会的高度来认识这个问题的重大现实意义和历史意义。报纸、广播、电视、网络等媒体都有责任为发展文化产业、弘扬民族文化而摇旗呐喊。希望广大记者朋友，更多地写文章，报道民间搞收藏，报道民间办展馆，报道支持民间收藏的鉴定专家，报道古玩艺术品收藏、拍卖、捐献、交流过程中的种种活动情况和动人事迹，宣传党和国家的有关政策和精神，宣传中华文化的传承，宣传物质文化和非物质文化遗产的保护事业。通过你们的宣传，弘扬正气，纠正歪风，促进收藏、拍卖行业的健康发展；通过你们的宣传，让广大企业家、中产阶级和普通群众更好地认识文物收藏的意义，提高他们对收藏的兴趣，参与到民间收藏的队伍中来。

九、建议银行加大对民间收藏家的资金支持。

都说民间收藏家既很富又很穷。说他们"富"，是因为他们手里有许多珍贵的藏品，有的甚至价值连城；说他们"穷"，是因为他们中不少人资金困难，袋里没钱。资金问题严重制约了艺术品收藏与流通的发展。所以，我认为应该打通艺术品收藏的金融通道，建立评估机制，好的艺术品可以抵押贷款。对此，呼吁国家有关部门和银行出台相应的政策。

十、财税部门要实行优惠政策。

民间收藏文化艺术品事业的发展，实际上是一项很大的扶贫工程。全国有7500万收藏家，按每人100件藏品计算，就有75亿件，每件500元，就拥有37500亿元。通过流通，死货变活钱，难道不是一项很大的扶贫工程么？

艺术品市场是既不产生污染、不消耗能源，又能繁荣经济、繁荣文化的文化产业，应该得到大力支持。要求财税部门在艺术品的流通上给予税收优惠，促进这个市场快速、健康的发展。

胡锦涛总书记指出："文化是民族凝聚力和创造力的重要源泉，是综合国力竞争的重要因素，是经济社会发展的重要支撑。""深入推进文化体制改革，促进文化事业全面繁荣和文化产业快速发展，关系全面建设小康社会奋斗目标的实现，关系中国特色社会主义事业总体布局，关系中华民族伟大复兴。我们一定要从战略高度深刻认识文化的重要地位和作用，以高度的责任感和紧迫感，顺应时代发展要求，深入推进文化体制改革，推动社会主义文化大发展大繁荣。"发展民间收藏事业，促进艺术品市场的繁荣，也是我国文化事业发展的一个重要组成部分，因此，我呼吁全社会、特别是政府有关部门，关心与支持这项造福万代的伟大事业。

千条万条，在政府没有改变法规以前，我们的操作和拍卖，都以艺术珍品、精品进行拍卖，价格合理，至于拍品的好坏，让买家自己去认定吧。

我在从事艺术品收藏的实践过程中，与许多收藏家、专家进行过思想沟通，进行过讨论甚至争论，从中受到很多启发，自己又反复思考，才得出以上的十点意见。由于时间和篇幅的限制，许多方面不能详细阐述，不能讲得深刻、全面。其中如有不妥之处，欢迎有识之士批评指正。

七、做民间收藏文化的忠实代表

徐文荣自决定发展收藏文化之日起，就一直深深扎根于 7500 万民间收藏群体，总是站在收藏文化是大众文化的立场上，时时处处维护着他们的利益，为他们说话，努力为促进我国收藏文化健康发展，繁荣我国文化经济，作出横店的独特贡献。

2009 年 9 月，在"文荣古玩艺术珍品 50 个馆开馆暨 25 个馆捐赠仪式"上，面对有新华社、《光明日报》、中新社、华东六省一市媒体和香港《文汇报》、《大公报》、凤凰卫视等 60 多家媒体的参会记者，徐文荣代表民间收藏家发出了推翻阻碍收藏文化健康发展的"三座大山"的呼声。所指的"三座大山",一是文博管理部门的封闭保守观念,认为只有坟墓里挖出来的才是文物,只有博物馆里收藏的才是真品,民间收藏都是假的、仿的,没有好东西;二是一些道德缺失、专业失准的所谓专家,他们控制话语权,轻易否定民间藏品;三是一些良心很坏的拍卖公司,他们虚假拍卖、黑幕重重,欺瞒手段无所不用,民间藏家深受其害。徐文荣的呼吁博得了深受"三座大山"压制的全体民间收藏人士的赞同和拥护。

2009年11月,在中华国际艺术品收藏家协会和浙江横店收藏家协会的第一次会员大会上,全体会员一致推选徐文荣为首任会长。会上,由横店倡导发起并通过了题为《解放思想,纠正偏见,公道在人心,国宝在民间》的倡议书。倡议书站在民间收藏的立场,希望文博界要破除保守思想,正确认识民间收藏品;拍卖行要转变民间没有古玩艺术珍品的观念,积极向广大民间收藏家征集藏品,组织拍卖活动,促进古玩艺术品拍卖市场的健康发展;同时也要求收藏家不要追求高价,应满足广大收藏爱好者的需求。在这次会上,徐文荣自认是一个"操作家",要把民间收藏人士手里的文化艺术品操作好,为他们的利益服务。

2010年11月,在由中华炎黄文化研究会、中国收藏家协会、中国拍卖行业协会、中国文物保护基金会等17家国家部委级协会举办的"中国民间收藏文化创新论坛"上,徐文荣结合培育文化产业的实践,在论坛上阐述了他对中国收藏文化创新发展的十点切身体会,所谈涉及包括提请主管部门调整和支持民间收藏政策,全面开放古玩艺术品流通领域,为科学鉴定古玩艺术品立新规等 10 方面内容，再一次大声呼吁国家重视民间收藏。会上还通过了《中国民间收藏文化创新论坛（2010）·横店共识》倡议书，为中国民间收藏事业发展大声疾呼。倡议书指出：

一、呼吁政府主管部门，深化体制改革，坚持科学发展。在中国改革开放百业俱兴的今天，民间收藏业却长期不能得到健康发展。堵而不疏的现行管理体制已暴露出了制约这一行业发展的种种弊端。为此，我们呼吁国家主管部门，紧扣科学发展这一主题，深化民间收藏业管理的体制改革，为有碍于民间收藏业发展的现行体制破禁区、解羁绊，加快转变发展方式，为发展和繁荣民间收藏业创造良好环境，使中国优秀的传统文化走向世界。

二、争取社会各界支持，倡导百花齐放，扶助民间收藏。收藏行业的现行管理是重"国"轻"民"，民间收藏长期处于受限制、边缘化的境况。收藏家之所以收藏，不仅是出于专业爱好，更是出于爱国主义情怀，他们中很多人为了收藏过着节衣缩食的清苦日子，被社会戏称为"富裕的穷人"。但他们这样做，客观上已经为中国优秀文化的传承做出了积极贡献，理应得到社会尊敬，理应为他们改善生存环境。因此，倡导百花齐放，发展关联的产业经营，吸引民间财力投入收藏业，鼓励民间收藏家理直气壮地放手经营，使他们从贫穷走向富裕，即能通过"藏宝于民"，真正实现藏富于民。

三、诚邀业界同仁，抵制垄断经营，促进市场流通。要变收藏为产业，务必具备规范经营和市场流通两大要素。论坛按民间现有藏品约 75 亿件、每件 500 元保守估算，价值即达 3.75 万亿元。盘活这一民间收藏资源，能成为落实"十二五"规划、推动国民经济发展的巨大动力。为此，诚邀业界同仁，关注和挖掘这一潜能，改变一家独大、垄断经营的现状，通过开放市场，激励竞争，规范经营，鼓励和支持民间收藏进入流通领域，促进民间收藏业服务于国计民生，进而在利国利民的同时，得到创新发展。

2011 年 3 月，针对少数保守的文博界领导对民间收藏的新的压制，在横店收藏家协会（2011）会员大会上，有思想、富正义的收藏家、专家纷纷提出激昂的意见，强烈反对不顾民间大量藏宝的客观实际，压制贬低民间收藏的少数文博界领导、伪专家和良心很坏的拍卖公司。徐文荣更是直接指出，发展民间收藏事业，是关乎 7500 多万民间收藏者生计的大事，是一项巨大的扶贫工程和富民工程。这次大会，使越来越多的民间收藏家自觉在横店收藏家协会下联合起来，共同努力争取民间收藏应有的权利。

横店为中国收藏事业作出的贡献甚至还得到了联合国组织的充分肯定。2011 年由联合国经社理事会组织等单位联合主办"2010 中国民间收藏十大事件十大人物"评选活动中，徐文荣荣登"2010 中国民间收藏十大人物"榜首。横店收藏家协会会长余皖生也获得了这一荣誉。在"联合国千年发展目标公益主题活动"中评出的"中国十大收藏家金奖"中，现任横店收藏家协会共有五位收藏家均捧金奖。横店特聘文物专家孙学海、朱震、范勇、许青松等荣获"文物保护与传承贡献金奖"。

许多来自全国各地的民间收藏家由衷表示："横店为中国民间收藏摇旗呐喊，为收藏文化加油，为收藏事业发展作出了巨大贡献，不愧为中国收藏文化的楷模。"

　　2015 年随着横店圆明新园各景区的逐次开业，徐文荣将收藏的包罗万象的 10 多万件古玩艺术品按清宫档案所载，陈展到圆明新园各景园中，更增加了横店圆明新园这座文化宝库的魅力。

第十章　"水炸油条"理论

一、"水炸油条"只是一个比方

很多国人都喜欢吃香喷喷的油条。顾名思义，油条自然是用食用油炸出来的，徐文荣说"水炸油条"，水真能炸出油条吗？答案自然是否定的。无论厨艺多么高超，明理人都知道，水是炸不出油条的。水炸油条在现实中只能是空想。"水炸油条"只是一个比方。怎么比呢？按"水炸油条"理论创立者徐文荣的话说是，香喷喷的油条谁都想吃，可是现在只有面粉、锅和柴火，没钱买油，怎么办？就要想办法去搞到钱买油，这样，油条就炸出来了。

由此引申到办企业上项目，许多情况下，往往只具备了一部分条件，比如具备了土地、市场、劳动力等条件，但缺乏资金和技术，犹如炸油条，具备了面粉、锅和柴火，却没钱买油一样。如果不去想办法，企业肯定办不了，项目也上不了。但是，企业一定要办，项目一定要上。怎么办？

就是要"水炸油条"，要直面困难去解决问题，缺乏资金通过各种渠道筹措，缺乏技术通过各种办法获得，坚决把各种拦路虎搬掉，不达目的决不罢休。这样，企业就办起来了，项目也上了。徐文荣的"水炸油条"理论，指的就是在条件缺乏的情况下，根据现有条件和掌握的资源，想方设法去求得问题解决，最终达成目的。徐文荣作为全国著名企业家、中国经营大师、中国技术经济大师，他的"水炸油条"主要指的是办企业上项目。

办企业上项目如此，其实大至国家的大事、小至个人的事情也如此。比如国家办奥运会，从申办初期的很多条件不具备，到通过努力具备了条件，直至成功举办，其中道理和"水炸油条"也差不多。个人的事，比如买房子，需要很多钱，一下子拿不出，怎么办呢？就要想办法去借贷，甚至去典当变卖一些财物，这样，钱凑起来房子也买到手了。钱不够，不去想办法，等自己积累起那么一笔房款时，恐怕那相中的房子早让别人给买走了，房价也又上去了。又比如过去农村讨老婆，兄弟姐妹多，条件差，没房没钱，但照样还是想办法把老婆娶进门来。不去想办法，只能做光棍。

总之，人生中想要做事，万事俱备的情况极少，绝大多数是只具备一部分条件。"跳起来摘桃子"，桃子到手了。原地八风不动，桃子永远摘不到。所以说，徐文荣的"水炸油条"理论听起来离谱，实则符合生活常理，对于家国人生事业，具有普遍指导意义。

二、水的内涵及其关联

水，从分子学上讲是氧和氢的化合物。在地球上广泛分布，大量存在，滋养万物，生命体必不可少。

中国古代，水和金、木、火、土一起被认为是自然界的五种组成元素。五行之中，土为中性，水、金位于土之下，属阴，木和火位于土之上，属阳。《孔子家语·五帝》篇中记载："天有五行，水、火、金、木、土，分时化育，以成万物。"水，是化育万物的头号功臣。

五行之中，按水→木→火→土→金→水的相生，按水→火→金→木→土→水的相克。水为金所生，又为土所克。可知水、金、土之关系密切。

水代表阴，火则代表阳，阴阳之间不断相互作用，先生化出四象，再生出八卦。八卦中的金、木、水、火、土的五种性质物质，全部是以水与火两种性质为基础，再经过相互作用后的产物。可见，水和火，又是五行化生的根本。

五行中水的性质为"润下"，流动。水性代表智。指人聪明，能推测事物，观察事物详细，对于任何事能预知前兆，善理权谋术事。

在中医中，采取"比象取类"的方法，形成了以五脏为主体，外应五方、五季、五气、五色，内联五脏、五官、形体、情志等的五个功能活动系统。水之润下之特性，而肾能藏精，主人体水液代谢之调节并能使废水下行排出体外，故肾属水。在五方为北，在五季为冬，在五气为腐，在五色为黑，在五脏为肾，在五官为耳，在形体为骨和二阴，在情志为恐。肾又为人先天之本。可见水之于人体的重要。

春秋时期老子《道德经》说水："上善若水。水善利万物而不争，处众人之所恶，故几于道。"译成白话是，有道德的人，就像水一样，能够滋养万物而不居功，蓄居流注于人人所厌恶卑下的地方，正因为水有利万物不居功和谦下的特性，所以，水是很接近道了。《道德经》里的水，指的是水的功能、状态和品性，最接近大道了。但也正因为其貌不扬，一旦发作起来，才有摧枯拉朽、冲毁一切的磅礴力量。所以，决不可小看水的力量。

孔子云：仁者近山，智者近水。水，表示着智慧。庄子云：君子之交淡如水，小人之交甘如饴。水，表示着清淡纯洁。

在民间传统习俗中，五行中之金，有财神庙，是指掌管钱财的神，有七位，其中一位是浙商的鼻祖、春秋时期的范蠡，横店百姓供奉赵公明、关公居多。五行之土，则有土地庙，又称福德庙，供奉土地公公。因为土地和水结合，能生五谷，是人类的衣食父母，人们因而祭祀土地。五行之火，则有火神庙，用以祭祀火祖火神。五行之木，则受人之用，山神庙诸神来管它。五行之水，则有龙王庙，专门供奉龙王，每逢雨水失调，民众都要到庙里烧香祈愿，以求龙王治水，风调雨顺。横店八面山上则有禹王庙，是横店先民为纪念当年大禹在这里为百姓治水所建，香火延续至今。

我们又说，女人是水。水属阴，居北方，为冬季，主储藏。因此女人性格越柔和则越旺夫。大概就是这个道理。假如女人性格暴躁，阴阳易位，就储藏不住，哪有兴旺的道理？

现实中，水土不可分。水覆于土上或渗于土下，紧贴不离。又说，水土服否？一方水土养一方人。水土是一个地方最显著的特征。土生金，有的直接理解为土地能卖钱。水、土、金紧靠，就是指水要找土帮忙得到金。徐文荣"水炸油条"中没钱买油，水就要找土帮忙，从土里做文章，靠着土地运作变钱，"炸出油条"来。

归纳一下，水至少有以下涵义：生命之源，润下，代表着智慧，推测预知，属阴，为财，主藏。水、土、金关系密切。水土可载万物。

徐文荣"水炸油条"之水，和上面所说之水，具有极大关联，表示着钱财、智慧、推测预知、资源综合利用等多重涵义。

三、用"水炸出了横店第一根油条"

1974年徐文荣领头创办横店缫丝厂。"砻糠搓绳开头难"，当时条件用"水炸油条"来比喻是最恰当不过的了。没有上级开办批文，没有开办资金，没有厂房，没有设备，没有技术，没有燃料，只有徐文荣等几个怀抱理想充满创业激情的农民。按常理，缺这么多东西，厂子是办不起来的。徐文荣说绝不后退，难度再大，也要办成，而且要办得好，办得快，让老百姓生活好起来。

徐文荣在极其艰苦环境条件下，不气馁，不后悔，不退却，不服输，勇往直前，一个问题一个问题解决，一条路一条路打通，克服种种困难，想千方百计，说千言万语，跑千山万水，经千辛万苦，终于白手起家，办起了横店第一个具有较大规模的现代工厂，用"水炸出了第一根油条"。为横店发展挖了第一桶金。

四、靠"水""炸"出文化产业

横店没有名山大川，八面山和屏岩洞府也只在东阳有点名气，不靠海沿边，四周环山，位置相对偏僻，到处是丘陵山坡滩地，镇域内也没有著名历史文化遗存，从当时条件讲，不具备发展旅游业的基础。但，客观条件的不利难不倒倔强的徐文荣。他认为，文化是活的，不是死的，是人创造的，没有文化可以种文化、办文化。按后来的话说，文化产业也可以"水炸油条"。

从 1990 年代初开始，徐文荣着手种文化，办文化，启动了文化村、度假村、天堂村、娱乐村、民俗村的五村建设。如何使人造景区吸引游客，徐文荣可是大动了脑筋。比如文化村，他将农民喜闻乐见的女娲补天、黄帝战蚩尤、金水牛的故事、天堂、十八层地狱、财神殿等通过雕塑造型和声光电手法生动地展现出来，深受农民游客喜爱。当时要卖 30 元门票。比如天堂村，他将千年古刹大智禅寺异地重建，修建了高达 28.88 米的当时全国室内最高释迦牟尼佛，供善男信女求拜。他认为，开发宗教文化，满足广大信众的需求，也是旅游业的应有之义和文化建设的有益组成部分。当时是 5 元进门费。娱乐村，有多功能影剧院、现代化体育馆、国际标准泳池、大型儿童游乐场等文体游乐设施。民俗村，原计划把 56 个民族和各地不同的民俗风情，用景点的方式表现出来，后因故这个项目没有上，只利用整治南江后的水面，建起了一个水上乐园和一个小飞机场。度假村占地700多亩，有山有水，亭台楼阁，住宿休闲娱乐一应俱全，是一座按三星标准修建的涉外大型古典园林式宾馆，有独立的总统别墅和各式别墅，还有具备五国语言同声传译设施的国际会议厅。当时除了住宿客人，游客进入要买5元门票。到1995年11月，横店集团成立五周年大庆，五大景区全部开放营业，立时引发了周边农民的游览热潮。由于游客太多，当时横店街上的食品一扫而空，仅有的几家旅店床铺全部挤满，场面火爆。横店农民初步尝到了旅游带来的好处。这样持续了半年之后，景区文化档次不高，吸引力不强，景点单调，没有参与性，缺少回头客的问题暴露了出来。外部有议论，内部也有争议，徐文荣思想压力不少。如何找到一个突破点，使横店旅游能够广受关注，兴旺不衰，徐文荣在苦苦思索寻找。

所谓机遇都是给有准备的人。1996年徐文荣和著名导演谢晋合作在横店建设"十九世纪南粤广州街景"，用以拍摄香港回归献礼片《鸦片战争》，从此开启了横店影视文化旅游之梦。以影视带动旅游和服务业发展。其间徐文荣多次到欧美多国考察，敏锐发现了其中蕴藏的巨大商机。当时国内已有无锡三国城、唐城影视基地带火旅游的先例。但无锡并非铁板一块，虽有先发优势和区位优势，但也有规模不大、造假太多、景观不全的短处，横店只要学其所长，补其所短，完全可以胜过。为此，徐文荣认为，横店的景必须规模要大、建筑要真、景观要全、各项影视拍摄服务功能要完善，而且不但是某个朝代的景，更要是纵贯上下五千年中华文明各朝代的景，形成规模，进行专业化管理。广州街基地只是第一炮，事实证明已经成功了。但离徐文荣的目标还很远。建造这么多景区的土地、资金、规划设计、建造工艺等都不是现成的，都需要经过努力才有可能解决。外部的非议，内部的争论，这些都在考量着徐文荣的决心和胆略。

要反映华夏文明史，至少要有秦、汉、唐、宋、明、清及近现代的建筑。已有的广州街只能算是反映清末南方城市的建筑，明清皇宫北京紫禁城（故宫）是明清建筑必不可少的，且由于北京故宫规模的宏大，建筑的精美，陈设的华贵，话题上牵涉到政治的敏感，一般地方和企业自然望而却步，但正因为其特殊重要的地位，一旦建起来，将起到大柱擎天的作用，可以奠定不可动摇的影视文化地位。但要建，又谈何容易。

要建这么多景，要投这么多钱，困难重重，如泰山压顶。徐文荣不为所动，讲策略有办法，确定了先易后难，趁热打铁，集中精力打歼灭战的原则。

先是花了八个月时间建起了占地600余亩气势磅礴的秦王宫。秦王宫由专业团队做了四年时间的考证和设计，由四海归一殿等27座宫廷建筑组成，中宫门和复道暗门机关，把王城分成前广场和后广场。前广场有门楼、甬道、角楼、雀楼；后广场能容纳十几万人，甬道尽头是99级台阶，主殿四海归一殿耸立在高台上，主殿又分前殿、中殿和后殿，纵深达600米，有142根大柱，支撑起大跨度、大构造的三重屋顶。正殿两侧有东西长廊、偏殿、望楼、城门楼；主殿后有王城御花园。整座王宫以几十米高的城墙来围护。王宫西侧还有同时期的燕国王宫华阳台。整个基地建筑总面积达 11 万平方米。在荒山野岭上炸了 8 个山头，投入了巨大的人力物力。陈凯歌导演的《荆轲刺秦王》制片主任说，横店秦王宫非常完美地再现了 2000 多年前的建筑风格，是对我国影视发展的重大贡献。

为了快速形成规模，在建秦王宫的同时，又开建了真实记录北宋汴京城社会风貌的"清明上河图"。景区占地 600 余亩分为三大部分，由万胜门、虹桥、汴河、上善门、大御街、开封府、樊楼、水泊梁山、点将台等建筑群落组成，生动再现了千年前北宋东京的繁华景象和民俗风情，真正是"一朝步入画中，仿佛梦回千年"。景区也是神速地不到一年时间在 1999 年就建成开放。《小李飞刀》、《杨门女将》等剧组迅速开进景区取景拍摄，后来该景成为最抢手的景区之一，最多时 15 个剧组同时在此取景拍戏。

1996 年建设广州街景区，1997 年建设秦王宫和清明上河图景区，这几大景区的建设花费了集团大量的资金，到 1998 年开建规模宏大的明清宫苑景区时，集团财务告诉徐文荣资金紧张。按当时明清宫苑实际投资，土地不算单基建起码 5—7 个亿（现在建起码 30 亿元）。是上还是不上？如上，可能由于资金不足半途搁浅，甚至拖累集团；不上，则无法形成历史建筑的关键一环，无法证明横店在全国影视基地中的龙头老大地位。艰难的选择考验着徐文荣。

决战关头勇者胜。为此，他专门召集了 100 多位横店建设公司项目经理开会。他坦承现在暂时缺钱，但一段时间之后肯定有钱支付，要请项目经理先垫资。待到明清宫苑建成了，横店的前景就会更美好，在座的大家都得利。徐文荣通过和项目经理摆事实讲道理，赢得了信任。参会的项目

平民思想家

横店明清宫苑

经理多是本地人，多年来参与集团建设赚了一些钱，对集团有感情，纷纷表示乐于垫资参与明清宫苑建设。徐文荣后来说，建明清宫苑是一次"水炸油条"，开始没钱，但不知怎的，后来钱总有地方来，基本上都按约如期支付了。这大大出乎大家的意料，或许是天助横店、得道多助的原因吧。到2001年明清宫苑已部分建成开放，到2005年占地1100余亩的宏大的紫禁城和老北京街区全面建成开放。由于北京故宫已禁绝影视拍摄，横店优势更加凸显，全国独此无二，也再无人敢超。至此，横店影视文化旅游也终于顺利过坳，奠定了国内领先地位。1999年，举办了首届中国农民

横店中国革命战争博览城

旅游节，此后连续举办了多届，引发横店游热潮，引起国内外广泛关注。徐文荣用"水炸油条"开启了横店影视文化旅游的巨大辉煌。

2001年徐文荣虽然退出集团总裁岗位，但他发展文化产业的劲头丝毫没减。为了使横店文化产业更加繁荣，使偏僻地方的百姓都享受到文化产业带来的好处，徐文荣提出要用文化手段改造横店山河。2003年闹"非典"，一段时间外面出不去，客人也进不来，徐文荣带着问题爬遍了横店的山山水水，酝酿着哪里哪里上什么文化项目。经过思考，徐文荣选定了"九龙文化博览园"、"合欢谷"、"休闲山庄"、"花木山庄""五百罗汉山"等项目，并继续建设华夏文化园、明清民居博览城。到2004年，为了发展红色旅游，又上了红军长征博览城、国防科技园、中国革命战争博览城等大型红色旅游项目。连续上这么多项目钱从哪里来？靠的也是"水炸油条"。水土不可分，做起土地房产的文章。在政府支持下，通过合法合规的运作，从土里生出了金子，陆陆续续解决了建设资金问题。

针对文化产业建设中的种种困难，2007年徐文荣有感而发，写出了"文化产业建设有感"："项目难找，投资艰难；创业艰苦，守业更难；理清财路，增收节支；齐心协力，迎来光明。"每到年关，面对员工工资奖金、农民工工资、工程材料款等大笔费用的支付，新建景区经济效益没能马上显现的窘境，徐文荣感慨地说："过年难，年年难过年年过，办法总比困难多。"困难还真难不住他，一直来他总能想出各种办法来对付各项费用开支，一年一年顺顺利利走了过来，一个个大景、一个个高档酒店宾馆、一处处基础设施居然都修建了起来，以至于他自己回首的时候，都惊诧于这些钱是从哪里来的。细细回想起来，虽是"水炸油条"，其实哪一笔钱来得容易呀？都要靠勤劳智慧、辛勤汗水、殚精竭虑才换来的。

2006 年在部分圆明园专家学者要求下，徐文荣准备在横店按 1：1 比例建设圆明新园。当时匡算，景区占地 6000 余亩，总投资 200 亿元，其中土地和基建 70 亿元，收集圆明园流散海外和民间的文物 130 亿元。70 亿建设资金从哪里来，土地、规划设计和建造工艺怎么解决？靠什么来建？也是靠"水炸油条"。他甚至还提出了"三不"和"四不"来倒逼自己。"三不"，即土地不批准不建，资金不到位不建，设计和工艺不成熟不建。"四不"，即不向银行贷一分钱，不向国家申请补助一分钱，不向集团企业摊派一分钱，不向社会群众借一分钱。"三不"、"四不"打消了社会上很多人的顾虑。无论建园条件如何不具备，徐文荣铁打的意志，勇往直前的"拼命三郎"精神，表示着一定要建，而且建就建好。他提出了通过募捐、吸引投资和组织上市融资的三条筹资渠道，并很快筹到一笔资金；为了检验设计和工艺，他投巨资制作了圆明园高科技虚拟现实，建设了占地 10 亩 1：50 比例的圆明园超大型沙盘，用真材实料和精工细作在华夏文化园建设了圆明园十景精华的瑶台胜境，这些实实在在的举措得到了我国著名古建筑专家罗哲文、马炳坚和中国圆明园学会领导等的一致肯定，北京圆明园遗址公园领导专家来横店考察后也深表赞赏。

2008 年春夏由于各种原因，横店圆明新园筹建暂停了下来，但永不服输的徐文荣并没有放弃他的梦想。其中 2008 至 2011 年间，徐文荣又无中生有，搞起了收藏文化，成为了全国最大的古玩艺术品收藏家。想不到

4 年之后，横店圆明新园建成，包括多件圆明园流散文物在内的十余万件藏品，寻到了最好的归宿，都展陈在了新园殿宇之内。

根据 2012 年的规划，重新启动的横店圆明新园占地 7000 亩，总投资 500 亿元，包括土地和基建、装潢陈设、高科游乐项目及一些配套设施。耄耋之年的徐文荣又是怎样想出法子来解决土地和资金问题呢？

"打白手摵"，是东阳人讲一个人白手起家的土话，不是贬义词，反而带有褒义，意思和"水炸油条"差不多。徐文荣在开启本次圆明新园建设之时也讲过这话。可是，说归说，一旦动起来，都需要实打实。比如土地，只有依法依规获得，同时老百姓乐意才心安。等、靠、要，不知到猴年马月。最有效的是向上要政策。为此，徐文荣多次到中央和省里汇报，提出进一步促进横店影视文化旅游大发展，设立实验区的思路，希望得到更多支持。2012 年 7 月，省委、省政府在周密调查研究基础上，出台了《关于设立浙江省横店影视文化产业实验区，提升影视文化产业发展水平》的 76 号文件。文件提出，"把实验区打造成为中国影视产业中心和全省文化产业发展的重要引擎"的目标，在具体要素保障方面，第一条就提出要"切实保障用地需求"，"对选址在实验区的重大影视文化项目，优先安排建设用地指标"。有了政策依据，又在金华、东阳的政府重视支持下，圆明新园（万花园）所属的春、夏、秋、冬四大分园都顺利报批并列入了省重大文化产业项目，获得了建设土地指标。对项目区所在镇南片老百姓，徐文荣多次召集开会，讲清利害关系，指出，目前镇南片相对落后破烂，新园早建成早得利，建成开业后 3 年内将拿出 3 亿元用于所在 6 个村旧村改造，把镇南片打造成横店第二个热闹中心。鼓舞人心的目标，可期可见的好处，项目地老百姓无不举双手拥护。从项目隆隆炸山声开始到建成开业，就没有一个老百姓上访。在当前社会利益诉求直接、农民维权意识增强的条件下，也是创造了一个奇迹。

资金，徐文荣早就反复考虑了的。主要有以下途径：1. 利用平时积累，毕竟这么多年经营下来，"大门堂扫垃圾"，算起来也有不少积余。2. 转让所属的土地房产，前些年四共委在为民办文化做好事中掌握了不少四荒地，通过修桥铺路迁坟造景造水，四荒地变成了生财宝地，通过合法合规的手续，这些土地房产转让给周边农民开饭店宾馆搞服务业，农民高兴四共委也回收了资金，两厢满意。还有，通过开发多个房地产项目，赚了一些钱。3. 通过景区租赁获取租费收入。将占地 1000 余亩的明清民居博览城租赁给影视城经营，占地 50 余亩的金陵街对外出租搞特色经营，都获得可观收入。4. 通过向上级政府部门争取专项资金支持。既有中央和省地市的政策支持，从各相关部门专项资金中寻求支持。几年下来，这一块也不少。5. 发动项目建设单位、项目经理、材料供应商垫资。为此，徐文荣又一次专门召集了 100 多名项目经理开会，这也是他继营建明清宫苑后再一次开这样的会。他作了真情告白，并承诺不低于或者超过外面工程的付款力度，只要工程及时结算，保证包工头、农民工领到钱款过好年节。由于徐文荣一贯来践诺守信，多年来在横店从事建筑工程承包的项目经理已经很信任他，巴不得在新工程中争到一些活，于是一致表态很乐意垫资。外部的一些建筑商和材料供应商感念徐文荣这么大年岁从事这项伟大的事业，也纷纷表示垫资。6. 寻找具有良好社会信誉的合资合作伙伴，通过项目合作经营、带资建设分期偿还等方法，以弥补资金不足。多家上市公司和多家建筑公司表示了很强的合作意愿。7. 滚动经营开发。这也是徐文荣多年文化产业开发积累的生财发展之道。新建景区在确保总体质量的前提下，"干晴天，抢雨天，白天不够，晚上补凑"。人家三年完成，横店一年完成。既有速度又有质量，这样的例子在横店可说比比皆是。一旦景区建成立即开放营业，就有可观的门票和店铺出租收入，又马上投入新景区建设，如此滚动发展，越做越大。

在建设圆明新园首期新圆明园、动物标本馆、冰雪馆、欢乐夜福海等四大景区过程中，从 2012 年 5 月开工到 2015 年 5 月 1 日试营业，工程建设从没有因为资金问题或其他什么问题停工过，每逢年关，与到外面做工拿不到钱灰溜溜回来的人相比，圆明新园工地的农民工都喜滋滋拿到了工钱，来年一早就又赶回工地。首期四大景区开业后，取得了良好的社会效益和经济效益，提供了滚动开发源源不断的资金。夏苑、秋苑、冬苑等项目正迅速推进，预计 2016 年全部建成开业。北京圆明园经历了清王朝六位皇帝 150 余年的建设与经营，创造了"万园之园"这一东方奇迹，横店圆明新园在一个年逾八旬的中国农民手里以 1 ∶ 1 比例恢复了圆明园 95% 的建筑，前后只有短短不到五年时间，且比过去的圆明园更美丽，更好玩，更充满奇瑰的想像。这不能不说是一个当代文化奇迹，也是中华民族走向强盛的标志性事件。而这一奇迹的实现，徐文荣靠的也是"水炸油条"。

建好横店圆明新园之后，徐文荣的文化梦并没有停止，他又在谋划中尼佛教文化园、横店布达拉宫、龙王宫等宗教文化建设，力促横店宗教文化旅游更快兴旺起来。同时，他还在规划 5 万亩森林公园建设，公园里将放置地球上灭绝的诸如恐龙、鸭嘴兽等仿真动物，晚上睡觉，白天出来活动。好看好玩的不得了。

纵观徐文荣发展文化产业的 20 多年，可以说从来就没有一个项目是各项条件具备的，大多是具备一部分条件，或只具备一小部分条件，多数条件要靠自己创造出来。尤其是晚年筹建圆明新园，各种条件更是不具备，但这时他的"水炸油条"技术已经炉火纯青。他就是凭着自己的才智、经验和一心为民造福的抱负，来完成毕生最大的夙愿。在 2013 年 8 月 6 日有全镇 1800 名干部参加的"横店文化产业报告会"上，徐文荣首次公开提出"水炸油条"理论。他说，造圆明新园，不为他个人，不是他个人的私家花园，是为横店老百姓。没有钱，也要造，靠的是"水炸油条"，是各种资源的综合利用，造起来是为大家富裕，横店今后更美，所以需要大家帮忙支持。

按徐文荣的设想，圆明新园建成后经过 10 年操作，游客每年将达到8000 万—1 亿人次，年门票收入将达到 100 亿元，届时可带动三产收入500 亿元，就业人数 10 万人以上。除去人员工资、上交税收外，将捐给文荣慈善基金会，用于横店新农村建设，把横店建成全国乃至世界最美丽的乡村。

从 1995 年横店第一批文化产业"五村"建成开放到 2015 年圆明新园首期建成开放，刚好 20 年。这是在党和政府领导下，徐文荣带领横店农民大办文化、办大文化的 20 年，在这波澜壮阔的 20 年里，徐文荣用"水炸油条"理论和实践，将一个默默无名的江南小镇，打造成全球最大的影视实景基地和"中国好莱坞"，这是何等的气派，这是中国农民创造的伟大奇迹。国际化的横店，当惊世界殊！

五、"水"怎样"炸"出横店城镇化

前文说过，横店归属的东阳是典型的江南丘陵地区，七山一水二分田，人口稠密耕地狭小，1984 年实行农村联产承包责任制时，分到每个农业户口田地不到半亩，远低于全国农民人均耕地水平。在农耕时代，老百姓辛勤劳作一年除了缴纳赋税后就少有盈余，过着勉强温饱的生活，农村是

横店红军长征博览城

普遍的贫穷和落后。改革开放初期，作为当时公社所在地的横店，就没有一寸水泥路。徐文荣在那样的条件下办厂，除了带领乡亲们致富，同时还将如此破烂落后的旧横店，翻天覆地变为一个充满现代气息、繁荣发展、鸟语花香的新横店，是多么地不容易。这"变"的条件又如此有限，不是"水炸油条"，又能是什么？一是横店农村经济如何发展变化。即，横店经济如何从单一农业经济，发展到以工业经济为主，又进一步发展了第三产业服务业，到第三产业比重增加到应有的地步，取得农业、工业和第三产业均衡发展的现代经济结构。这是根本性的，经济不发展，城镇化免谈。二是在经济发展基础上，横店怎样从零起步，从农村变为城镇，并最终实现现代化城市的。三是横店的农民如何在经济发展和城镇化进程中，实现从农民到工人再到市民的身份转换。在横店，以上三者都完整解决了，我们可以说，横店城市化的实现，其实质，是横店农业、农村、农民的"三农问题"的解决。其办法，也逃不开"水炸油条"。

六、"水炸油条"的若干经验

——要有远大的理想抱负和永不服输的精神勇气。徐文荣"水炸油条"的勇气智慧从哪里来？来自他崇高的理想抱负。他说，"要让人生不白活。人生在世，就是要创大业，赚大钱，为人民造福"。"用天下人，聚天下资，谋天下利"，"在不远的将来，横店影视城有信心超过美国好莱坞"，

"世界最美乡村在中国，中国最美乡村在横店"，"2020 年横店游客人次要达到 7000 万至 1 个亿，不但中国最多，而且世界第一"。这是何等的气魄与胸怀！一个人只有胸怀远大理想，才能有强大的精神动力，才能不被困难吓倒，才能无所畏惧，才能最大限度激发人的能动性和创造力，去克服前进道路上的一切拦路虎。目标短浅，就不可能有如此强大的精神动力。"君子坦荡荡，小人忧戚戚"。徐文荣心中装着中国横店梦，精神动力和聪明才智才源源不断而来。他说，为了远大目标，即使暂时挫折，也毫不气馁，永不服输，愈加奋发。他的永不服输的"拼命三郎"精神也才成为横店集团的企业精神。

——要有很强的宏观统筹能力、创新能力和操作能力。"水炸油条"可不是简单的事，而是一项高难度的事，非得具备高超才能才行。首先要能识大局、观大势。徐文荣曾经说过，"企业家首先要是一个战略家"，又说，"我自参加工作后，一直站在时代的风口浪尖。过去政治运动一个接一个，每个我都轮到。办厂后，我总能最早捉摸到上面的精神实质和要求，抢先干起来"。不但国内政治、经济、文化形势和国际形势了然于胸，更有自己深刻独到的见解。正因为他站得高，看得远，所以，他作的决策，几乎都是超前的，可能当时还不被大多数人理解，但过了若干年后，几乎没有不赞成他当初远见的。这已是无数次被证明了的。其次，还要有统筹能力。我们讲的运筹帷幄就是这个意思。客观上许多有利的不利的因素往往交杂在一起，如何将有利的因素集合起来为我所用，同时化解不利的因素，这是考验一个人的统筹能力。徐文荣总能认清实质，趋利避害，集中

平民思想家

横店新长春园海晏堂兽首喷水报时

横店新长春园谐奇趣喷水池

有利因素条件，避开和化解不利因素，达成自己目标。再次，还要有创新能力。不但随时注意学习人家长处，思想观念与时俱进，在统筹运作过程中还要进行创新，不但包括技术创新，还包括手段创新，这样综合起来就胜人一筹，领先一步。这在徐文荣创业过程中是十分明显的一着，例子不胜枚举。最后，还要有很强的操作能力。徐文荣说，"我不但是国家级经营大师，我还是一个操作家"。他具有手握乾坤、纵横捭阖的能力，能从目标出发将各种资源条件进行综合利用，一个阶段集中做一件事，确保目标顺利实现。

——将人民群众利益放在第一位。他说，"共产党员，首先想到的是人民群众的利益"，"个人富不算富，大家富才是富"，"只有共同富裕，才能天下太平"。 他坚持认为，为人民做好事没有错，"为人民做好事，我心中就从没有一个怕字"。归根到底，人民群众的支持，是他创业的动力源泉。得道多助，失道寡助。他以实际行动赢得了人民群众的信任和爱戴，人民群众认准了他，他才能汇聚起磅礴的力量。相反，谋一己私利，巧取豪夺，无所不用其极，就不可能获得政府和大众的支持，就行不致远，往往也无善终。

——实事求是，因时因地制宜，走适合自己的道路。横店不是复制了谁才获得成功，反过来，谁也不可能复制横店获得成功。1990 年前后金华地区开展"四学横店"，结果没有一个地方能学去就是证明。根据环境条件的不同，探索一条适合自己的道路，才是应有的正确态度。照搬照抄几乎没有不失败的。所以，"水炸油条"，一定要结合本地的实际情况，不唯上、不唯书、只唯实，根据本地的环境条件，搞清楚优势劣处，实事求是，因时因地制宜，既要敢于放开手脚，又要照顾现实条件，创出一条适合自己的新路。中国革命、建设、改革的道路是如此走过来。一个地区、一个企业发展道路也同此理。

——建设一支优秀团队，创立良好体制机制，是事业成功的必备因素。要完成一项伟大工程，个人力量再大，也不可能完成，所谓独木难撑，就是这个道理。在领导周围必得有一支训练有素，听从指挥、作风优良的团队。要建设一支优秀团队，除了目标的远大激励人心，更重要的是有好的体制机制。体制机制带有根本性的。徐文荣创立的市场型公有制社团经济体制和各种灵活机制，厘清了集体利益和个人利益，劳动和报酬、团队成员之间关系、依法依规治企等重大原则问题，带有纲领性、方向性，成为团队成员共同奋斗的基础。很难想象在缺乏良好体制机制下，能建设好一支团队的。目标任务越是艰巨，越要重视团队和体制机制建设。徐文荣创立的社团经济所有制，培养的优秀团队，在成就横店伟业中，发挥了决定性的巨大作用。

——永不满足，创业，永远在路上。生命不息，创业不止。80 岁是别人颐养天年的时候，他依旧在创业的路上。当你和他见面的时候，他依旧思路清晰地向你描述他下一步的创业计划……圆明新园全部完成后，再造宗教文化三大景，再搞 5 万亩森林公园，给横店老百姓做什么什么好事，再怎么怎么。开弓没有回头箭。自从创业以来，他从来就没有后悔过。为了老百姓创业，无所忌讳，无所忧惧，永不满足，一往无前！回过头来说，

红红火火——横店生活

"水炸油条"，也不能因为取得一时的成绩就停止。百舸争流，不进则退。沉浸在成功喜悦里，往往不知不觉就被人家超越。成功的喜悦是短暂的，而挑战是永远的。这挑战，既源于自身的永不满足，也源于外界的竞争。目前的成功只是为下一次更大的成功铺开道路。更大更艰巨的挑战还在后头，更需要"水炸油条"的勇气和智慧。

七、传承、弘扬"水炸油条"精神

过去"水炸油条"是不得已而为之，是面壁破壁。现在条件已今非昔比，作为现在的横店来说，人才、资金、所掌握的资源、综合实力都达到相当的程度，有利条件更多，水到渠成成为一种常态。但，无论条件如何的变好，也必须传承弘扬徐文荣"水炸油条"的创业智慧和创业精神。

传承和弘扬好徐文荣的"水炸油条"精神，最主要是两点，一是志气和勇气。志气不可短，勇气不可馁。徐文荣曾经写下过"创业艰苦，守业更难"的感言。守业，容易出现守成，怕风险，闯劲不足，志气不高，勇气不够。这是常人常态。但在你追我赶，万众创业，大众创新，互联网＋的时代大背景下，克服气短和惰性，让志气和勇气成为永远的常态。二是为广大人民群众谋利益，这是干事创业的力量之源和根本归宿，也是事业能否得到党和政府支持、群众拥护的准绳。现在时空环境条件的变化，有利因素更多，但也更充满不可测和不确定性的因素。稍有不慎，满盘皆输的情形也不是没有。因此学好用好徐文荣的"水炸油条"理论，绝不是一件轻松的事，必须具有超常的勇气和毅力，是对人的一种巨大考验。

第十一章　徐文荣思想理论的鲜明特点

　　徐文荣创立的关于企业、社会、文化系列思想理论，是改革开放实践中，我国农民伟大的理论创造，丰富发展了社会主义初级阶段乡镇企业和民营企业的经营管理理论，在一定程度和一定范围内影响和推动着社会的发展进步。在这样的大背景下，我们可以清晰地看出徐文荣这位空前的乡土英雄所创造的思想理论，无不带有鲜明的个性特点和时代特色。

一、实事求是

　　纵观徐文荣所创的思想理论，实事求是是他的理论最鲜明的特点。

　　实事求是，指的是从实际对象出发，探求事物的内部联系及其发展的规律性，认识事物的本质，按照事物的实际情况办事。实事求是是马克思主义的精髓，是中国共产党的思想路线的核心。

　　实事求是的前提是客观认知事物。徐文荣是一个彻底的唯物论者。虽然他可能没有从书本上系统学过唯物论和辩证法，但他智慧的头脑和反复的实践，使他得到领悟并运用自如。说他是唯物论者，在他眼里，没有神仙鬼怪等一切迷信。他甚至说："我不拜佛。为什么？因为佛是我（出钱）塑的，我为什么要拜？"但他崇拜英雄，比如秦始皇、汉武帝、唐太宗、康熙、毛泽东、邓小平等，他崇拜的原因是这些历史人物的历史功勋和为人处事的奇崛风格。说他是辩证者，是因为他从来都是全面客观看问题，一分为二对立统一的观点，发展变化的观点。

说徐文荣是实事求是的典范是一点也不为过的。他的立足点、出发点都是活生生的横店实际。上面的政策来了，也从不照搬硬套，一定要和横店的实际相结合。比如上世纪九十年代初，政府文件要求企业改股份制，但徐文荣结合横店实际情况，不为个人私利所动，适时应势地提出社团经济所有制。此后横店发展的事实证明，徐文荣的决策是正确的。在实事求是基础上创立的社团经济理论，更加符合横店集团和横店的发展。反观其他地区，但凡那时乡镇企业不顾客观实际和长远发展，跟风改制私有的，几乎都是通过各种手段瓜分集体资产，所改企业很少有做大做强的，萎缩、散伙、破产占了大多数。

后来，徐文荣大办文化，办大文化，建成全球最大的影视拍摄实景基地，横店成为全国5A级旅游景区，在横店建设被英法联军焚毁的皇家御园圆明园，这些也是实事求是得来的结果。没有调查研究，没有根据横店的现实条件，没有按客观规律办事，是不可能获得如此重大成果的。

实事求是，还表现在要在现实基础上敢于突破。有说是"不破法规破常规"，实践往往走在前面。基层执行层面的实事求是，很多时候要在政策边缘游走。但安全是第一位的。许多人看不准时机，又行事不慎或运气不好，稍微出格，被莫名其妙惦记着挂个什么罪名，就容易深陷囹圄。但徐文荣风风雨雨几十年，从来安之若素，平平安安，除了为老百姓做好事没有错这一条外，就是把握好这个度。这个度该如何把握？这是需要高超艺术的。徐文荣具有敏锐的洞察力和处事艺术。举个例子，典型的是上世纪九十年代中期造影视城时的土地使用问题。那时国家土地法律法规尚不健全，对四荒地开发利用没有明确规定，国家也不够重视，老百姓巴不得离开土地。等国家法规出台还是马上动工开建？徐文荣说，等不起，造影视城，时不我待，老百姓高兴，剧组欢迎，应该马上动手。可土地怎么办？上面不重视，不理睬，只有采取"先批后建，边批边建，先建后批，不批也建"的办法。正是由于当时抓住了时机，横店影视城大多数景区得以造了起来，如果按部就班，等国家开发"四荒地"等政策出台，恐怕事情早"黄"了。当然后来经过努力，影视城景区的土地全部都按国家法规顺利补办了手续。完全地按规矩办事，按部就班，就谈不上改革创新、突破，也就容易死气沉沉。徐文荣很早就说，法无禁止皆可做，看准时机，认准就干，一气呵成，成绩出来了，大家享受到了，也就认可了。

徐文荣在实践基础上创立的诸如企业发展理论、经营管理理论、社团经济理论、文化力理论、企业养生法理论、三农问题理论、县域经济理论、社会企业家理论、收藏文化理论等等思想理论，都是以实事求是为基础，经过反复认知实践的理论。这些理论已被横店和全国许多地区实践所证明了的。诸如文化力理论、三农问题理论、县域经济理论、社会企业家理论、社团经济中的共创（共建）、共富、共享的提法，一经提出就引起国内理论界重视，多个提法写入党中央的文件报告。

一切从横店实际出发，实事求是，理论联系实际，这是徐文荣思想理论实践上最鲜明的特点。

二、发挥人的主观能动性

我们一般地讲，主观能动性，是指人认识世界和改造世界中有目的、有计划、积极主动的有意识的活动能力。徐文荣十分注重发挥人的主观能动性。

徐文荣说："我就是一条蚯蚓，要用自己的身体拱出一条路来。"又说："我们没有什么东西好依靠，要改变生活，只有靠我们自己艰苦创业、艰苦奋斗。"这就是主观能动性的最好诠释。

但凡人们要有所建树，就必须充分发挥主观能动性。因为：第一，事物的本质与规律隐藏于现象之中，人们只有充分发挥主观能动性，运用抽象思维能力，才能透过事物的现象揭示事物的本质与规律，从而正确地指导人们的行动。看清看透，这是成功的第一步。

第二，事物不会自动满足人的需要，人们只有充分发挥主观能动性，通过实实在在的行动，利用规律和条件，才能改造世界，创造美好的生活。这是第二步，行的阶段，没有行动，就决然没有成功。

第三，人们在认识世界和改造世界的过程中，必然会遇到种种困难、挫折，甚至暂时的失败，这就需要坚强的意志和十足的干劲，需要充满活力的精神状态。这是培养的人的一种奋斗精神。并且这种精神，无论成功还是失败，都须拥有，甚至愈挫愈勇。

按照资源禀赋理论和一般人的观点，环境相对闭塞、各种资源贫乏的横店是搞不好工业和文化产业的，只能贫困下去，至多随大流发展。但是，徐文荣不这么认为，他说，"财富是靠人创造的"，"没有条件可以创造条件，没有文化可以办文化"。正是徐文荣的"事在人为"的勇气和智慧，改变了横店的命运。不发挥人的主观能动性，被动接受和应承客观环境给予的各种安排，人也就和动物差不多。没有这样一种思想意识和信念，人往往先被困难吓倒，更谈不上下一步的行动了。所以在思想认识上，徐文荣就抱定这样的一种信念：有志者事竟成。

二十多年前，徐文荣向横店集团的干部作报告时讲过他当时做过的一个梦。他梦见横店变得很美，这里什么景，那里什么景，到处鸟语花香，莺歌燕舞，人在画中，热闹非凡。那时横店的文化产业建设刚起步，但徐文荣却做了那么美的梦。经过20来年的奋斗，现在已经美梦成真。这也完全是人的主观能动的结果。

不但是思想认识上要发挥主观能动，在实际行动时更要发挥主观能动性。世上事，想想容易做做难。从创业开始，哪件事是容易的？靠的是"苦命人不怕苦"，"四千精神"、"拼命三郎"精神。徐文荣曾说，一生创业，大多数时候是"水炸油条"，困难很多也很大，但"办法总比困难多"，最后几乎事无不成。

从艰苦的创业经历，徐文荣总结出的横店精神就是：永不服输、奋勇争先的"拼命三郎"精神。不但过去苦日子如此，现在日子好过了，这种精神也决不能丢。

创业总要遇到各种困难。徐文荣说："悲观失望没出路，改变命运靠自己"，"在我脑子里，从来就没有一个'怕'字"。他知道，改变命运不靠天不靠地，从来只有靠自己。靠自己的拼搏奋斗，才能改变一穷二白面貌，才能为更多百姓谋得利益，并且要奋斗到老，拼搏到死。

三、系统和整体的观点

系统和整体的观点，是徐文荣思想理论体系的又一显著特点。徐文荣看问题，总是从大处着眼，看其整体面貌和主要走向。他经常说："我是看大势算大帐。"

我们知道，系统的核心就是整体。系统是有组织的和被组织化的全体，是有联系的物质和过程的集合。任何系统都是一个有机的整体，它不是各个部分的机械组合或简单相加。系统中各要素不是孤立地存在着，每个要素在系统中都处于一定的位置上，起着特定的作用。要素之间相互关联，构成了一个不可分割的整体。要素是整体中的要素，如果把要素从系统整体中割离出来，就会失去要素的作用。正象人手在人体中它是劳动的器官，一旦把手从人体中砍下来，那时它不再是劳动的器官了一样。

以系统和整体的观点看待问题，是徐文荣的一大特点和长处。先就企业和社会两者关系看，企业是社会的组织，从属于社会这个系统。但对集团企业内部而言却是一个自成的系统，自有其各种要素和构成的不同方式。但集团企业又主要处于横店镇这一具体环境条件下，集团内部各要素和横店社会各要素息息相通。只关注内部系统而忽略外部系统，就容易看不清大势方向，关起门来办企业，企业肯定办不好。只有先关注外部系统和整体环境，同时强化内部系统，先客观后主观，以内部系统来适应、引领、整合外部系统，才是应持的方法论。徐文荣提出企业家首先是战略家，就是这个道理。

从徐文荣创立的社团经济理论"共创共有共富共享"宗旨可以看出，他不但将企业内部作为一个系统和整体，更重要的是他将横店社会看作一个系统和整体，将企业发展所需各要素自觉融入横店社会之中。反过来，又从横店社会各要素中选择有利于企业发展的方面，以此来推动企业的更大发展。徐文荣看来，横店集团企业的发展离不开横店社会的发展进步，横店社会的发展进步，同样离不开横店集团企业的发展。两者血肉相连，须臾不可离。

再看徐文荣的企业养生法，这是企业关于自身的拟人化的经营管理理论，是徐文荣系统和整体观点的又一体现。这一理论将企业比拟为人，作为一个生命有机体，进行养生，保持生命机体的健康和生气。毫无疑义的，人当然是一个具有生命力的系统，具有大脑、五脏六腑、血液、骨骼、四肢、发肤等等，具体又分为神经、心血管、循环、呼吸、消化、运动、生殖等各子系统，不但内部进行着循环，还要和外部进行交换。徐文荣的企业养生理论就是参照人是一个独立系统的中医养生理论，进行诸如大脑、循环等的养生，以保养企业的生机和活力。

徐文荣的社会企业家理论，则是他的系统和整体观点的进一步发展。1995 年提出的"企业办社会"，就是从系统和整体观出发，认为企业必须为所在地百姓做好事，提出的企业发展理论。社团经济理论，则是自觉地将集团发展和横店社会发展联结为一体，"社团经济像横店区域上空的太阳和月亮，为横店百姓发出光和热"。以此进一步发展，在更多地考虑企业承担社会责任之后，觉得社会在某些方面、某种程度上也可以和企业一样经营，由此得出企业家不但是企业的企业家，更是社会的企业家，这一结论也是顺理成章的了。

徐文荣的系统和整体的观点，对内部则是强化集体观念，强调统一。从当初的一个厂，到发展到大集团，始终是高度集中、高度统一。在资金、人事等关键要素上，始终由集团掌控。这是徐文荣在系统和整体观指导下创立的体制。正是这种体制，确保了集团的综合实力和发展前景远好于一般乡镇企业，确保了集团历经大风大浪而扬帆远航，确保了横店经济社会的全面发展。所以，从这个角度上可以说，系统和整体的观点，对集团发展是至关重要的。

整体和局部的关系问题。徐文荣虽然十分看重整体的作用，但同时十分注重局部、部分的作用。很多时候，具体表现为集团和下面企业关系上，在加强集团统一领导的同时，充分发挥下面企业的自主经营积极性，想方设法给下面企业提供各种支持帮助，解决实际困难，助推更大发展。因为只有下面日子好过了，集团日子才好过，集团整体才能发展更大作用。这一点，徐文荣也是看得很清楚的。

在整体观关照下，形成了横店集团大而全和小而全的特色。在集团层面来讲，涉及一、二、三产业，多元化经营，可谓是大而全，但具体到下面子公司是专业化经营，比如东磁或普洛制药，各自专注在电子电气和医药化学领域。但子公司在其专业化经营领域，也体现了系统的特点，即产业链向前和向后延伸，形成全产业链。比如东磁，从稀土等原材料开发，到磁性材料的加工制造，到后期产品的生产，形成以磁性材料为主线的产业链条。在文化产业领域，大而全的特色也十分显著。首先，是拍摄基地年代上的全面，从春秋战国到秦汉到唐宋元明清民国，中国历史上重要朝代的建筑横店都有。其次，是配套服务的齐全，包括前期的剧本创作，到资金筹集，到挑选演员，到器材租赁，到现场拍摄，到后期制作，到审片，到发行，直到院线放映和相关产品开发等等，还包括宾馆饭店、娱乐休闲、服装化妆、道具制作等的以影视文化产业为龙头的产业集群。事实证明，系统和整体的观点，使横店具有其他地方不具备的优势，抗风险能力很强，横店总能在激烈的竞争中胜出。再次，表现为在横店各种服务的较为齐全。比如学校，从幼儿园、小学、初中，到高中和大学，教育体系比较健全；比如医疗，设施设备和人员素质都较好的医院有两个；比如文体设施，有体育馆、影剧院、足球场、网球场、田径运动场及其他文体设施。在政府服务上，按省里统一安排实施了小城市改革，设立了具有审批权限的政府各部门派出机构，许多事项在横店就可完成审批，从这个意义上，也可以说在政府服务上也是大而全的。这些的大而全、小而全，构成了横店铜墙铁壁般稳固，风吹雨打而岿然不动。

在系统和整体观念下，既照顾到全局，又照顾到重点。在集团层面或企业层面，在每个阶段里，只能有一个或几个重点，而不可能全部是重点，在所有重点中其中一个又是最重要的。如果全部是重点，也就无所谓重点。将时间精力财力撒胡椒面，对企业经营来说，就很难形成优势产业。突出重点，兼顾其余，是徐文荣系统和整体观下的工作方法。比如，早期办工业阶段重点是发展磁性材料等；到 1996 年后，在发展高科工业的同时，重点转到影视文化旅游产业。再比如，到 2004 年发展红色旅游，2008 年发展收藏文化，2012 年开始建设横店圆明新园，等等。一个阶段一个重点，但这个重点是系统和整体下的连续性重点。这样的一种科学的方法论，无疑是徐文荣思想理论的显著特点之一。

四、底线思维和目标的多元

底线思维和目标的多元，是徐文荣思想理论的另一个特色，也是他行事的一种风格。

底线思维，就是估算可能出现的最坏情况，并且具有接受这种情况的准备。通俗点讲，我们考虑处理问题时，做到有备无患，处惊不变，能应付出现的最坏情形。而不是盲目乐观于最佳效果，一旦出现最坏结果，往往无所措手足，导致失败。正是徐文荣的底线思维、忧患意识，凡事考虑到可能出现的最坏结果，防范在先，所以，可说谋事必成，有惊无险。

徐文荣认为，我们看形势、作决策，都要坚持"两点论"，既看到有利一面，又看到不利一面；要从全局和战略高度，深入分析世情、国情，分析所在地的地情、民情；既要紧紧抓住有利的因素条件，又要及时考虑到各种风险，坚定信心，争取有更大作为。办企业上项目，既要考虑办成功的情况，更重要的是考虑万一办不成功造成损失、被动局面的处理。只有把失败情形的处理办法想妥当了，才能遇事不慌，放心地朝着最好的目标努力，牢牢把握主动权。

徐文荣分析问题是十分透彻的，他的分析研究问题，充满着包括辩证法、实践论在内的系统科学思维。我们举个最近比较有影响的例子。2006年徐文荣应北京部分圆明园专家学者要求，在横店创建圆明新园，2008年横店圆明新园被政府有关方面叫停。按理，如此重大项目被叫停，损失是巨大的，但是由于徐文荣预先考虑了可能出现的最坏结果，都一一预防在先，所以，并没有造成什么实际损失。比如土地问题，当时有人劝徐文荣在预选的土地上先开建起来，但徐文荣除了修建预选地被洪水冲毁的堤坝，平整滩地多出耕地外，并没有未批先建。虽然当时看来建园势在必行，但他所考虑的就是万一政府碍于舆论压力不批，我也不违法，也没有什么损失。当时的情形确实如徐文荣所估计的，政府没有在预选地块上批准，所以，徐文荣没有违规。又比如工艺技术问题，为了稳妥起见，徐文荣在明清民居博览城内修建了 1 ：50 比例、占地 10 亩的圆明园大沙盘；在全面系统设计基础上采用三维技术制作了虚拟现实圆明园 3D 影片；在华夏文化园建起了融圆明园精华十景的圆明新园实验基地"瑶台胜境"。圆明新园虽然 2008 年没有能正式开建，但却由此解决了设计工艺技术问题，并且这些地方也都成为游览的景点，没有显得一点多余，更重要的是为 2012 年的全面开建准备了重要条件。

《礼记·中庸》有云："凡事预则立，不预则废。"这个"预"就是有备无患、遇事不慌。这是古人对底线思维高度凝练的概括。在现实生活中，有备无患的关键在于"备"。比如，在一些特别敏感问题的处置上，只有做到了"只要有百分之一的可能，就要做百分之百的准备"，才能有惊无险、化险为夷。这也就是底线思维的辩证法。底线思维的最大特点是关注矛盾转化的思维和决策过程，着眼于负面后果，建立防范体系；在防范的同时，更在于积极转化，从坏处准备，向好处努力。因此，凡事做了最坏打算，最终结局经常是有很好的收获。

底线思维既着眼于最坏的结果，按结果不同，就有稍坏、一般、较好、很好之分。这在徐文荣看来，就是目标的多元。徐文荣做一件事往往有多个目标，从来都不"吊在一棵树上"。他确定做一件事后，往往会选择多个目标，有大目标、小目标，有直接目标、间接目标，有理想的、退而求其次的。因此，实现他所指定的目标往往会有阶段性，看去很大很遥远，但照他指定的方向路径去做，虽有困难，又是可以实现的。

举这个例子，2008 年圆明新园被政府有关方面叫停后，徐文荣将注意力放到古玩艺术品收藏上。在这件事上，充分体现出了他目标的多元。

新圆明园中秋圆月

他说，搞古玩艺术品收藏，有多个目标，1. 可以充实古民居的内涵，让游客在古民居内有东西看，也可作影视拍摄陈设；2. 可以保持保值增值；3. 条件具备，将来可以将横店发展成为古玩艺术品集散中心，发展横店的古玩艺术品产业；4. 可以放到明清宫苑和横店的一些星级宾馆，让大众参观，弘扬收藏文化；5. 以后圆明新园造起来，可以放到园子里，和新园珠联璧合，扩大影响，提升档次；6. 如果收进来的部分东西一些人有争议，不要紧，放个 60 年 100 年，到时候都成为古董；等等。他为搞收藏设立了多个目标，即使某一个或几个由于某些条件、原因不成功，但总体还是可以接受的。这是他的包罗万象思维里的智慧。

树立底线思维，对于我们在新常态下推进横店各项事业的发展，具有重要的指导意义。横店过去的发展在很大程度上是"摸着石头过河"，这个"摸"的过程，也是寻找底线的过程。需要我们认真思考、小心求证，从而在实际经营中既锐意进取，大胆探索，又稳妥把握，务求必胜。如果把底线思维筑牢，把各种可能的因素想深、想细，"想一万、想到万一"，我们就能够从容应对"不测"因素，因地制宜在实践中创新、调整、总结，顺利推进各项事业。

善用底线思维，以积极的态度前瞻风险，守住底线，防患未然，才能掌握发展的主动权。唯有底线思维，凡事未雨绸缪，想到坏处，才能不走弯路、不跌跤，最终达成目标。

五、求实致用 义利双行

徐文荣历来主张在理论和实践上求实致用，讲求实效，在实践中验证其是非曲直，反对脱离实际的空谈阔论。他说："我最反感讲空话。事业是靠干出来的，不是吹出来的。"他反复要求下面的干部员工，"说实话，办实事，求实效"。

徐文荣的这种思想和东阳的传统地域文化有关。南宋时期，理学浙东学派（永嘉学派、金华学派、永康学派三者的统称）出现在东阳周围地区，叶适、吕祖谦、陈亮等浙东学派代表人物及其思想，在中国思想文化史上占有重要地位。求实致用，讲究实效，义利双行、以利和义是浙东学派思想的重要主张。这些当时的大思想家、大学问家，同时也是教育家，在东阳及周围多个书院执教，对东阳后世文化产生了重要影响。

这种思想也深深影响了徐文荣。他认为人生在世，就要创大业，做大事，为老百姓造福，反对夸夸其谈，不论实务。他经常说的一句话是："我是一个农民，农民是最讲实际的。实干有饭吃，空话饿肚皮。"这从他的经历可看出来，他长大成年参加工作后，因不满"浮夸风"，主动提出"下放"回农村务农，回横店大队后搞农业生产有声有色，之后开始的一步步创业，全是靠一步一个脚印实干出来，是真正的求实致用，讲求实效，而不是靠吹出来。

他所创的诸如负债经营理论、文化力理论、社团经济理论等等，全是实打实用得着的，从实践中来，又回到实践中去，没有一点花架子。不是为理论而理论，他反对任何空洞的说教，要求理论直接服务于实践，理论一定要在实践中得到检验和产生作用，否则理论就要修正，使之适应新的形势。

他的求实致用，反映在用人上，是崇尚真才实学，有实际才能。"英雄不问出处"，只要有能力能创效益，可以不讲文凭学历，不讲背景关系，不问地方出身，一概大胆使用；没有实际能力，即使文凭再高、关系再好，也决不任用；充分体现出求实致用，讲求实效的观点。

义利并行、以利和义的观点，也是徐文荣所一贯秉持的。简单讲，就是做人做事，兼顾道义和利益，两者不偏废。义利兼得自古难题，但徐文荣往往将其做得恰到好处。他做一件事，总是名正言顺，符合大义，又有利益，符合百姓的愿望要求，寓义于利，真正事无不成。

现实生活中，义与利是一个历久弥新的话题。是义先利后，还是利先义后，或者义利双行，此类问题每个人都会碰到，很多时候都会为难。该如何对待处理呢？实际上，中国古代也并没有否认人们对"利"的追求，反而肯定其合理性。孔子说："富与贵，是人之所欲也。"荀子也肯定义与利的客观存在，他说："义与利者，人之所两也。"也就是说，义与利的存在是符合天理、人情的，是人类生存发展必不可少的条件，追求物质利益是人们的正当欲望和要求。

对于义与利二者的关系，总括看起来，徐文荣主张义利双行，以利和义。具体有以下主张：

1. "见利思义"。主张生财有道，即"君子爱财，取之有道"。徐文荣是主张获利、主张发财的，但是反对见利忘义。他说："做人，就要轰轰烈烈，创大业，赚大钱，多为百姓做好事。"又说，"该赚的钱再多也要赚，不能赚的钱一分钱也不能赚"。他认为，作为企业家，要遵纪守法，不能违法乱纪，合法的钱再多也要赚，犯法的钱一分也不赚。只有行"义"，才能心安理得地享受相应的"利"，见利必先思义，这是首要的。

2. 义利双行。义虽为首要，但也不能为了义，而不计利，如只计义而不顾及利益，义也不久远。只有义利双行，以利和义，才是稳妥的办法。徐文荣主张做一个才德双全，智勇仁义，能够创业济世的英雄，反对"正其义不谋其利，明其道不谋其功"，主张义利双行，仁义德性见于事业功利，事功价值与道德价值相统一。他以为这样才能长久。比如给企业骨干荣誉以正面激励的同时，也要给相应的待遇，这也是义与利的统一，目的是激发企业干部更好地为社团经济作贡献。如果只压担子不给待遇，干多干少一个样，那就和过去吃大锅饭差不多，谁愿意多干？这样带头的人没有了，经济不发展，大家都没有好处。

3. 公利大于私利。徐文荣认为，在国家，则国家利益放在第一位；在集团内部，则集团、集体利益放在第一位。他极力维护社团经济利益，反对以个人利益损害集体利益。他反对企业干部利用职务便利，承接公家业务办自己的"家庭工厂"，反对通过不当手段侵占公家利益。对侵占渎职行为，一经发现查实，即予以严肃处理。这样的一种先公后私的观点，集体主义价值观，是徐文荣一直褒扬和坚持的。

4. 在人际关系上，贵义轻利。重义气，这在徐文荣是最明显了。"文革"时徐文荣受到迫害，有家难归，在外东躲西藏半年多，亲戚朋友给予的保护，使他铭记终生。他说，人是要知恩图报。对曾经帮助过的人，他发达后一律报答。但对曾经迫害过他的人，则放人一马，不计前嫌，有的还招入集团企业上班。创业后，对曾经帮助过横店的人，有困难找到徐文荣，他也会尽力帮助。比如有个别犯了错误削职为民的官员，过去在位时在政策范围内优先支持过横店，徐文荣照样当朋友看待，而不会踩上一脚，到了退休年龄衣食堪忧药费无着的，徐文荣会尽量予以照顾。徐文荣是有这种义气的。

5. 在干事创业上"务张其义"。就是做事要高调，随之的是做人要低调。徐文荣所做的，都是为民谋利、为社会创造财富的大事，他也就从不遮遮掩掩，从来都是坦坦荡荡，堂堂正正，写文章作报告，大张旗鼓宣传，从不吝惜口舌笔墨，使广大员工、社会大众看到横店徐文荣的正能量。随之的，在个人名誉上，他则很低调，他总是说，"我是一个农民"，"不要宣传我，要多宣传横店”，“我只是一个农民”。

求实致用，义利双行，不但是徐文荣行动的指向，更是他的道德观和价值观，是他身上的文化烙印，深刻影响着他的思想理论。

六、知行合一　注重实践

知行合一，是我们经常挂在嘴上的一句话。知是指认识事物的道理，行是指人的实践，知与行的合一，就是认识事物的道理和具体行动统一起来，既不是以知来吞并行，认为知便是行，也不是以行来吞并知，认为行便是知。反过来，就是知与行两相分离、脱节，造成知的迷惘，行的盲目。

知行问题，其实质是一个理论和实践的问题，这也是中国古代哲学中认识论和实践论的命题。中国古代哲学家认为，不仅要认识（“知”），尤其应当实践（“行”），只有把“知”和“行”统一起来，才能称得上“善”。知行合一，注重实践的观点，是徐文荣思想理论的特点之一。徐文荣经常说：“认识了道理，实干最重要。一定要将知行结合起来。我们的事业不是靠嘴巴说出来的，而是靠实干。”

知是基础与前提。不知其中的道理盲目而行，是瞎打蛮撞，少有不犯错误不走弯路的。徐文荣深谙其中的道理，所以，他每当临事，总是先想清楚其中的道理，并把道路向群众讲明白，再指挥群众去干。他说：“只有把道理想明白了，为人做事才有方向、有准绳；只有把道理讲明白了，别人才会理解你、支持你，群众才能跟着你干。”而这道理，当然是符合大道、符合老百姓利益的。他做事目标明确，未雨绸缪，没有盲目性，靠的就是事前的"知"。行是目的和结果。知道了其中的道理，不去实行，不知道改变，那也就失去了知的作用。改造客观世界、创造物质和精神财富也就无法实现。更进一步讲，行，是为了检验所知是否正确，是所知接受实践的经验。所知是马是驴，拉出来溜溜才清楚。行，就起到这个作用。

徐文荣所创立的思想理论，都是知行合一的过程，都在实践基础上产生，经过总结提高形成理论，又回归去指导实践。看徐文荣的企业发展理论，从最初的"母鸡下蛋孵小鸡"理论，到后来的"三次创业·打造国际化横店"理论，无不如此。

另一方面，知行合一，不是原地踏步，来回重复，而是随着时势变化，不断增进新内容，量变引起质变，进到更高的层次。所知要跃进，所行也必须跟上。工人，要从一个缫丝工，进步到电脑操作工；管理，要从一个小范围，扩大到具有全球视野和操作手段。固步自封，夜郎自大，耽于已有的成绩，不求新的进步，必为时代所淘汰。这是徐文荣倡导的与时俱进的知行观。

重视对员工的思想教育，是徐文荣知行观的一个重要方面。"民可使由之，不可使知之"，是过去统治者愚民的话。徐文荣认为，人是主观能动的，激发他内心的活力和激情，可以迸发出强大的能量，因此必须进行思想动员教育，使员工明白其中的道理。在横店社团经济范围内，教育广大员工树立主人翁思想，为社团经济创业、为横店老百姓造福，通过这样的正面激励引导，激发干事创业的能力。

知行合一，有人认为知易行难，懂得理论是容易的，实践是很难的；有人认为知难行易，领悟道理很难，实践很容易。徐文荣认为：懂得道理是重要的，也是难的，但实际运用也是重要的，而且更难！要想实现崇高伟大的志向，必须有符合实际、脚踏实地的方法和行动。没有行动，一切都是空的。所以，知行合一，必须重在实践。

七、重视理论总结和理论创新

徐文荣之所以被称为平民思想家，和他的重视理论总结和理论创新分不开的。

何为理论？按词语解释，指人们关于事物知识的理解和论述。哲学上讲，理论是指人们对自然、社会现象，按照已知的知识或者认知，经由演绎推理等方法，进行合乎逻辑的推论性总结。徐文荣所创的关于企业和社会问题的理论，也都是照此得出的推论性总结。徐文荣高度重视理论的作用。认为，做事业，必得正确理论的指导。理论，是方向性、纲领性的东西，是实际工作的指针。过去干革命，必得正确的理论指导，才能取得最后胜利。现在办企业特别是要成就大事业也是如此。没有正确的理论指导，就无法统一群众思想，无法鼓足干劲，只能是增加盲目性，出现不可避免的失败。像做横店集团这样的大事业，理论指导更是不可少。

正确理论从何而来？不会是天上掉下来，也不会地里涌出来，书本里也没有现成的，因此只能是来自于实践的总结提高。任何理论都是一种客观上的规划。正确的理论，必得根据存在的社会现实和具体环境条件，结合自己的主观意识动机（当然是符合唯物辩证法和社会发展基本规律的），经过自己大脑的思考推理，得出的合乎逻辑的推论性结论。如，在1980年代末徐文荣提出的负债经营理论，根据的是当时企业发展资金紧缺，社会商品短缺，生产利润较大，企业投产后能较快回收成本产生效益，同时横店企业具备良好信誉、较强实力和管理能力，但当时人们思想普遍比较保守不敢借钱发展的实际，经徐文荣思考总结提炼之后提出来的。该理论包括负债经营的具体含义，以及负债经营不丢脸，有胆有识是关键，精打细算用好钱，借债还钱守信誉，负债经营要有度等具体要求，形象称之为企业负债经营理论。由于该理论符合当时的实际，大胆使用后，使横店办了很多新厂，扩大了再生产，壮大了实力。由于该理论对企业发展具有很好推动作用，一直沿用下来。

徐文荣对理论的总结提炼，不但停留在口头语言上，同时用更为严密的书面语言进行概括总结，不仅自己写文章进行总结，集团内搞理论研究的同志进行总结，还请国内著名专家学者来横店进行总结，并形成系列专著。比如《著名专家学者论横店》、《文化力，横店的启示》、《徐文荣的企业养生法》、《关于横店的哲学思考》等等，总计达10多本。这些书，所表达的是横店的实践和理论，属于横店智慧。在全国乡镇企业不多见，无疑具有典型意义。

理论，是时势和人的因素的使然。时过境迁，旧理论不一定适合新时代。所以，理论创新就显得很必要。不创新，就驾驭不了新的实情，就落伍，指导事业就要失败。徐文荣从不墨守成规，很重视理论创新工作。比如，企业发展理论，初期提出"母鸡下蛋孵小鸡"，过了几年，提出了"靠科技养大鸡"，再到后来"非高科技不上"，等等。如果一直停留在初期阶段的理论，那企业就发展不了，肯定会被市场淘汰。

所以，许多人说，徐文荣与时俱进的"变"的思想，太厉害了。他几乎从来没有陈规陋习，从来没有教条，从来都是实事求是，因地制宜、因时制宜、因人制宜。"'变'是他唯一的'不变'"。此路不通，马上想到他路。所以，他的观点、思路、方法都是最新、最符合当时实际的。这一条往往让许多跟随他的同志感到紧张和兴奋。可以说，"变"是他最大的利器和成功的秘诀之一。

还有"快"这一点。人生有涯，事业无涯。一万年太久，只争朝夕。徐文荣天生一种紧迫感。见事早，行动快，总超人家三分。他身边的同志说，他一天所干的工作比人家三天还多。横店的老百姓说，徐文荣一辈子所做的事业，给横店带来天翻地覆的变化，需要几辈人的努力才能完成。

八、关心政治 但不参与政治

关于政治和企业家的关系，徐文荣认为，企业家必须关心政治，但不可参与政治。政治，在任何朝代任何地方都伴有不可避免的复杂尖锐的斗争，轻者失势，重则坐牢杀头，这是千百年古今中外历史证明了的。企业经营者参与政治，就容易陷入到复杂斗争中去，一则心思很难再放在企业上，二则争斗失利则企业遭殃；办不好企业，丢了主业，还有什么资格称企业家？所以，企业经营者参与政治是弊大利小，企业往往成为政治斗争的牺牲品。

所谓的参与政治，就是要去争政治位子（比如去争人大副主任、政协副主席等企业家可能得到的位子），通过各种势力去左右政府权力，拉帮结派卷入政治内部的权力斗争，去算计政治对手等等。一旦参与了政治，特别是陷入派别斗争，企业经营者往往身不由己，随着宦海沉浮，说不准什么时候淹死，企业经营充满未知风险。

说到底，企业经营者热衷参与政治，主要两种思想在作怪。一是"官本位"思想。官本位是一种以官为本、以官为贵、以官为尊的价值观。中国两千多年的封建专制文化使得这种思想意识深入中国社会的层层面面，甚至可以说是中华文化的一部分。具体说，"官本位"是以"官"的意志为转移的利益特权，是"唯上是从"的制度安排，是以"官"为本的价值取向，以是否为官、官职大小来评价社会地位。有些企业家办企业有了成绩后，就想捞取官位由富变贵，于是不惜血本要官买官。二是想通过参与政治，来更好发展自己的企业。这样一种情况，主观看去是为了企业发展，似乎可以接受，但实际想来，也是不妥当的。前面讲过，参与政治，企业经营就伴随着宦海的风险，就不能集中精力到企业经营上，企业经营者身上实际是多了一层制约和风险。所以，这种情形也是不可取的。

既然企业家参与政治不可取，那企业家的关心政治又是怎样的呢？

徐文荣认为，企业家必须关心政治，不关心政治，就办不好企业，就不称职。两耳不闻窗外事，只适合做一闲云野鹤，怎么能办好企业呢？关心政治，主要体现在三方面。

1. 企业家必须关心政治形势，国际、国内、和企业有关系的地方政治形势、政治生态，企业家都必须关心。因为政治是企业的大环境。与大环境背道而驰的企业，肯定办不好。企业家首先是战略家，指的就是这个道理。

2. 企业家必须有政治敏感性和政治智慧，熟悉政治规则和必要时的操作。对政治官场生态两眼一抹黑，不认得门门道道，做门外汉，被人欺负，也是极要不得的。企业家一定要观察、了解、思考、懂得这些规则。在一些问题上，要有自己的发言权、建议权、监督权，能维护自己的正当合法权益。但是，不可纠缠到政治内部斗争去。更不能和政府夺权。有个别企业家认为，抓机遇，就是抓政治，要抓政府的权。但徐文荣不这么认为，他说："我是做企业的，我不敢夺政府的权。再说，我一个做企业的人，夺政府的权干什么？"两者形成鲜明对比。

3. 集团所属的企业经营者在统一安排下，可以担任各级人大代表、政协委员，但不能去争各级人大、政协常委以上的位子。各级人大代表、政协委员，已经是一种很高的政治待遇，履行到位，已经可以表达和维护自己合理合法的愿望诉求，并不需要再争什么位子。去争位子，各级组织本身还安排不过来，还要去争，是为难组织。对此，徐文荣专门下文予以明确，如果有人一定去争什么政治上的位子，前提是首先辞掉集团企业担任的职务。

对企业家而言，主业是办好企业，而不是什么参与政治，否则，就不应该称为企业家。热衷政治，最后倒台的例子不是没有。上世纪九十年代，北方某个很有名的企业家，热衷政治，自诩以其水平至少要担任国家什么领导职务，自我膨胀，结果与国家法律对抗，走上了自我毁灭道路。也有一些原先很有生气的企业家，办企业有了成绩后，热衷政治去当官，结果荒废了企业，最终变成了庞大官僚体系中普通的一员，失去了企业家的本色和事业。

关心政治，但不参与政治，把握好这个度，这是成功企业家必不可少的。从长远看，官本位思想必须破除，权贵资本主义必须打破，只有这样才能建立起公正法制的公民社会、平民社会，和真正意义上的社会主义市场经济。

九、平民思想

平民，是徐文荣的本色。徐文荣始终认为，"我是横店人，我是一个农民"，是一个老百姓，和老百姓息息相通，鱼水难分。平民思想，是一种立身于普通老百姓，为老百姓讲话做事，追求人人平等、社会公平正义的思想。反之，有的人立身于权贵，维护权贵利益，要老百姓为权贵服务，看不起老百姓，要"人分十等"。所以，徐文荣的思想理论和实际做事，都是从老百姓的利益出发，为最广大老百姓做好事，而不做坏事。

徐文荣出生在旧社会贫困的农村家庭，也生长在东阳农村，自打出生起就和农民、农村、农业结下了天然的因缘。后来和一班农民兄弟一起办缫丝厂，工厂越办越多，越办越大，但始终没有离开横店这方热土，没有离开横店人民。相反的，他还和横店人民一起建设横店新城镇，让横店老百姓过上甚至比城市人更好的生活。横店永远是他最爱的地方，每次出差回到横店，就立马忘却了疲劳，充满了激情和活力。他的心和横店老百姓永远在一起。

说他是平民，包括他现在的生活作派，都是平民式的，吃穿随意不讲究，常绾起裤腿，夏天喜欢穿短裤短袖，有时像农民一样干活累了翘起双脚，喜欢吃点心甜食，讲话幽默随意即兴，爱憎分明得像个孩子。所以，他很让人亲近，而不让人敬而远之，畏而拒之。

徐文荣的平民思想，还表现为他注重调查研究，虚心向专家和群众请教，善于向实践学习。无论三教九流、各式人等，他都能和谐相处，而不会以高高在上的姿态拒绝他们。他的平民观念，有助于他掌握一手材料。他经常深入基层，了解掌握第一手情况，随时发现和解决问题。从当横店大队支部书记开始，就养成了每天凌晨早起检查工作的习惯，到办厂一直如此，即便在80岁后，为了建设好横店圆明新园，只要他在横店，无论刮风下雨、冬寒夏暑，几乎每天都要到工地上去，听取各方面人员意见，仔细巡查工作，任何人都甭想瞒骗他。

凡事首先为老百姓考虑，一直关心关注三农问题，是徐文荣平民思想的又一体现。他说："共产党员想到的首先应该是人民群众的利益。"又说："做人，就要做一个对他人有帮助的人、对社会有贡献的人；做事，就要

徐文荣在圆明新园工地

做好事而不能做坏事，而且要一辈子为老百姓做好事""人生在世，要多为人民办好事，少为个人谋私利。""真正的大成功总是和老百姓的愿望相联通的，只有老百姓说你好，才算是真正的成功。"徐文荣当初坚持以"母鸡下蛋孵小鸡"办更多工厂，解决了更多农民进厂当工人的愿望。后来，坚持大投入发展文化产业，解决了许多没文化农民的就业，他早在1998年就说："横店老百姓今后富就富在文化产业上"，"我主张的走共同富裕道路，不是把赚来的钱分给大家，而是改革和发展的成果老百姓都能分享。更为重要的是，要创造一种条件，让大家都能有赚钱的机会。"现在的横店，确如徐文荣当初所预计的，集团发展成果，包括工业和文化产业，充分为老百姓所共享，实现了老百姓共同富裕，富就富在了文化产业上。

横店老人真享福

　　与平民思想一致的，是徐文荣极力反对官僚主义，反对脱离群众，反对高高在上，倡导亲民作风，和群众打成一片。对政府官员，也是这样一个态度，对作风扎实，接近群众，关心基层，解决实际问题的官员，他就表示欢迎，反之，对脱离群众，拈轻怕重，回避矛盾，满口官腔的官员，他就表示反对，甚至当面提出批评意见。所以，他既得干实事官员的喜欢，又使一些官员害怕。

　　实际上，他的平民思想和实事求是的作风、底线思维和理论创新是相通的。也正因为他立足于平民，扎根于百姓，才知道百姓的愿望和需求，也才知道如何团结广大百姓，万众凝成一心，干出惊天动地的亘古未有的伟大事业。

第十二章　平民思想家徐文荣

平民，指的是普通老百姓，社会的基本成员。平民，是相对于权民而言。平民思想，指的是一种立身普通老百姓角度，追求人人平等、社会公平正义的思想。对徐文荣而言，平民思想有两层含义：1. 他的出身、立世是平民的角色。他经常说："我是中国农民，一个普通的老百姓。" 2. 他的思想是平民思想，是从社会大众根本利益出发，为大众谋福利、求进步、要平等的思想。并且，他的以平民思想为基本特征的思维和思考，有着理论高度和严密的逻辑关系，形成了较完整的思想体系，自成风格，产生了积极广泛的社会影响。因此，称他为平民思想家当之无愧。

一、徐文荣平民思想的主要特征

平民思想的最大特点，就是注重人，关心人，肯定人的价值、人的存在，提倡人文精神和人文关怀，追求社会公平正义，人人平等。反对见物不见人，反对特权和贪污腐化，反对贫富悬殊两极分化，反对人分三六九等，社会不公。徐文荣平民思想主要有以下特征：

1. 坚持以人为本，肯定人的价值和作用，以人为一切事业的基础，是徐文荣平民思想最鲜明的特征。徐文荣说："没有人，便没有一切。""劳动创造世界。我们横店的现代化工厂、横店影视城，都是由人创造出来的。"又说："我最大的收藏是人才。大批的人才支撑起横店集团的发展。如果当初没有人才的引进、储备，事业的辉煌是不可能的。"任何时候，始终坚持以人为本，以人为一切事业的出发点和归宿，是徐文荣的原则，也是他平民思想的核心。

2. 追求人人平等，坚持公平正义，是徐文荣平民思想的又一突出特征。平民思想就是意味着平民的平等，超越平民的平等就是特权。平民思想视特权观念为天然的敌人，最仇恨的行为就是特权行为。平民思想以平民利益为根本。因为无论从哪方面说，平民的利益都是最需要保护、最应当被保护的，对平民的保护是根本的保护。徐文荣认为，国家法律必须以平民意识为宗旨，企业内部法规也必须以平民意识为准绳，在法律法规面前，没有特殊公民，在企业规章面前，也没有特殊员工。权民必须把自己等同于平民，才能得到本质上与平民相仿的法律保护。

徐文荣出身于农村小摊贩家庭，做过木匠学徒，当过农村夜校的老师，做过农民，当过国家干部，经营过企业。无论贫穷还是富贵，他一直生活在社会最广大、最基层、最普通的老百姓之中，和老百姓同呼吸共命运。他十分了解广大百姓的疾苦、愿望和要求。他清醒地看到，要求人人平等，社会公平正义，共同富裕是老百姓最强烈的愿望。特别在物质生活逐渐改善后，对社会公平正义和民主平等的要求日益增加。但现实社会中人与人机会的不均等、不公平，造成了社会财富分配的悬殊，引起了基层百姓的困惑和不满，影响着社会安定。对此，徐文荣深怀忧虑地说："只有机会均等，才能消除分歧；只有共同富裕，才能天下太平。"

徐文荣认为，平等不是一句空洞的口号，而要有实质的内容，是社会政治、经济、文化、教育等方面的综合体现，而又以经济为基础。没有经济基础，平等是一句空话。所以，首先要发展经济，并且要共同富裕。在横店这个国家可持续发展实验区，在党和政府领导下，通过四十多年的建设与经营，徐文荣努力营构了一个机会均等，社会公平正义，人尽其才，才尽其用的区域环境，使最基层的广大老百姓，都能发家致富，实现共同富裕，享受民主平等的阳光，保持了社会安定和谐。当然，平等也是一个循序渐进的过程，需各方面各因素的聚合，也不可能一蹴而就的。

3. 平民意识具有普遍性的同时又具有特殊性，它从最广大人民群众的根本利益出发，但又直接体现在个体的身上。徐文荣虽为实力雄厚的横店集团的创始人，国内外著名的企业家，但这并不妨碍他的平民意识，无论落难还是闻达，骨子里他总是将自己立身于平民，"一个农民"，以十分诚恳谦和的姿态和广大农民、基层民众打交道，了解他们的疾苦和需求，力尽所能解决他们的困难，任劳任怨为他们服务，正因为此，他逐渐为周边老百姓所了解和钦佩，也就得到了最广大民众的支持。2006 年中央电视台一套黄金时间播出的以徐文荣横店创业为蓝本的电视连续剧《农民代表》，正是徐文荣平民思想、三农情怀的真实抒写。

二、徐文荣平民思想的主要内容

徐文荣平民思想的内容十分广泛，包括他的平民世界观、人生观，平民事业观、平民政治思想、平民文化思想、平民教育思想、平民社会思想等些方面。当然本书前面章节所论列的各种理论都包含在内。

徐文荣的平民世界观。表现为积极坚定的现实主义和宏大瑰丽的浪漫主义的完美结合，一个坚定的唯物主义者。徐文荣是一个寓浪漫于现实的人，一个脚踏实地想大事干大事的人，一个坚韧沉着的实干家，而不是一个吹牛家，一个夸夸其谈者，一个两脚悬空的怪诞式"英雄"。一方面，他尊重客观规律，坚持实事求是，按现实的条件和可能来设想和做事；另一方面，他充分发挥人的主观能动性，敢于提出宏大设想，将人的能动性、创造性、想象力发挥到极致，敢于并善于调动一切有利因素，轰轰烈烈改变旧貌，大胆创造崭新的世界。

"先做人，后做事，做好事"，是徐文荣的人生观，也是他的方法论。徐文荣说："人的一生，其实可以归结为两件事：做人与做事。"又说，"做好人，才能做好事；不能做好人，也不可能做好事。所以，我主张做人要做好人，不要做坏人。"一直以来，徐文荣是这么说的，也是这么做的。他坦荡做人，大胆做事，为了老百姓的福祉，奋力拼搏，永不满足，永不停歇。1994 年，国民党元老、时年九十四岁的陈立夫，得知徐文荣造福百姓的事迹后，托人带给徐文荣一个他亲笔题写的条幅："人生最大的乐趣是为他人解决困难，解除痛苦。"崇高的人生目标，养成了他广阔的胸襟，悲天悯人的人生情怀和坚定的意志。在自我卓越的同时，推己及人，共同进步，体现了他对人生、对社会的感情和责任。

徐文荣的平民事业观。徐文荣说过："人生要有大抱负。""要多办企业多赚钱，多为百姓做好事。"徐文荣是一个立志创大业、做大事的人，不是一个见好就收、安稳守成之人。他对事业的追求无限广大，永无止境。从他 1975 年创办缫丝厂开始，就体现出这种劲头，从一个厂到两个厂、三个厂，工厂越办越多，越办越大，所跨行业越来越多。在他的带领下，横店现在成了世界磁都、江南药谷、中国好莱坞，过去名不见经传的山区小镇现已名扬海内外。但，办企业并不是徐文荣的目的。他说："可以说，办企业只是我的手段；通过办企业，解决千百年来困扰横店发展的'三农'问题，让横店的老百姓永远过上富裕、幸福的生活，这是我办企业的目的，也是我的追求。"

横店三农问题解决后，为了使更广大区域老百姓过上幸福日子，横店集团全面迈上世界舞台，2002 年，徐文荣和横店集团一起提出了三次创业"打造国际化横店"目标，提出"用天下人，聚天下财，谋天下利"的三大理念，以横店集团的全球化大发展，为天下苍生谋福利。

徐文荣的平民政治思想。平民思想意味着平民的平等，超越平民的平等就意味着特权。平民意识视特权观念为天然的敌人。徐文荣不反对权力，但反对特权。徐文荣认为，权力实质上体现为一种社会关系的特征，共产党执政，是一种权力，企业家想做事，也必须掌握权力。公权，实质是一种为集体大众服务的责任和义务，并且应该受到大众监督和制约；公权不是掌权者谋私利、享特权的工具，掌权者没有超越大众和法律之上的自由。徐文荣认为，在我们社会主义社会，就不应该有特权阶层、特权政治，除了那些因违法犯罪剥夺了政治权利的人之外，就应该是人人平等的平民社会、平民政治。权力只是掌权者的社会责任契约，掌权者的本色还应是平民，而不是权民。在社会主义社会，人生而平等，无论官员还是百姓，无论富豪还是穷人，都是平等的，享有自由尊严，没有谁比谁更高贵。

徐文荣的平民心态，使贩夫走卒、明星大腕、工人农民、专家学者、政府官员、商贾巨头等，都愿意和他结交。他拥有崇高的威望和"财富领袖"的光环，但他从来没有以居高临下的傲慢姿态和有求于他的人谈话，他也从来没有以奉承谄媚的姿态来接待高官。在他眼里，官民平等，贫穷者富贵者一视同仁。实际上徐文荣还特别反对那些讲空话不干实事的官员，憎恨那些公权私用为非作歹的人。每逢平民受屈，他心里难过，并尽可能给予帮助，如果做不到，他也表示伤心同情。

徐文荣的平民文化思想。徐文荣对文化情有独钟。徐文荣认为，文化是一个很广的概念，但实质离不开人，离不开劳动大众的创造。徐文荣主张的文化，是一种平民文化、大众文化，有民族特色、时代特点、中国气派的文化，是贴近实际、老百姓喜闻乐见的文化，而不是远离大众、为少数人独享的文化。徐文荣的文化主张从他搞横店文化产业的历程可以清晰看出。比如，徐文荣对收藏文化的理解、诠释、创新，也全部体现为平民观点。他认为，收藏文化，不是权贵们的专利，而应该是面向中低收入者、面向中产阶层、面向权贵，面向社会各阶层，应该是普及的人民大众的文化，是全社会人们共享的文化权利。

徐文荣的平民教育思想。解放初期，青年时期的徐文荣做过农民夜校的老师，手执教鞭，解除了一批"睁眼瞎"农民的痛苦。这是他平民教育的最早实践。他长期和基层百姓打交道，最深切感受到基层百姓对知识的渴望。及至有条件后，徐文荣就将他的平民教育思想付诸实际，他的目的是使横店一切成人都得到国民应有的知识和技能的教育。他大力支持义务教育，使横店小学、初中的硬件、软件设施保持一流。他还出巨资办起了横店高中，使落榜公办高中的横店初中毕业生能继续他们的求学道路，实现人生理想。他支持学前教育，办起了高质量的幼儿园。他面向社会办起了横店技校、横店影视职业技术学院、成人大学、老年大学等，使全体横店人都有接受知识技能教育的机会，全面提高横店人科学文化素质。孔子主张"有教无类"。近现代著名教育家陶行知主张教育要体现平民性。徐文荣在横店的平民教育实践，正是这些前贤平民教育思想在新时代的探索和发展。

徐文荣的平民社会思想。社会是人们通过各种关系组合起来的集合，其中包括社会的细胞家庭和各种社会组织团体，以及政治、经济、文化、教育、科技、军事、传统习俗等的综合。从等级社会、权民社会到平民社会是人类社会发展进步的一般规律。平民社会是一个社会成员民主平等，公正法制，心情舒畅，共同富裕，消除了特权和腐败，百姓安居乐业的理想社会。权民社会则是一个社会成员不平等，心情压抑，贫富悬殊，特权腐败肆行，百姓提心吊胆过日子的社会。在党和政府的领导下，徐文荣积极倡导和构建了横店这个以市场型公有制的社团经济为主体和主导，大家共同劳动，资产共同所有，共同享受劳动成果，共同参与社会事务管理，人人平等，充满自由的空气，共富共享的理想社会形态。在这里，虽也强调效率和资源要素，鼓励先进，但市场型公有制的基础，决定了合理的分配，强调了共同富裕。现在横店绝大多数农民家庭年均收入达到了中产阶层标准，是理想中的纺锤型社会结构。今日横店，已经发展成为一个生产发展、文化繁荣、环境优美、管理民主、社会和谐的社会主义崭新城镇。

徐文荣的人生理论

徐文荣是一个智慧觉悟的人，对生命、人生等命题的看法，富有哲理和启示。

（1）对待生命，徐文荣从不消极看待，从来是乐知天命，看得很开，"未知生焉知死？"他甚至在过年后的节日气氛中毫不犹豫地带领横店集团的中高层管理人员参观殡仪馆的火化现场，目的就是教育人要看开些，不要把钱财看得太重，人生要活得有意义，要多为社会和老百姓做好事。

（2）徐文荣是一个彻底的唯物主义者。在他眼里，没有神仙鬼怪等一切迷信。他甚至说："我不拜佛。为什么？因为佛是我（出钱）塑的。"但他崇拜历史人物，比如秦始皇、汉武帝、唐太宗、康熙、毛泽东、邓小平等，他崇拜的原因是这些历史人物的历史功勋和为人处事的奇崛风格。

（3）与时俱进的"变"的思想。徐文荣从来没有陈规陋习，从来没有教条，从来都是实事求是，因地制宜、因时制宜、因人制宜。"'变'是他唯一的'不变'"。此路不通，马上想到他路。所以，他的观点、思路、方法都是最新、最符合当时实际的。这一条往往让许多跟随他的同志感到紧张和兴奋。可以说，变是他最大的利器和成功的秘诀之一。

（4）他的"拼命三郎"精神。这也是横店精神，内涵为"敢闯、争先、实干、奉献"。徐文荣曾说："在我心中，从来就没有一个'怕'字。"他知道，改变命运不靠天不靠地，从来只有靠自己。靠自己的拼搏奋斗，才能改变一穷二白面貌，才能为更多百姓谋得利益，并且要奋斗到老，拼搏到死。

（5）他的勇立时代潮头的思想。按徐文荣自己的话说，他的一生都处在时代的风口浪尖，他从来不惧怕大风大浪，总是站在时代潮头，看到前进的方向，与时俱进，把握自己的命运。

（6）快的思想。人生有涯，事业无涯。一万年太久，只争朝夕。徐文荣天生一种紧迫感。见事早，行动快，总超前人家三分。他身边的同志说，他一天所干的工作比人家三天还多。横店的老百姓说，徐文荣一辈子所做的事业，给横店给来天翻地覆的变化，需要几辈人的努力才能完成。

（7）他的辩证思想。说他是杰出的辩证法大师毫不为过。他从来都是一分为二看问题，并且能察之秋毫，将正反两面都分析透彻，抓住事物主要矛盾和矛盾的主要方面，对症下药。他做思想工作，鞭辟入里，恰到点上，无不心服口服；他解决问题，轻重得当，无不心悦诚服。

（8）目标的多元。徐文荣做一件事往往有多个目标，从来都不"吊在一棵树上"。他会选择多个目标，有直接的、间接的，有大目标、小目标，有理想的、退而求其次的。因此，实现他所指定的目标往往会有阶段性，显得困难，但又有多重效果。

徐文荣的生活观。生活观，是指一个人关于生活的态度和观点。徐文荣的生活观，有三个鲜明特点：一是义利并行、以利和义的观点。即做人做事，兼顾道义和利益，两者不偏废。义利兼得自古难题，但徐文荣往往将其做得恰到好处。他做一件事，总是名正言顺，符合大义，又有利益，符合百姓的愿望要求，真正事无不成。

二是知行合一的观点。徐文荣经常说："有了认识，实干最重要。一定要将说的和做的结合起来。我们的事业不是靠嘴巴说出来的，而是靠实干。"

三是整体观。徐文荣看问题，总是从大处着眼，看其整体面貌和主要走向。他经常说："我是看大势算大帐。"

三、徐文荣平民思想的泉源

归结自己平民思想的泉源，徐文荣毫不掩饰地说："就一个字，'穷'。"经历过那年那月的人，都知道贫穷的可怕。穷苦出身，前半生经历坎坷的徐文荣对此更有切肤之记忆。一个"穷"字，将他的心始终和广大老百姓定格在一起。

但徐文荣从来没有向苦难低头。他说："苦命人是不怕苦的。"在他眼里，穷是坏事，反过来，穷也是好事。为什么？

（1）穷则思变，穷则奋斗。徐文荣经常说："没有天王老爷会帮你，从来改变命运都是靠自己。"穷到底了，什么都放开了，可以甩手大干了，也就不怕苦了。可以说，因为穷，为了脱离苦海，倔强地奋斗，成了他一生昂扬的精神。

（2）穷则思富，穷则变富。因为穷不好，所以要逃避它，要追求富，而且不但自己富，还要带动大家共同富裕。在他带领下，现在横店已经变得很富了，将来还要更富。

（3）穷则思义，穷则成义。徐文荣"文革"落难外出躲避时期，收留保护他的是穷苦朴实的老百姓，虽然这些老百姓平素和他并无多大的交情，但在危难时刻，显出了真情义气，显示出了农民宽厚的情怀。这种义气，徐文荣一辈子感恩在心。滴水之恩，当涌泉相报。在他事业腾达的时候，就以这种义气回报救助过他的老百姓，并推而广之为横店全体老百姓。

（4）穷导致不平等，穷而追求平等。徐文荣就是要带领大家经济上富起来，使大家关注到自己的价值和尊严，树立起社会、政治上的平等意识，把横店建设成充满阳光，和平友爱，民主平等，公正法制的"东方太阳城"。

（5）穷变富而时刻怀着危机。因为穷的可怕，所以即使富了，也时刻惕厉自己，万不可再回到穷日子里去。而且，徐文荣深知，现今社会各种高风险的投资和各种牵一发而动全身的事，使穷富的转变往往只在转念之间。因此，每临大事，他总是如履薄冰、如临深渊，旰食宵衣，周密筹划，悉心安排，直接指挥。有着这种心态和方法，几十年来，他踏高山如履平地，涉险川如坦途，没有他过不去的关口险隘。

四、徐文荣平民思想的社会意义

徐文荣的平民思想和在横店的成功实践，为在现阶段条件下，实现人与人之间的平等和谐关系，个人的全面自由发展，提供了一种理论和现实的参照。

徐文荣的平民思想在横店得到了成功实践。在横店，在以社团经济占主导的市场型公有制下，大家共同劳动，共同拥有生产资料，共同参与分配，共同富裕，共同享受美好生活，人人平等。因此，横店被一些专家学者称为"东方太阳城"。

平民社会，应该是一个小政府大社会的结构，官本位意识已经被平民意识所替代，权势社会被一个无高低尊卑，人人平等，公平正义的社会所替代。建设社会主义平民社会，是社会主义核心价值观的必然要求，是社会发展的前进方向，是构建和谐社会的内在需要，是"中华民族伟大复兴中国梦"的应有之义，也是反腐败反特权的天然利器。在当前利益多元、观念多样、思想多变的时代，树立人人平等、公平正义平民社会意识，众所企盼。这样的理想社会，只要下定决心，如横店徐文荣和横店人民一样努力奋斗，是可望可及，能够共建共享的。

徐文荣的平民思想，是他人生智慧的结晶，也是他成功的最大奥秘。

往横店圆明新园路上广告牌：干在实处 走在前列

平民思想家徐文荣的成功不可复制，但他平民思想的光辉，平民社会的理想和实践，将永昭日月，激励后来者继承、开创！